Todos los libros de Linkgua Ediciones cuentan con modelos de Inteligencia Artificial entrenados por hispanistas. Pregúntale al chat de tu libro lo que desees acerca de la obra o su autor/a.

Para ebooks: Accede a nuestro modelo de IA a través de este enlace.

Para libros impresos: Escanea el código QR de la portada con tu dispositivo móvil.

Obtén análisis detallados de nuestros libros, resúmenes, respuestas a tus preguntas y accede a nuestras ediciones críticas generativas para una experiencia de lectura más enriquecedora.

La transparencia y el respeto hacia la autoría de las fuentes utilizadas son distintivos básicos de nuestro proyecto. Por ello, las respuestas ofrecen, mediante un sistema de citas, las fuentes con las que han sido elaboradas.

Alonso de Palencia

Guerra de Granada

Barcelona **2024**
Linkgua-ediciones.com

Créditos

Título original: Guerra de Granada.

© 2024, Red ediciones S.L.
Traducción de Antonio Paz y Meliá.

e-mail: info@linkgua.com

Diseño de cubierta: Michel Mallard.

ISBN rústica: 978-84-96290-19-8.
ISBN ebook: 978-84-9897-066-1.

Cualquier forma de reproducción, distribución, comunicación pública o transformación de esta obra solo puede ser realizada con la autorización de sus titulares, salvo excepción prevista por la ley. Diríjase a CEDRO (Centro Español de Derechos Reprográficos, www.cedro.org) si necesita fotocopiar, escanear o hacer copias digitales de algún fragmento de esta obra.

Sumario

Créditos _____ 4

Brevísima presentación _____ 7
    La vida _____ 7
    La crónica más célebre _____ 7

Libro I _____ 9

Libro II _____ 25

Libro III _____ 42

Libro IV _____ 76

Libro V _____ 110

Libro VI _____ 148

Libro VII _____ 176

Libro VIII _____ 220

Libro IX _____ 247

Libro X y último de la Guerra de Granada _____ 291

Libros a la carta _____ 293

Brevísima presentación

La vida
Alonso Fernández de Palencia (Osma, 1423-1492). España. Alonso de Palencia trabajó para el cardenal Bessarion, fue cronista y secretario de Enrique IV y junto a Gonzalo Fernández de Córdoba encabezó una misión diplomática buscando aliados para el monarca. Era un profundo conocedor de la política y los delirios de su época. Sus libros describen numerosos acontecimientos bélicos, diplomáticos y metafísicos: los hechos de armas en África, la resistencia islámica en España, los juegos y pactos de las distintas fuerzas imperantes y la búsqueda de la «piedra filosofal», que por entonces obsesionaba a ciertos nobles.

La crónica más célebre
Este es el libro más célebre de Alonso de Palencia, una crónica de la conquista de Granada, último enclave del mundo islámico en España:

...los cristianos, estrechamente unidos por vínculo religioso, consiguieron ir poco a poco rechazando a los feroces muslimes, y recuperar en parte en muchos años lo que ellos conquistaron en breve tiempo.

Merece atención la perversa astucia psicológica de Fernando de Castilla, quien estrecha lentamente el cerco en torno a Granada y no duda, en unas ocasiones, en decapitar a los moriscos defensores de las poblaciones cercanas a la ciudad mientras que, en otras oportunidades, se muestra magnánimo, perdona vidas y respeta las propiedades de éstos.
Esta guerra marcó el fin de la presencia islámica en España. Las Capitulaciones de la guerra de Granada, texto de referencia para estudiar el conflicto, figuran también en el catálogo de Linkgua.

Libro I

(1480-1481)

Ligera mención de las épocas calamitosas de España. Obstáculos para emprender la guerra de Granada. Toma de Otranto por los turcos. Recuperación de la plaza. Muerte de Mahometo II. Mención del sitio de Rodas. Prodigios. Sucesos de Portugal. Nuevos esponsales de doña Juana (la Beltraneja). Viaje de don Fernando a Cataluña. Sucesos de Galicia. Los reyes en Cataluña. Encarga el rey a Diego de Merlo que hostilice a los granadinos. Merlo y el marqués de Cádiz. Descalabro de los nuestros en Villalonga. Traición concertada por Merlo contra el duque de Medina Sidonia, Recelos del duque y sus quejas. Cumplida satisfacción que le dio la reina. Castigos de los conversos de Sevilla. Peste y hundimientos en la ciudad. Mención de los Arias de Saavedra. Los moros se apoderan de Zahara

Abatido ya ignominiosamente el antiguo poderío de los godos, y cuando los moros extendían sus devastaciones por todo el reino, viéronse detenidos en sus triunfos por Pelayo. Ultimo vástago de las más nobles familias godas, mereció reinar el primero entre los astures, cuyo caudillo había sido en los días de desgracia. Extendiéndose luego el favor de este héroe verdaderamente excepcional, encendió bélico ardimiento en el corazón de sus sucesores. Durante mucho tiempo los cristianos de las Asturias, Vascongadas y Cantabria tuvieron la defensa en su reducido número y en lo abrupto de sus montañas, mientras la muchedumbre de los bárbaros invasores, con la alegría salvaje de los primeros triunfos, iba ocupando con feroz empuje casi todo el llano y sometiendo a su yugo las demás provincias de España. Mas los cristianos, estrechamente unidos por vínculo religioso, consiguieron ir poco a poco rechazando a los feroces muslimes, y recuperar en parte en muchos años lo que ellos conquistaron en breve tiempo. Mientras la defensa de Castilla estuvo encomendada a egregios caudillos, todos los del reino de León, que combatían denodadamente con los moros, encontraban invencible obstáculo en su muchedumbre, que terrible y cruelmente trabajaba por exterminar cuanto antes el nombre cristiano. Pero cuando la hueste leonesa se unió a la castellana, ya aparecieron más poderosos que los moros. Ya no infundían espanto sus numerosos guerreros al puñado de cristianos, y frecuentemente peleaban con fortuna en batalla campal y en campo abierto 4 o 5.000 caballos y pocos más peones de los nuestros contra 50.000 jinetes moros e innumerable cantidad de infantes. Y aunque nuestras discordias retrasaban la recuperación de muchas provincias, sin embargo, poco a poco los enemigos iban cediendo el terreno a los vencedores.

Así, en el transcurso de varios siglos, algunos reyes castellanos, que consiguieron preferencia sobre los primeros de León, dilataron sus conquistas hasta los escarpados montes que de oriente a occidente se levantan frente al Mediterráneo, o sea, desde el puerto de Cartagena, en posesión de los nuestros, hasta Cádiz. Esta ciudad, bañada por el Océano y cuyo estrecho separa Europa de África, fue recuperada por casualidad por los españoles en tiempo de Enrique IV, poco inclinado al exterminio de los granadinos, aunque fácilmente hubiera podido someterlos, cuando libre de obstáculos, colmado de riquezas y al frente de numerosa hueste, no solo se hacía temer de los abatidos moros, sino de muchos príncipes cristianos, como queda expuesto en la Crónica de este rey.

Mas ahora me propongo escribir la guerra que en 1482, octavo del reinado de don Fernando, rey de Castilla, León, Aragón, Sicilia y otras muchas islas, con su mujer, la esclarecida reina doña Isabel, emprendieron contra los granadinos, encerrados, entre el Mediterráneo y los montes. Por este matrimonio don Fernando había obtenido los reinos de León y Castilla, y poco tiempo después, por muerte de su padre, rey de Aragón, Sicilia y Navarra, heredó estos reinos que poseyó con su mujer, excepto el último, perteneciente al heredero entre los nietos del rey don Juan, aun cuando antes de su muerte, y en virtud de convenio de los magnates navarros, por largo tiempo divididos en bandos contrarios, don Fernando, autorizado por su padre, había puesto guarniciones en aquellas fortalezas consideradas como principales defensas para la causa de Navarra, lo cual dio pretexto a las pretensiones de los franceses.

Pero para no desviarme de mi propósito, conviene hacer alguna mención de los motivos que diferían la justa y necesaria guerra contra los granadinos. Desde la muerte del rey don Enrique, don Fernando y doña Isabel habían tenido que luchar con múltiples e insuperables dificultades para combatir contra los moros, mientras don Alfonso de Portugal, contando, además de sus propias fuerzas, con el poder del rey Luis de Francia y el de sus partidarios castellanos, penetró en el riñón de Castilla y se mantuvo durante algún tiempo en el territorio ocupado. Al retirarse al suyo, dejó entre nosotros poderosos gérmenes de futuros trastornos; pero al regresar de Francia, lo crítico, de las circunstancias lo obligó a mirar por su interés y por el de sus reinos y acomodarse a lo pactado por los intermediarios, en cuya virtud, quedando en realidad vencido, parecía haber alcanzado la victoria porque doña Isabel, que mientras su marido visitaba los reinos heredados a la muerte de su padre, se había trasladado a la frontera portuguesa, todo lo pospuso a los conciertos, para evitar los escándalos con que amenazaban los portugueses. Por ello, a pesar de su superioridad, accedió a muchas cosas que de otro modo jamás hubiese aceptado, ni aun a ruegos de adversario más poderoso. Y como poco antes el rey de Francia, buscando el remedio al apurado trance en que lo tenían los alemanes a causa de las tentativas de Maximiliano, hijo del emperador Federico y marido de la primogénita del duque Carlos de Borgoña, hubiese enviado sus embajadores a don Fernando y a doña Isabel para reanudar la antigua alianza que debía consolidarse entre Francia y Castilla, divididas hasta entonces por mutuas y simultáneas rivalidades, parecían ya reconciliados con ellos dos reyes que igualmente y a una les habían combatido.

Pero sobre el dificilísimo arreglo de los asuntos de Cataluña, que exigían la presencia de don Fernando, en aquellos mismos días conmovió profundamente a los príncipes cristianos la terrible noticia de la toma de Otranto por los turcos, que, saliendo con su armada del puerto de Salona, cayeron repentinamente sobre la ciudad al amanecer del 28 de julio de 1480, y en el mismo día entraron en la población, degollaron o empalaron cruelmente a todos los habitantes, a excepción de los jóvenes de ambos sexos; extendieron sus correrías hasta el monte Gárgano; abarrotaron las naves con más de 13.000 cautivos, y después de transportar a las costas de Dalmacia el inmenso botín cogido, dejaron la ciudad fuertemente guarnecida. También se hubieran apoderado de Brindisi a no encontrar a su poderosa guarnición pronta a rechazar la repentina acometida. Y si en aquella ocasión hubiesen arribado a las costas de Sicilia, de fijo hubieran logrado establecerse más sólidamente y causar a los nuestros más daño, porque los habitantes, poco ejercitados en la guerra, no podían, a la sazón, oponer la menor resistencia al enemigo, desprovistos de armamento, enervados por la molicie, faltos de todo lo necesario para la defensa de las fortalezas y, lo que era más peligroso, sin caudillos experimentados para empeñar combates. A estas desventajas se añadía que para procurarse medios de defensa tenían que acudir a su rey don Fernando de Castilla, a cuya majestad rendían preferente acatamiento, y para llegar a su presencia los embajadores de Sicilia tenían que vencer y arrostrar graves peligros en aquel aprieto, e inminente riesgo de exterminio en la navegación desde sus costas hasta los últimos confines de España.

La ocupación de Otranto durante catorce meses, amenazando a los italianos todos con el cautiverio y la extirpación de la religión católica, libró de todos estos peligros a aquéllos insulares. No hallaron estos males resistencia alguna en el esfuerzo de los italianos, ni siquiera se vio la debida solicitud para acudir a evitar el peligro, porque muchos príncipes italianos se alegraban de tener por vengadores a los turcos, con tal de ver ante todo vencido por el sultán Mahometo a don Fernando, rey de Nápoles, primo del de Castilla. Si por accidente algunos le habían prestado auxilio poco tiempo antes contra ciertos rebeldes, en aquella ocasión o se lo negaron en absoluto o se lo dieron remisamente. Terrible y gravísimo fue el trance mientras por aquella victoria intentó extender su poderío y subyugar a Italia, el más noble de los reinos. Don Fernando, en tanto, se esforzaba por oponer al enemigo cuantas fuerzas podía reunir. Resuelto a mantenerse en Nápoles, sacaba de allí como de un arsenal las tropas y pertrechos necesarios para recuperar a Otranto, empresa encomendada a su primogénito, el príncipe de Capua don Alfonso. Al mismo tiempo enviaba embajadores y solicitaba vivamente por cartas a todos los príncipes de la cristiandad en demanda de pronto socorro si deseaban conservar el honor y la paz de sus respectivos Estados, porque Mahomet Bey, además del exterminio de la religión cristiana, se proponía el de todos los príncipes de las naciones católicas. Exigía, por tanto, la causa de todos el esfuerzo común, y era poderoso estímulo para lograrle la insolente arrogancia y el desprecio de los fieles con que se veía al Turco hacer de Otranto un campamento en la Pulla, desde donde tripulando con jinetes moros su armada pudiese devastar y ocupar las provincias italianas, asestando así rudo golpe al cristianismo. Este peligro trataba él de conjurar, por ser el primero con quien tendría que habérselas el Sarraceno, y se ofrecía a servir de escudo a los demás, siempre que no le faltasen en la ocasión crítica los auxilios de los príncipes católicos. De otro modo, debía tenerse en cuenta que a nadie es lícito descuidar sus intereses, y dejar de mirar por sí y por los suyos en apurados trances, y ya en la imposibilidad de defenderse, si se pretendía sostener por mucho tiempo el intolerable peso de la guerra contra el Turco.

Éstas y otras razones análogas procuraba el rey de Nápoles por medio de repetidos mensajeros que se grabasen en la mente de todos los soberanos, y en especial de su tío don Fernando, rey de Castilla, Aragón y Sicilia. El cual, a la primera noticia de la toma de Otranto, aprestó una armada de veinticinco naves de espolón, tripuladas por vascongados, al mando de su tío don Francisco Enríquez, joven animoso, pero poco experimentado en tales empresas. Para obviar este inconveniente se encomendó a un sujeto muy señalado entre los gaditanos, llamado Pedro, y por apodo Macho cabrío, el gobierno de la armada y la resolución de las dificultades que ocurriesen. El rey de Castilla se encargó de suministrar armas a los sicilianos y de que no faltasen provisiones en los puertos y castillos. También el rey de Nápoles equipó una armada de navíos y galeras de espolón, que, subiendo del Tirreno al Adriático, fuese a socorrer a Brindisi y a guardarse de los venecianos, aliados de los turcos y apostados como de descubierta cerca de la ciudad con su escuadra de galeras, ni amiga ni hostil a ninguna de las partes, y de modo que ni los turcos, tenidos por amigos, pudieran quejarse de nada contrario a la alianza pactada, ni los cristianos experimentaran su hostilidad, sino que unos y otros la considerasen neutral y, en tan grave peligro, pronta a defenderse de todo ataque.

A la armada de Nápoles se unieron algunas gruesas naves genovesas y la de don Fernando de Castilla fue recibiendo cada día mayores refuerzos. Era imposible, sin embargo, impedir los del enemigo, porque el Turco, poderosísimo y muy previsor en todo, aprovechaba las favorables condiciones de tiempo para enviar provisiones a la guarnición de Otranto. No era ésta muy numerosa, pero si muy escogida, pues la mayor parte de los 10.000 turcos que primero ocuparon la plaza habían regresado al puerto de Salona conduciendo a la multitud de cautivos apresados, y se quería dejar guarnecida a Otranto con poco más de 4.000 soldados de refresco y aguerridos. De ellos, 400 jinetes escogidos corrían intrépidamente los campos de la Basilicata y llegaron a infundir espanto a parte de la caballería de don Fernando, muy superior numéricamente, pero con desventaja para el combate, contra la opinión de los italianos antes de empeñar el primero, pues, confiados en su fuerte armadura, habían creído fácil vencer con pocos hombres de armas a numerosos turcos. Mas luego que vieron su agilidad en el cabalgar, la velocidad con que acometían y cuán rápidamente tornaban a incorporarse a las filas de sus escuadrones, al parecer irregulares, además de su increíble destreza en el manejo del alfanje, les hizo cambiar completamente de opinión, y la experiencia de las escaramuzas les enseñó que aquellos turcos poseían la antigua ciencia práctica de la guerra junto con un valor extraordinario. De aquí que un terror cada día más grande fuese amilanando el ánimo de los italianos.

Esforzábase don Alfonso, primogénito de don Fernando, en levantar el decaído espíritu de soldados y pueblo, y trabajaba con empeño por destruir al enemigo antes que recibiese Otranto refuerzos de Salona. Era, sin embargo, tal la actividad de la guarnición de la plaza, que inutilizaba los esfuerzos del caudillo cristiano. En pocos días la hicieron tan inexpugnable, con doble foso y empalizada, que ni desde la costa podía una armada cristiana hacer daño alguno a unas cuantas naves de que el enemigo se había apoderado, ni la hueste de don Fernando tenía acceso por otra parte para combatirla. Al anuncio de estas insuperables dificultades y peligro general, las poblaciones de la Campania, del Abruzzo y Marca de Ancona, con todo el territorio romano amenazado por Mahomet de total exterminio, quedaron poseídas de espanto. Pero todos estos anuncios del desastre que amenazaba no bastaron para persuadir a los príncipes italianos de la urgencia de enviar socorros al rey don Fernando. Tan solo la señoría de Florencia, poco antes maltratada por el mismo monarca, aunque a la sazón ya reconciliados, quiso contribuir con el estipendio necesario para numerosa hueste, a fin de facilitar el aprovisionamiento de los soldados de don Fernando. También se dice haberle llegado por tierra de la lejana Alemania ciertos aventureros que habían tenido noticia del peligro, y consta haber venido de Sicilia alguna caballería de socorro. Naves sicilianas se habían unido también a la armada de Nápoles, y se esperaba otra mayor y más poderosa enviada por el rey de Castilla. Pero nada de esto hubiera bastado para resistir el poder de los turcos, porque el sultán tenía preparada en la Croacia invencible hueste de caballería para enviarla desde el puerto de Salona a Otranto, y no es extraño que si la escasa guarnición de esta plaza tenía aterrorizados a los italianos, se considerasen impotentes ante el innumerable ejército enemigo de infantes y caballos.

La mano del Omnipotente acudió, sin embargo, al remedio de tan inminente desastre, quitando la vida al ensoberbecido Mahomet. Con su muerte vino a tierra la aparatosa expedición proyectada y libró al catolicismo de torpísima abyección y oprobio, como poco antes había favorecido a los defensores de Rodas.

Aquí el mismo Turco, empeñado en tomarla, comenzó a combatirla con parte de su ejército, al mismo tiempo que otra parte de su armada se apoderaba de Otranto. Pero en esta plaza encontró defensores menos resueltos que en los de Rodas, otra vigilancia y reparos en que se estrellaba el intolerable e incesante batir de la artillería, aunque moviéndola durante muchos días y noches en derredor de la plaza lograran cuartear las murallas, a pesar de las frecuentes salidas en que los valientes sitiados solían barrer a los enemigos e inutilizarles gran parte de sus máquinas de guerra. Reparaba aquél las pérdidas de gente y pertrechos con los socorros que recibía de las cercanas costas de Licia y Cilicia, y poco se conseguía con el temerario arribo al puerto de Rodas de naves de espolón genovesas o vascongadas, que, además del auxilio que prestaban por mar, reforzaban la guarnición, porque, derruido gran parte del muro, había brecha bastante para la multitud de los sitiadores. Al verlos, parte escalando las murallas y parte penetrando en montón por las brechas en la plaza y arrollando cuanto encontraban al paso, los nuestros lanzaron repentino alarido de espanto. No así el maestre de la Orden que, al oírlo, recogió a unos cuantos soldados, y confiando en el estandarte de la cruz que rápidamente había empuñado, afrontó el peligro y con gran intrepidez trabó feroz combate. Ni las heridas lo amilanaron, ni lo conmovió la muerte de sus compañeros de armas, sino que, fortalecido con

15

las virtudes de la Fe, Esperanza y Caridad, sostén común de todos los suyos en aquel trance, y mereciendo todos el auxilio del cielo, rechazaron a los enemigos lejos de las derruidas murallas, degollaron a más de 400 que las ocupaban, y persiguieron hasta su campamento a la confusa multitud de los fugitivos. No fue obstáculo el que los cristianos por su escaso número desistieran de la persecución para el completo desastre de los turcos, porque en su desordenada fuga se herían y mataban entre sí. Más de 4.000 perdieron allí la vida, y al día siguiente levantaron el sitio de Rodas, confesando que un poder de lo alto los había vencido y arrojado de la plaza.

Luego el sultán, bramando de ira y descargándola sobre los que habían abandonado el ataque, resolvió emplear sus fuerzas contra los italianos, y preparó una armada para desembarcar unos 20.000 caballos en la Pulla o Lucania. Su muerte, ocurrida el 3 de mayo de 1481, hizo fracasar sus planes.

El que había librado a los de Rodas de las crueldades de los turcos, se dignó anunciarles aquella muerte con estupendos prodigios. La víspera de morir Mahomet Bey, antes de atardecer, se retiró repentina y extraordinariamente el mar, haciendo encallar las galeras ancladas junto a Rodas y anegando cerca de veinte aldeas situadas a gran altura. En aquella ocasión se perdió una gruesa nave de Génova, cuyo capitán era Lúculo Adorno. A las embarcaciones menores puso luego a flote doble flujo de olas de 40 pies de altura. Así que el día que Mahomet murió cerca de Constantinopla, en todas las embarcaciones ancladas en el puerto de Rodas quedaron en seco las quillas junto a las murallas de la ciudad, no sin grave destrozo de los edificios. El prodigio aterrorizó así a los que lo presenciaron como a los que oyeron referir un suceso sin precedente. Aumentaba en especial los temores de próximas calamidades el haber ocurrido aquel extraordinario flujo y reflujo del mar en puerto muy tranquilo, en tiempo sereno y en el momento preciso de la muerte de Mahomet.

Al ser conocida, arreció el ataque contra la guarnición de Otranto. Luego la discordia de los hijos del difunto y la sedición de los soldados causó tal perturbación entre los turcos, que su compacto poderío quedó muy quebrantado. Mas no por eso cejaron los defensores de la plaza en su tenaz resistencia contra los cristianos. Éstos, cobrando ánimos con la seguridad de que el enemigo ya no podía enviar tropas de refresco, víveres ni municiones, arrimaron las máquinas de guerra a las murallas; pero, a pesar de ello y de las grandes pérdidas sufridas por ambas partes, todavía los turcos siguieron parapetándose tras fosos y empalizadas menos extensos. Al cabo, a fines de septiembre de 1481, ya reducidos a la última extremidad, su extraordinario valor les alcanzó del príncipe don Alfonso condiciones de rendición más ventajosas que las que suelen otorgarse a los vencidos. Entregada la plaza, saldrían sin armas los que quisieran pasar a Dalmacia, y podían conservarlas y el caballo los que prefirieran permanecer al servicio de don Alfonso.

A poco llegó la armada del rey de Castilla, tan castigada en toda la travesía por la peste, que casi no quedaban hombres de la tripulación de las naves portuguesas. Mucha alegría recibió el rey de Nápoles con el socorro de su primo el de Castilla, con bastante oportunidad enviado, si la guerra con el Turco hubiera durado más.

Arregladas las diferencias con el rey de Portugal por la hábil intervención del prior del Prado, embajador que previamente había zanjado las cuestiones y dificultades principales, y libres ya nuestros reyes para romper la guerra con los granadinos, ocurrió la muerte de don Alfonso de Portugal el 20 de agosto de 1481. Antes de está desgracia, su primogénito don Juan se mostraba inclinado a la paz, y considerando la guerra funesta para la dominación portuguesa, había apoyado tan resueltamente los temperamentos pacíficos, que el padre, sin desistir por eso de su antigua idea, había tenido que aparentar intenciones tranquilas. Mas en cuanto el príncipe subió al trono, de día en día se mostraba más ceñudo y más ansioso de novedades. Sin embargo, la noble doña Beatriz, suegra del rey, que siempre procuró la firme alianza de ambos reinos, trabajó ahora con empeño por estrecharla por medio del matrimonio de su nieto el príncipe don Alfonso con doña Isabel, primogénita de nuestros reyes. Todo esto quedó acordado merced a la actividad y competencia del excelente mediador, el prior del Prado. Ya antes, para alejar todo motivo de discordia, se había resuelto que doña Juana, sobrina del rey de Portugal don Alfonso y supuesta hija de don Enrique, entrase en un convento. Así no volvería a suscitarse el antiguo litigio sobre derechos hereditarios por los del rey don Enrique, después de reconocida su impotencia, tanto por su pública confesión, como por el convencimiento de las gentes. Mas todavía los portugueses empleaban ciertos argumentos como resto de amenaza, diciendo que era deber de los príncipes cercanos insistir por que no se arrebatasen sus derechos a la doncella a quien don Enrique, al morir, había declarado legítima heredera de sus reinos. Solo el aliento de la verdad podía apagar las chispas de este incendio tantas veces reanimado, y que en ambos reinos la misma disputa había contribuido a evitar. Como la tierna edad del príncipe don Alfonso y la niñez de la doncella eran obstáculo para los esponsales de presente, se echó mano de un recurso que asegurase el futuro matrimonio, y fue encomendar los novios al cuidado de la ilustre doña Beatriz, bajo la salvaguardia y tutela de nobles portugueses, desligados por previo acuerdo de todo compromiso con el rey, cual si fuesen grandes extranjeros.

Arregladas estas cosas según lo pactado, hallándose ya en Mora, villa portuguesa de alguna importancia, la serenísima doncella doña Isabel, y el primogénito de doña Beatriz y duque de Viseo, don Diego de Portugal, en camino para la corte de Castilla, donde había de permanecer como en rehenes de los convenios acordados, ocurrió tener que marchar don Fernando a Cataluña, así por creerse en el condado que su presencia podría apaciguar algunos tumultos de los aragoneses, como para resolver cuestión más ardua, cual era acallar las protestas de los barceloneses, quejosos de la injusticia que se les hacía dilatando reintegrarles en la posesión enajenada, además de la limitación de los pactos sancionados por el rey don Juan de Aragón al dominar la rebelión de Barcelona.

En Galicia, los pueblos, víctimas de inveteradas iniquidades, obligaron a sus nobles, acostumbrados a revueltas y rapiñas, a reconocer la autoridad de la hermandad, ya establecida en las otras provincias de Castilla. En este movimiento ayudó a los gallegos Fernando de Acuña, caudillo de 400 caballos por don Fernando y doña Isabel, y sujeto de nobles prendas, aunque se portó mal con el arzobispo de Santiago, don Alfonso de Fonseca o de Acevedo, constante y leal partidario de los reyes, pues después de disfrutar del hospedaje del prelado él y su escuadrón, lo obligó a abandonar la Sede y a salir de Santiago para ir a demandar justicia a la reina, a la sazón en Valladolid. El afán de marchar a reunirse con el rey le impidió atender por el momento al arzobispo; pero prometió oírlo a la vuelta y que ella y su marido harían justicia al honor y relevantes merecimientos de tan ilustre prelado. Diole seguridades de que el rey no había olvidado los grandes peligros arrostrados en Galicia por don Alfonso en la guerra con los portugueses y sus auxiliares; pero afirmó que, para acabar con el desenfreno y temeraria osadía de los magnates gallegos, convenía la ausencia de aquel territorio de todas las personas acomodadas, mientras el adalid Acuña quebrantaba la cerviz de los soberbios y castigaba a los culpados.

Al día siguiente, 4 de abril del mismo año de 1481, se encaminó doña Isabel a Aragón a reunirse en Calatayud con don Fernando, ya de vuelta de Barcelona. Formaban el séquito de la reina y del príncipe don Juan el duque de Alburquerque y el conde de Benavente, con gran número de nobles y los obispos de Burgos y de Córdoba. Ya en Calatayud se trató de volver a Cataluña, por parecer a los reyes el medio más adecuado para arreglar las cosas oír juntos en Barcelona las quejas de los ciudadanos, a fin de proveer en consonancia con los primeros acuerdos del rey don Juan. La total satisfacción de los agravios parecía ardua empresa, por la transmutación de derechos y posesión de riquezas y señoríos otorgados cuando ardía la guerra a los que se habían mostrado constantemente leales y habían entrado en posesión de los bienes de los obstinados rebeldes. Por último, se acordó economizar gastos y satisfacer en lo posible a las dos partes, ya con las sumas concedidas al rey por los barceloneses leales, ya con cercenar algo de las propiedades de éstos, repartidas con arreglo a los convenios. Cuestión grave y difícil y motivo de numerosas reclamaciones; pero que, como, al parecer, se trataba de cosa menos importante, produjo no pequeña ventaja.

Mientras en Barcelona los reyes entendían con gran solicitud en el arreglo de estas dificultades, no descuidaban los medios para recuperar el Rosellón; pero las artes y astucia del rey Luis de Francia, no solo entorpecían el triunfo de la justicia y del derecho, sino que totalmente lo contrariaban. Por esto parece excusada más minuciosa mención de los medios a que se apeló en vano, y conviene reanudar la de otros hechos relacionados con el principio de la guerra de Granada.

Desde los comienzos de su reinado don Fernando y doña Isabel tenían puesto el pensamiento en esta guerra; pero nunca habían podido verse libres de innumerables dificultades, porque, ya en una parte, ya en otra, su propósito tropezaba con un obstáculo donde menos se esperaba. Cansados ya de tan prolongadas contrariedades, resolvieron acometer la empresa sin detenerse por nada que pudiera estorbarla. Al tanto de los levantados propósitos de los reyes, recibieron algunos servidores secreto encargo de encomendar el asunto a Diego de Merlo, asistente de Sevilla, como a hombre muy a propósito por su carácter para semejantes empeños, y que ponía tanto más interés en el cumplimiento de las comisiones que los reyes le daban cuanto más numerosas eran, sin tener para nada en cuenta dificultades o necesidades públicas. Por otra parte, en tales órdenes encontraba pretexto para extender a todo su autoridad e involucrar con la comisión recibida otros muchos negocios de índole muy diversa, porque por diferentes maneras había persuadido al rey del acierto que en todo lo acompañaba y de las ventajas que sabía proporcionar. Por eso se mostraba tan altivo e insoportable mientras gozaba del favor, como abatido cuando le faltaba.

Conocido el deseo de los reyes de apoderarse de alguna plaza o fortaleza de los granadinos antes de declararles abiertamente la guerra, empezó a disponer lo necesario para satisfacerle. Don Fernando le comunicaba por cartas cuantos planes se le daban relativos a la empresa y, a su vez, Merlo le proponía las medidas que consideraba necesario adoptar en Andalucía. Mientras esto se trataba, empezó a dar más claros indicios de sus intentos, atacando de repente con sus tropas la aldea de Villalonga, en término de Ronda, fortísima por su situación y reparos, y lugar señalado por frecuentes descalabros de los nuestros. En la escaramuza perdió algunos caballos, y cayó despedazado por los moros el ilustre jerezano Pedro Núñez, de las tropas del marqués de Cádiz.

Era éste entre los magnates andaluces el primero en las artes de la guerra y el segundo en poderío. Receloso en sumo grado de las informaciones del asistente Merlo, a quien los reyes daban en todo entero crédito, no esquivaba peligro alguno, antes cuantas veces solicitaba su concurso reunía sus lanzas y peones a las tropas sevillanas, para que no pudiera decir, como acostumbraba, que era un obstáculo para sus acertadas medidas. Este consentimiento del marqués, por otra parte eximio caudillo, le acarreó a él y a los suyos no pocos daños. En esta expedición, funesta para los nuestros, pero de escaso quebranto para los moros, no contradijo en nada las disposiciones de Merlo, como no rehusó, después del descalabro sufrido junto a Villalonga, ir a Ronda, tan inexpugnable por su posición, por sus defensas y por su fortísima guarnición. Allí se apoderó de una torre, distante de las murallas, y conservada, con buen acuerdo, por los rondeños para refugio contra las incursiones del enemigo, y arrasó el reparo, para que aquella entrada no pareciese enteramente inútil.

El asistente propalaba que con ella no se había propuesto declarar la guerra a los moros, sino castigar a los rondeños por haber roto las treguas ajustadas. Los sucesos posteriores demostraron que la expedición contra los rondeños estaba muy lejos de sus propósitos. En efecto: en el camino, antes de entrar en territorio de Ronda, había apostado cincuenta lanzas escogidas al mando de su hermano, Juan de Merlo, las cuales, volviendo grupas y pasando el Guadalquivir, marcharon a Niebla con el propósito (confesado luego por su guía Velasquillo) de apoderarse del duque de Medina Sidonia, en cuya casa se había criado el infiel guía desde niño, en ocasión en que el duque, según su costumbre, fuese al campo de San Juan con cuatro a cinco criados. Pero como el Velasquillo iba delante de descubierta, no pudo ocultarse a sus antiguos compañeros, a quienes apareció patente su traición por serles bien conocidos sus agravios al duque. Conducido a su presencia e interrogado sobre la causa que lo llevaba a aquellas tierras, respondió con semblante turbado y palabras entrecortadas que él y sus compañeros solo se proponían apoderarse de algunos de los conversos condenados por herejes. Luego en el potro confesó la traición concertada con Diego de Merlo.

Hace verosímil la declaración de esta complicidad la circunstancia de llevar Velasquillo el mejor caballo de Merlo e ir por su orden guiando a los demás jinetes. Además, se observó no haberle producido la menor contrariedad el descalabro de la expedición contra Ronda, y cuando sus cincuenta de a caballo vinieron a darle cuenta del fracasado ardid los dirigió miradas coléricas y en todo el día ni les habló palabra, como hombre que era incapaz de ocultar sus afectos. Poco después, el duque, conocedor de la enemiga de Merlo, dio cuenta de lo ocurrido a los grandes, para que se quejasen a los reyes de la traición contra él urdida, cuando tan manifiesta era a todos su lealtad y su perseverancia, desde el principio del reinado, en cuanto tocaba a la felicidad de don Fernando y de doña Isabel, por lo cual confesaba no haber temido jamás las asechanzas ni la muerte merecida por los culpables, antes esperaba las honras mercedes debidas a la lealtad acrisolada y ser ante los reyes grato intérprete de las súplicas de amigos y parientes. Muy al contrario de esto, parecíale haber descubierto en el rey indicios de ánimo hostil contra su persona, pues a nadie era creíble que sin su consentimiento el asistente Merlo se hubiese lanzado al execrable crimen intentado. Este ejemplo, decía, podría servir de aviso a todos los grandes de León y Castilla para confiar menos en sus méritos que en su previsión para librarse de las asechanzas.

Tales fueron las razones que, por encargo del duque, expuso ante los grandes, sus amigos, Diego Dayón, quien, por acuerdo unánime de éstos y, por orden de aquél, fue a encontrar al rey, a la sazón ocupado en los asuntos de Cataluña, Aragón y Valencia. Cuando la reina, principal favorecedora del asistente, oyó las quejas del duque, protestó de la rectitud de sus intenciones, de su buena fe y absoluta inocencia, añadiendo a estas disculpas, afirmadas con juramentos, que perdiese la vida al malograrse el fruto que llevaba en sus entrañas, si jamás, ni por pensamiento, había imaginado nada en daño del benemérito duque. Si la envidia u otra mala pasión había impulsado al asistente sevillano al delito, estaba pronta a castigar al culpado en cuanto se hiciese patente su crimen. En todo lo demás dio al enviado cumplida y generosa satisfacción, mostrándole el más afable semblante. El asistente se disculpó por cartas, jurando y perjurando que estaba inocente de toda culpa o maquinación criminal; pero el duque se resolvió a adoptar mayores precauciones, aunque disimuló prudentemente acerca de lo pasado y proveyó con más cuidado a lo futuro.

En Sevilla se procedió al castigo de los conversos de la ciudad, que, como los demás andaluces de su ralea, eran conocidamente refractarios a la fe católica. Titubeaban, sin embargo, los cristianos en señalar los sospechosos de herejía, y reputaban por más inficionada a la plebe de los conversos que a los principales de entre ellos; pero convencidos de la perversión de los que la habían inducido a los mayores errores, castigaron a los cabezas juntamente con sus prosélitos, entregándolos a las llamas o sepultándolos en lóbregos calabozos. Estos casos fueron mucho más terribles que en parte alguna en Sevilla, porque aquí tuvo principio la Inquisición y porque de día en día aumentaban los delitos y se iban descubriendo las maldades y traiciones de los conversos, que encaminaban sus inicuos propósitos a mayor daño del nombre cristiano. Mas no aprovechándoles toda su astucia para escapar al castigo, y no contando ninguno con segura morada, porque a muy pocos les aconsejaba su conciencia permanecer en la ciudad, encontraron pretexto para salir de ella en la terrible peste que allí estalló a principios de 1481. Ella fue tal que hizo entre ellos cerca de 16.000 víctimas. Otros tantos habían escapado al castigo con la fuga, de modo que el aspecto de la ciudad era tristísimo y parecía casi deshabitada.

Vino a aumentar la tristeza de muchos de los principales una terrible desgracia. El 15 de febrero de aquel año, a medianoche, se hundió de repente un edificio que se tenía por muy fuerte, y en sus ruinas perecieron Fernán Arias de Saavedra, cabeza de los de este apellido, su mujer y la mayor parte de sus hijos.

El primero, después de la muerte de su padre Gonzalo de Saavedra, desastrada también, como referí en anteriores capítulos, se había mostrado rebelde a los reyes, resistiendo cuanto pudo la entrega del castillo de Utrera; pero después de rendido y castigada la guarnición se modificaron los pactos, conviniéndose en que don Fernando entregase a Tarifa, mucho tiempo hacía en su poder, al almirante don Alfonso Enríquez, tío del rey, pero conservando la villa de Zahara, confinante con Ronda, adyacente a la jurisdicción de Sevilla y baluarte para la seguridad de los campos que dominaba, por más que Fernán Arias, mientras duraron los furores de la rebelión, se mostró cruel con los caminantes. A la muerte de éste quedó heredero su primogénito Gonzalo Arias, a la sazón resuelto partidario del rey don Fernando; pero falto de la vigilancia paterna, descuidó la guarda de Zahara, y confiado en lo fuerte de la posición y de las defensas del castillo, lo dejó sin la necesaria guardia y se fue a Sevilla, donde se entregaba a vida licenciosa. Los sagaces moros, advertidos de esta negligencia, en la noche oscura y tempestuosa del 27 de diciembre de 1481, escalaron el muro por la parte tenida por inaccesible, se apoderaron del castillo sin la menor resistencia y antes del alba, de la villa y de todos sus moradores, que llevaron cautivos a lejanas tierras, dejando fuerte guarnición para grave daño y ruina de los cristianos de aquellos contornos.

Poco después, y con igual diligencia, intentaron, los granadinos apoderarse de Castellar y Olvera; pero la vigilancia y resolución de las guarniciones frustró sus planes.

Libro II

(1482)

Sentimiento de los reyes por la pérdida de Zahara. Recuperan los moros a Portela y toman a Montecorto y Ortejícar. Convenios tradicionales entre moros y cristianos durante las treguas y la guerra. Desacertadas concesiones hechas a los granadinos. El adalid Ortega de Prado se apodera de Alhama. Sitia Albuhacén la villa. Acude en su socorro el duque de Medina Sidonia con el estandarte de San Fernando. Regresa el rey precipitadamente a Andalucía. Los moros desisten del ataque de Alhama. Relaciones entre el marqués de Cádiz, el duque de Medina Sidonia y Merlo. Injusto reparto del botín cogido en Alhama. Junta de los grandes con los reyes en Córdoba para tratar de los planes de guerra. Refuerzos enviados a Canarias. Son rechazados los moros en Zahara y en Alhama. Discordias entre el papa y el rey de Nápoles. Convoca don Fernando a las tropas en Córdoba para el cerco de Loja. Nacimiento de la princesa doña María y sucesivo aborto de la reina. Inténtase, sin resultado, hacer desistir al rey del sitio de Loja. Fracaso de la empresa. Encuentro desgraciado en Barcelona entre galeras catalanas y genovesas. Llegada a Córdoba del duque de Viseo. Destronamiento de Albuhacén y proclamación de Boabdil. Castigos de conversos en Sevilla

La noticia de la pérdida de Zahara causó honda tristeza al rey, cuyo abuelo don Fernando de Aragón, mientras la reina de Castilla, muerto su hermano Enrique III, ejercía la tutela de don Juan II, heredero de estos reinos, en edad pupilar había castigado duramente a los granadinos apoderándose de Antequera, y después, tras largo asedio, a Zahara, reconocido el vano empeño de tomarla por asalto. Así, el nieto se dolía de que en su tiempo se hubiese empañado en parte la gloria del abuelo, y como movido por irresistible impulso, se afirmaba más y más en romper abiertamente la guerra contra los granadinos. Mientras se deliberaba acerca del plan, y por temor a un fracaso se desechaba toda empresa intempestiva, el rey resolvió tramar algún ardid contra los moros.

Éstos, por antiguas leyes de la guerra, disimulaban semejantes novedades cuando dentro del plazo de las treguas se apoderaban por sorpresa de alguna villa o castillo, siendo convenio de antiguo observado entre andaluces y granadinos, y aprobado por sus respectivos reyes, que dentro de los tres días fuera lícito a unos y a otros atacar los lugares de que creyeran fácil apoderarse.

En virtud de estos convenios, el granadino Muley Albuhacén recobró a Cardela, expugnada antes por el marqués de Cádiz; ocupó el castillo de Montecorto, y después de tomado por los nuestros, se le arrebató nuevamente. Asimismo, y con repentina entrada, se apoderó de Ortejícar, mal defendido por cobardes guardas, aunque al cabo, y a pesar de las treguas, lo recuperaron nuestros soldados al mando del marqués de Cádiz y de algunos caballeros andaluces. A moros y a cristianos de esta región, por inveteradas leyes de la guerra, les es permitido tomar represalias de cualquier violencia cometida por el contrario, siempre que los adalides no ostenten insignias bélicas; que no se convoque a la hueste a son de trompeta, y que no se armen tiendas, sino que todo se haga tumultuaria y repentinamente.

De estos pactos se valieron los moros durante las treguas con más astucia que los nuestros; luego les favoreció la desidia de los cristianos y, además, se concedió a los granadinos, contra toda razón, por permiso o por orden de los reyes, cuando en años pasados residieron en Sevilla, libre navegación de ida y vuelta al África desde las costas de Málaga y desde todo el reino de Granada. Nunca hasta este tiempo, por una previsión muy acertada, se habían concertado semejantes pactos. Creo, sin embargo, que las constantes maquinaciones de los reyes de Portugal y de Francia debieron obligar a los nuestros a tan insólitas concesiones. Otros desaciertos se cometieron también en los gastos de nuestros armamentos, y uno de los más funestos fue el cambio de la antigua armada de galeras de la dársena de Sevilla por carabelas, a consecuencia de haber persuadido al rey del escaso valor de las primeras para la guerra y de las ventajas de las últimas en cuanto a economía y velocidad. Como además don Fernando daba su aprobación a los planes del asistente Diego de Merlo, se adoptaron al principio muchos planes, que luego el resultado demostró haber sido desacertados.

Los repetidos informes de los mensajeros confirmaban en el propósito de atacar a Alhama, poseída por los granadinos. Su situación y sus fortificaciones les hacían descuidar la vigilancia, confiados en que por la proximidad a Granada y por lo seguro de su emplazamiento nada tenían que temer del enemigo. Dedicábanse los vecinos a sus tráficos; las mujeres frecuentaban las saludables termas alimentadas por los manantiales que allí nacen; todos vivían entregados a sus vicios y placeres, descuidando toda precaución. Conocido este estado de cosas, solo se aguardaba oportunidad para acometer una empresa, de todos modos arriesgada. Por suerte, se ofreció a llevarla a cabo un arrojado joven, que en breve tiempo había realizado en Cataluña notables hazañas. Llamábase Ortega de Prado, noble caballero leonés, que desde mancebo había seguido a don Juan II de Aragón. Encargado por el rey de inspeccionar los alrededores de la villa, aseguró que se comprometía a ocupar por sorpresa el alcázar, con tal que antes de arrimar las escalas no se apercibiesen los habitantes de la presencia de numerosas fuerzas nuestras de caballería e infantería. Elogió don Fernando el arrojo del esforzado joven, y dio el encargo de disponer la empresa al asistente Diego de Merlo, enterado del plan y cada día más ensoberbecido, hasta el punto de no dar parte ni al mismo marqués de Cádiz de lo proyectado, y sí solo de la necesidad de la expedición a que aseguraba tendría que recurrir pronto.

Entretanto se fabricaban escalas para responder a las dificultades previstas y se recogían tropas en los lugares del territorio sevillano. Reunidos unos 2.500 caballos y 4.000 infantes, pusiéronse al frente el marqués de Cádiz, el adelantado de Andalucía don Pedro Enríquez, tío del rey, Juan de Robles, corregidor de Jerez, el alcaide de los alcázares de Carmona, Sancho Sánchez de Ávila y Diego de Merlo, y siguieron la ruta que éste les indicó. La empresa empezó con fortuna, porque, a pesar de su astucia, el enemigo no se apercibió de la entrada de los nuestros durante tan largas jornadas por los desfiladeros y elevadas montañas del territorio granadino, cuando tan fácilmente los podían descubrir, además de lo numeroso de la hueste, la considerable impedimenta que llevaban. Después de dos días de marcha por territorio enemigo, la noche siguiente al 27 de febrero de 1482, antes de amanecer, Ortega de Prado echó las escalas, subió a la muralla, degolló a los desprevenidos centinelas y ocupó la torre del Homenaje con los soldados que tras él subieron, porque ninguno quiso dejar de seguirle.

Dificilísima hubiera sido la empresa a no haber estado a la sazón ausente el alcaide, que dejó encomendada a su mujer la guarda de la fortaleza. Cuando amaneció y los moros vieron tan amenazada su libertad con la ocupación de aquélla, corrieron en pelotones por los estrechos barrios en que acostumbran habitar, y con el mayor denuedo trataron de impedir la salida al enemigo, confiados en que el rey Albuhacén acudiría rápidamente y con numerosas fuerzas en su auxilio en cuanto conociera el peligro en que se hallaban. No era vana su esperanza, por la facilidad para cualquier jinete de recorrer la llanura entre Granada y Alhama saliendo de allí en las primeras horas de la mañana para llegar a esta ciudad al mediodía. Conocido por los nuestros el inminente riesgo, horadaron el muro por un extremo, y rompieron furiosamente contra los moros que les cerraban el paso.

Allí perecieron algunos de ambas partes, combatiendo con tesón, los de Alhama, para dar tiempo al esperado socorro; los nuestros, para ganarle, apoderándose cuanto antes de la villa. El valiente alcaide de Carmona, Sancho de Ávila, fue muerto por los enemigos en una estrecha callejuela, por no conocer la localidad y haberse lanzado incautamente contra los moros, confiado en el socorro de sus soldados, que se retrasaron. Intentaron los moros llevarse el cadáver; pero los nuestros se lo impidieron, haciendo huir a los armados a refugiarse en las mezquitas, donde ya se había reunido la multitud inerme. El marqués de Cádiz, el adelantado y los demás caballeros, los atacaron allí furiosamente; defendiéronse ellos no menos resueltos; pero al cabo, antes que acudiese Albuhacén, la villa con todos sus habitantes y cuanto encerraba había caído en poder de los nuestros. No dejó, sin embargo, de aterrarles la llegada del moro con 3.000 jinetes y 50.000 peones, porque les impedía la aguada en el arroyo que corría por la parte más elevada de la población.

Ni la única puerta de la villa les ofrecía segura salida para buscar el agua, ni por la mina abierta en la parte opuesta podían acercarse al arroyo sin peligro, porque, enfrente, flecheros y espingarderos granadinos, situados en un altozano, tiraban sobre cuantos desembocaban de la mina. Tan intolerable situación excitaba a los nuestros a lanzarse al combate con los moros; pero ocurríasele la dificultad de no poder desplegar las numerosas fuerzas fuera de la puerta de la ciudad por algún sitio próximo al enemigo, porque lo estrecho de la salida los obligaba a presentar un frente muy reducido y, por tanto, a pelear con desventaja. El doble aprieta de los nuestros hizo saltar de gozo a los granadinos, que vociferaban, los amenazaban con próxima matanza y gritaban cual si ya los tuvieran cogidos en la red. Nada de esto alteraba la imperturbable serenidad de nuestros soldados; solo se les hacía insufrible la persistente dificultad para la aguada. Por temor a la llegada de refuerzos, los moros emprendieron repentinos y frecuentes ataques, en que perdieron no poca gente, sin grave daño de nuestra parte, a pesar del temerario arrojo con que aquella multitud, en su ansia de recuperar la villa, llegó hasta minar los cimientos y arrimar las escalas.

El valor de los defensores rechazó fácilmente el arriesgado e infructuoso ataque del enemigo; pero éste continuaba cifrando sus esperanzas en el temor de los nuestros a morir de sed. Érales forzoso salir del apuro, o por algún golpe de audacia de los que desembocasen repentinamente de las minas, o de los que en la oscuridad de la noche lograran aprovechar alguna oportunidad favorable. Movido por el ansia de alcanzar su libertad cierto cautivo de Alhama, descubrió a nuestros soldados una escondida cisterna; pero resultó insuficiente para la aguada de tres días de la multitud de caballos y acémilas.

Sin retraerse los nuestros de derramar su sangre para procurar agua a la caballería, enviaron, además, sigilosamente a medianoche a hombres conocedores de los caminos, ofreciéndoles grandes premios si hacían llegar a su destino cartas en que se avisaba a todos los andaluces que si inmediatamente no se les enviaba socorro bastante fuerte para darles franca salida, perecerían sin remedio a causa de la misma multitud encerrada en la villa. Hizo mella el aviso en los cordobeses más próximos a Alhama —y enviaron unos 1.000 caballos y cerca de 3.000 peones—, al mando de don Alfonso de Aguilar y del corregidor de Córdoba Garci Fernández Manrique. El enemigo, en emboscada en un monte, hubiera exterminado estas fuerzas, que debieron su salvación a haberse apercibido a tiempo del peligro y regresado a sus cuarteles antes de llegar a la celada.

Con esto no quedaba a los cercados más esperanza que el socorro del duque de Medina Sidonia; pero se le creía mal dispuesto con los principales, pues con el marqués de Cádiz había tenido graves contiendas y con el adelantado don Pedro Enríquez seguía encarnizado pleito. Tampoco faltaban al duque razones para aborrecer al asistente de Sevilla; mas, a pesar de todo, éste mismo le escribió llamándolo futuro libertador de los cercados, y los caballeros sevillanos aumentaron con sus ruegos la urgencia expresada en las cartas, exponiendo, entre otros peligros, el que a todos amenazaba con el desastre de la patria si el duque en persona no acudía al socorro con el estandarte de la ciudad. Accedió don Enrique a las súplicas, aunque ya antes, al recibir la noticia de la expedición de los rondeños contra la villa de Arcos, del señorío del marqués de Cádiz, corrió a defenderla al frente de 400 caballos; le avisó que no se moviese de Alhama, y oportuna y eficazmente, cual si entre ambos grandes mediase íntima amistad, auxilió a la duquesa y a los vecinos de Arcos.

Este acto pareció magnánimo, especialmente porque pocos días después acudió con numerosas fuerzas para la expedición de Alhama, bajo el estandarte del preclaro conquistador de Sevilla. Muchos nobles andaluces quisieron formar parte de aquélla, como el maestre de Calatrava don Rodrigo Téllez Girón y su primo, el marqués de Villena, Lope Vázquez de Acuña, adelantado de Cazorla, y otros caballeros cordobeses. Contra lo que se esperaba, de unas y otras partes pudo reunirse una hueste de cerca de 5.000 caballos y 40.000 peones, con la que seguramente los granadinos no se atreverían a pelear.

Entretanto, los reyes vinieron desde Aragón a Medina del Campo, donde recibieron la noticia de los sucesos de Alhama con menos alegría que ansiedad, porque el primer triunfo de la ocupación era para los nuestros amenaza, más que de gravísimo peligro, de terrible desastre. Por esto el rey marchó apresuradamente a Andalucía, sin escolta alguna y, a causa de la premura, fueron muy pocos los criados que pudieron acompañarlo hasta Córdoba. El 23 de marzo aceptó un caballo de cierto caballero cordobés; envió cartas urgentes a los puestos militares para que lo aguardasen en el camino y entró en la Rambla, donde supo que el duque de Medina Sidonia probablemente habría entrado ya con sus tropas en Alhama, porque en ocho días había recogido numerosa hueste y marchado el primero a socorrer a los sitiados en tan apurado trance. Su valeroso arranque había infundido tal terror en la muchedumbre granadina, que por medio de sus corredores habían advertido al rey Albuhacén el desastre que lo aguardaba si se resolvía a esperar al ejército cristiano, pronto a llegar.

Grande fue la alegría de los nuestros por haber dado franca salida y proporcionado agua a los cercados, próximos a perecer de sed, quedando preparados a pelear con el enemigo, que no se presentó a estorbarles salvar de muerte tan atroz a aquella noble multitud de cristianos. El marqués de Cádiz, que durante aquel aprieto a nadie cedió en esfuerzo y actividad, fue también el primero en felicitar cordialmente al duque, antes su enemigo. Inmediatamente evacuaron la villa las tropas, quedando solo la guarnición precisa para guardarla. Pretendió el asistente Merlo el primer día del ataque de la villa atribuirse la principal gloria del hecho; mas como su valentía no igualó a su arrogancia, casi todos lo despreciaron. Ya el marqués y el adelantado de Andalucía habían resuelto alejarse antes de verse sitiados; pero conocida la cobardía del asistente en los peligros, no se movieron de allí hasta convencerse de que no amenazaba ninguno a la guarnición. Nuevamente intentó Merlo que quedase encerrado en Alhama el pendón de Sevilla, a fin de retener a su lado a los caballeros que lo acompañaban; pero opusiéronse todos, alegando que aquella insignia del invicto rey don Fernando estaba solo consagrada a la libertad y a la victoria, y si se la encerraba en los muros de Alhama no sería preciso llevar socorro, sino implorarle. La repulsa encolerizó al asistente.

Al repartirse después el botín cogido en Alhama, que fue cuantioso, surgieron encarnizadas disputas, porque la mejor parte tocó a los más poderosos, no a los más beneméritos. Así la multitud de cautivos, jóvenes y adultos, como las alhajas robadas después, fueron premio de la violencia más que de la justicia.

La reina, a pesar de su embarazo, siguió al rey en su viaje, y al tratarse en Córdoba en junta de grandes de los cargos de la guerra, fue opinión unánime que se continuase activamente, en especial cuando por todas partes parecían haber desaparecido los antiguos obstáculos, puesto que la empresa de Otranto había sido ventajosa para los nuestros, y el haber quedado así los sicilianos libres de todo temor era circunstancia muy favorable para la guerra de Granada. Además, una estrecha alianza había hecho amigos a los reyes de Francia y de Portugal y, por tanto, a los de Castilla y León incumbía combatir al feroz enemigo del catolicismo y dominador durante tantos siglos de territorio tan extenso en Andalucía. Así se evitarían los legítimos habitadores de la península mayores amenazas de nuevos desastres por parte de los moros o árabes, que ejercieron tanto tiempo en ella sus crueldades merced a la vergonzosa desidia de los nuestros y, confiados en ella, no temerían las dificultades que les rodeaban, cuando por tierra y por mar el poderío y el número de los nuestros podía, en un momento, dar buena cuenta de sus escasos y endebles contingentes. Pero aunque la opinión de los grandes era unánime en cuanto a romper la guerra, no así respecto al modo de hacerla. Algunos preferían a los demás planes el inmediato sitio de Málaga, y apoyaban su parecer en sólidas razones. Los reyes, persuadidos de antemano por el asistente Merlo de que el complemento de la fácil ocupación de Alhama sería el ataque de Loja, procuraban hacer triunfar esta opinión. Mientras se preparaba lo necesario, enviaron a Canarias refuerzos de tropas y provisiones, a fin de dar feliz remate a la conquista empezada con tanto esfuerzo y tantos gastos, y desenmascarar los ardides de algunos intrigantes corregidores.

Entretanto, los moros granadinos, maquinando el daño de los nuestros y aprovechando la oportunidad que se les ofrecía después de la ocupación de Zahara, empezaron a molestar con algaradas a los moradores de los lugares comarcanos. Dos veces lo intentaron con desgracia. El animoso corregidor de Utrera, Gómez de Sotomayor, reprimió la primera, rechazando a 200 jinetes que corrían a sus anchas la tierra, cogiéndoles los ganados robados y cautivando a los pastores. A pesar de no poder reunir de pronto sino unas noventa lanzas y treinta peones que se le agregaron en el momento del combate, no vaciló en empeñarlo contra un enemigo muy superior en número. Con tan escasa fuerza derrotó a los moros, mató ochenta, cuyas cabezas llevó colgando de las riendas y, con este trofeo y con noventa caballos llevados del diestro por los dados vencedores, dio patente testimonio de la victoria. Poco después, con igual suerte y con tropas también inferiores a las del enemigo, pero con superior esfuerzo, venció a los jinetes moros de Zahara.

Mientras se hallaba mayor oportunidad para madurar los planes concertados, dispuso el rey que sustituyesen a Merlo sujetos activos, acostumbrados a las fatigas de la guerra, para que mientras acudía a deliberar sobre los planes futuros, que en gran número había presentado en sus cartas como de fácil ejecución, se mantuviese en Alhama guarnición suficiente para su defensa, porque, como demostró la experiencia, se necesitaban considerables fuerzas para tener a raya la furia de los moros. Ya se disponía don Fernando a ir a aquella villa con buen golpe de gente para remediar la penuria de los cercados y relevar a los que habían padecido tantos y tan prolongados trabajos, cuando cerca de Écija tuvo noticia de que, el 21 de abril, al despuntar el alba, los granadinos, aprovechando con exquisita astucia el momento en que se relevaban escuchas y centinelas, habían arrimado las escalas por la parte de las murallas en que los inaccesibles y elevados peñascos permitían prescindir de baluartes y centinelas fijos. Así que, contra lo que se creía, el enemigo había ocupado primero la parte más elevada de la población y presentándose amenazador por las calles antes de que se percatasen de su entrada.

Los pocos cristianos que divisaron primero los estandartes enemigos se lanzaron contra ellos con el mayor silencio, así para que el alcaide supiera cómo podía salirse del apuro sin levantar vocerío, como para evitar a los compañeros que resistían en la otra parte, ya abiertamente combatida por Albuhacén, el grave peligro de atemorizarlos con el griterío del primer encuentro. Por ambas partes se peleaba con extremado valor; pero favoreció a los nuestros la suerte. Un puñado de ellos arrojó por las murallas a unos cincuenta moros que habían trepado por las escalas, rotas ya al peso de la multitud que pretendía seguirlos. También se apoderaron de los estandartes que otros enarbolaban después de darles muerte.

Fue muy elogiado el valor de dos caballeros sevillanos, Pedro de Pineda, el primero que salió solo al encuentro del enemigo, ya dueño de los arrabales, y Alfonso Ponce, ambos parientes del marqués de Cádiz, y más distinguidos aún que por la nobleza del linaje, por su arrojo. Su ejemplo fue imitado aquel día por otros muchos, y así pudieron frustrarse los esfuerzos del enemigo. El rey don Fernando llegó a Alhama a los siete días, el 29 de abril, y con extraordinaria solicitud proveyó a todas las necesidades; reforzó la guarnición y puso a su frente al noble y aguerrido Luis Portocarrero, hombre muy a propósito para cargos de esta índole. Él supo ahogar todo germen de sedición, y con su suave trato e innata liberalidad, consiguió que los soldados no se distrajesen de la vigilancia necesaria para la defensa. Viendo los moros el mal éxito de su acometida, renovaron sus repentinas algaradas, y en pocos días talaron por dos veces los campos de Alcalá de los Gazules.

Provistas ya las urgencias de Alhama, don Fernando regresó con sus tropas, y al volver hacia Córdoba quiso examinar la situación de Loja. Engañado por una rápida inspección, adoptó el común parecer de considerar muy fácil la toma de la ciudad, siempre que, sentados los reales, pudieran emplazarse la artillería y máquinas de guerra.

Aumentaron estas angustias y cuidados ciertos mensajeros de su primo el rey don Fernando de Nápoles, con la noticia de haber surgido nuevas controversias entre él y el papa Sixto, causadas por las inicuas artes del conde Jerónimo que, desviando el ánimo del pontífice, su tío, del antiguo afecto hacia el rey, le había hecho preferir la alianza con los venecianos a la antigua amistad, olvidado del concorde propósito con que, después de los ultrajes inferidos por los florentinos al cardenal de San Jorge, a causa de la muerte de Julián de Médicis, ambas potestades habían hecho la guerra con igual tesón. Pero el papa había sacrificado todas las atenciones debidas al complaciente monarca por favorecer al sobrino, ya reconocido por ciudadano entre los de Venecia. Por esta razón convenía que el rey y todos los señores de recias intenciones, con algunos dominios en Italia, procurasen refrenar, en cuanto, estuviera en su mano, la excesiva audacia del joven. Y si el papa andaba desacertado en el gobierno de la Sede apostólica, deber era también de los príncipes católicos reducirlo al buen camino para evitar la total ruina del catolicismo, cuya decadencia era evidente. Así, pues, convenía más que a todos a don Fernando, rey de León y Castilla, Aragón y Sicilia, su primo, insistir en este mismo propósito, tanto por la firme alianza entre ellos establecida, como para no ser víctima de los abusos de la omnímoda autoridad pontificia.

Contrarió mucho a don Fernando esta embajada, principalmente porque a las demás urgencias venía a agregarse esta abierta oposición a la voluntad pontificia, tan perjudicial en aquellos días en que estaba pendiente de su concesión la Bula de indulgencias con que había de obtenerse el pedido de fondos necesarios para la guerra de Granada.

Aceptó el difícil papel de mediador; pero llegó a tanto el encono de los dos partidos, que no pudo impedir el rompimiento. El rey de Nápoles envió a su hijo don Alfonso, príncipe de Capua, con fuerzas considerables a las poblaciones próximas a Roma, que se mantuvieron obedientes a sus señores. Por aquí parecía que amenazaba serio peligro al pontífice; pero lo mitigaba la esperanza de próximo socorro de los venecianos. Éste no podía llegar ni más pronto ni por otro medio que por intercesión de Jerónimo, y así, dejó guarnición en Roma y por el Piceno marchó a Venecia. Pronto acudieron en auxilio del papa numerosas tropas mandadas por el capitán de Rímini Roberto Malatesta. El príncipe de Capua no esquivó el combate, a pesar de la inferioridad de las suyas, y esta temeridad fue causa de la horrible matanza que sufrieron, y de que a duras penas lograse él escapar de manos de los vencedores, salvándose en una galera merced al auxilio que le prestó un turco que llevaba en su compañía. No amilanó este descalabro al rey de Nápoles; antes, ayudado por la casualidad, pudo retar al enemigo, con mayor pujanza, porque, muerto en Roma Malatesta, el vencedor caudillo, las cosas mudaron tan repentinamente de aspecto, que nuevamente se consideró vencedor al ejército del rey de Nápoles, poco antes derrotado.

Continuando el rey asiduamente ocupado en los preparativos de la guerra de Granada, envió embajadores al papa y a los demás potentados de Italia con facultades para tratar en su nombre de la paz o de la guerra de cualquier modificación en las alianzas. Diose este encargo al obispo de Gerona don Juan Margarit, noble y entendido sujeto, y al docto jurisconsulto Bartolomé de Berino, no de tan noble linaje como el primero, pero muy a propósito para el cargo que se le confiaba. En su calidad de mediadores y exploradores podían resolver lo más conveniente a su parecer, siempre que no se tocase a la constante alianza con el rey de Nápoles, primo de don Fernando, tanto en lo pertinente a su esencial utilidad y honor, como en las condiciones suplementarias. Una de ellas, por ejemplo, era la causa del yerno del rey de Nápoles, el duque de Módena y Ferrara, a quien los venecianos, aprovechándose de su vecindad y de la superioridad de sus recursos, hacían cruda guerra, con intención, según se decía, de que la ruina del yerno arrastrase la del suegro.

Atento don Fernando a secundar los vivos deseos de su carísima esposa doña Isabel de hacer la guerra a los granadinos, continuó los preparativos hechos y dispuso reunir considerables tropas por todas partes, desde Vizcaya y Guipúzcoa y las costas del Océano, hasta los límites de Castilla, con orden de presentarse en día señalado en Córdoba, ciudad populosa y confinante con el territorio enemigo. Como faltaba dinero para sostenerlas, el rey prefería llamar a las tropas asoldadas por los pueblos, aunque contra su voluntad, porque antes con mucha frecuencia y por disposición del asistente

Merlo, contra la costumbre y fueros municipales, les suministraban estipendio para librarse de la nota de desidia; pero luego fueron acostumbrándose a rechazar aquella contribución. Produjo esto más tarde funestas consecuencias, porque, confiado el rey en estos contingentes, creyó bastante para el cerco y toma de Loja, de que esperaba apoderarse inmediatamente, reducida hueste de los grandes, junta con mayor número de las enviadas por los pueblos, siempre que aquéllos las acaudillasen. Bajo este supuesto dispuso la expedición, sin que lo detuvieran las advertencias de los que auguraban seguro desastre.

Coincidió casi la marcha de don Fernando con el parto de la reina, porque la víspera, 29 de junio de 1482, nació la princesa doña María. A las treinta y cinco horas, y antes que el rey partiera, abortó doña Isabel de otra niña. Tres meses antes se tuvo noticia del principio de esta superfetación, no sin que muchos achacasen a mal agüero la rareza del caso, principalmente por haber dispuesto el rey el mismo día retirar ceremoniosamente las banderas en aquella solemnidad, cuando era costumbre celebrar la procesión antes de la misa; y esta desusada tristeza y cierto alarde de abatimiento pareció presagio de algún desastre.

No por eso difirió el rey la empresa, y al amanecer del 1.º de julio se puso en marcha, para entrar el mismo día en Écija. Era allí tan grande el bélico aparato, que hasta los almogávares confesaron que aquellas tropas vencerían seguramente al enemigo si se atrevía a disputarles el paso. No faltaban quienes, pensando más maduramente, auguraban a la expedición seguro descalabro y exponían razones evidentes contra el ataque de Loja, que más bien debería emplearse como falso rumor para engañar al enemigo, preparado muy de antemano a la defensa. Más fácil, decían, había de ser apoderarse, sin daño de los nuestros y con repentina acometida, de la villa de Alora, confinante con Málaga, y luego, aprovechando la victoria, emprender el sitio de esta ciudad, donde el mar, siempre abierto a nuestras armadas, ofrecía diarios y abundantes aprovisionamientos al ejército cristiano.

Desoyó tan prudentes consejos el rey, ya tiempo antes resuelto a la empresa de Loja. Y esto a pesar de que, hecho el alarde acostumbrado, se halló un contingente muy inferior a lo que aquélla exigía, porque se necesitaba establecer dobles campamentos y poder disponer de una reserva capaz de rechazar a la muchedumbre granadina sin perturbar los reales, por ser segura la venida de Albuhacén en socorro de Loja con 80.000 peones y más de 5.000 jinetes, cuando los nuestros no pasaban de 5.000 hombres de armas y 8.000 infantes. Una orgullosa confianza hacía despreciar el atinado parecer de los veteranos y tener por cierto que, satisfechos los de Loja con sus fuertes defensas, ni practicarían salidas, ni Albuhacén empeñaría todo el ejército granadino en combate de tal importancia. Prevaleció la opinión de los insensatos, y se creyó bastante para seguridad de los soldados hacerlos pasar de uno en fondo el puente de Écija, y no intentarlo nuevamente por vados inciertos y peligrosos, como si en esta medida consistiese toda la solución del conflicto.

Al acercarse a los confines del territorio enemigo, un alarde más escrupuloso que el primero hizo aparecer tan exiguas las fuerzas de los nuestros, que nuevamente los caballeros prácticos en las cosas de la guerra insistieron con el rey para que no sacrificase a opiniones inconsideradas el honor y la salvación de los suyos. El marqués de Cádiz, sobre todo, se esforzó en convencer a don Fernando; pero no consiguió hacerlo desistir del propósito de ir a Loja. Mandó asentar los reales no lejos del arrabal, y como es costumbre entre los castellanos que los reyes den al favor y no a la pericia militar el cargo de escoger el sitio del campamento, éste se emplazó en lugar muy estrecho y bajo, dominado por alcores de que era dueño el enemigo. Nuestra caballería no tenía allí libertad para maniobrar, ni los escuadrones podían desplegarse en un momento dado, ni se podía atravesar el río más que por vado peligroso, porque el puente estaba en poder del enemigo y los nuestros no se cuidaban de echarle. La única esperanza de éxito consistía en que repentinamente pudiesen los nuestros ocupar una cuesta próxima a la ciudad y que la dominaba y así lo consiguió el valor de nuestros almogávares, navarros y aragoneses, aunque no sin pérdidas, porque algunos de los más esforzados perdieron allí la vida, si bien en venganza se enviaron a don Fernando algunas cabezas de los defensores de Loja, testimonio del valor demostrado en aquel difícil trance y estímulo para el honor del ejército. No faltaron, sin embargo, quienes, para privar de la merecida recompensa a los que habían traído las cabezas de los moros, les tildaron de vana ostentación de fortaleza.

Inmediatamente ordenó el rey que se reforzara la tropa posesionada de la eminencia, y envió allá al maestre de Calatrava don Rodrigo Téllez Girón, recién llegado en escolta de las provisiones; a su primo don Diego Téllez Pacheco, marqués de Villena, y a su pariente y amigo el marqués de Cádiz, tan práctico en asuntos militares, diestro y esforzado. Luego se levantaron trincheras en la altura, y para atemorizar a los de la ciudad, se emplazaron cuatro ribadoquines. Todo esto se hizo el primer día en que se estableció el campamento. Pero luego un insensato orgullo hizo creer a algunos que si se asestaban contra la población bombardas mayores, pronto se abriría brecha en las murallas. Nada se hablaba en este plan de salidas de los enemigos. Esta insensatez encontró severo censor en el duque don Alfonso de Aragón, guerrero experimentado, y a quien acompañó frecuentemente la victoria mientras mandó los ejércitos. Un padecimiento de la vista y la obesidad, disminuyendo su aptitud para la guerra, dieron pretexto a los bisoños y, por tanto, malos jueces en asuntos militares, para conceder menos autoridad a la opinión del ilustre guerrero. El cual pronosticaba que el sitio elegido para el campamento sería funesto a los nuestros; aconsejaba trasladarlo a otro sitio; construir puentes de tablas sobre el río, y distribuir a todos por igual las provisiones, porque solo se repartían entre aquellos soldados cuyos caudillos se habían cuidado de traerlas para sí y para su gente. El resto del ejército desde los primeros días padecía escasez de alimentos, hasta el punto de tener que sacrificar las acémilas para suplir la falta de víveres.

Entretanto, el rey Albuhacén preparaba en Granada numerosa caballería y aún mayor peonaje, y destacó a Loja algunos pelotones de jinetes, que, caminando por la orilla opuesta del río, entraron libremente en la ciudad a vista de los nuestros. Al siguiente día de confiarse al maestre de Calatrava y a sus compañeros de armas el encargo de fortificar la cuesta, los de Loja, vista la confianza de los defensores, salieron repentinamente por sendas desconocidas de los nuestros y atacaron a los más próximos a la ciudad, que defendían la falda de la cuesta. Eran éstos hombres de armas, y por la mayor resistencia de su armadura para rechazar las repentinas acometidas del enemigo, se les había señalado aquel puesto; pero como para las escaramuzas era más a propósito la armadura ligera de los de Loja, desalojaron a los nuestros de sus puestos con tal furia, que el maestre de Calatrava don

Rodrigo se presentó en el lugar del combate antes que ningún otro de los grandes para rechazar a los moros, o por lo menos sacar a nuestros soldados de la escaramuza. El desgraciado joven, de tan varonil belleza como simpática distinción, cayó con el pecho atravesado de dos saetadas, y a duras penas pudo arrancárselo de manos del enemigo, que intentaba llevárselo. Poco después expiró.

La desgracia introdujo el desaliento entre las tropas, y como la lucha se iba haciendo insostenible, tuvieron que abandonar la cuesta a los vencedores, dejando en su poder los cuatro ribadoquines. Al anochecer se ocuparon en la conducción del cadáver del infeliz maestre, y convencidos ya todos del mal emplazamiento de los reales, después de consultar aparte a cada uno de los grandes, ordenó el rey la retirada en cuanto amaneciese. No fue fácil la empresa, ni el menor obstáculo el desaliento general de los soldados y el afán de pronta retirada ante la noticia de que Albuhacén se aproximaba con numeroso ejército.

Al amanecer del día siguiente, 14 de julio, nuestra hueste, en larga y desordenada fila, sin que las órdenes del rey lograran contenerla y sin cuidarse para nada de la impedimenta, emprendieron precipitada huida, abandonando hasta las tiendas. Aumentaba el general temor la escasez de acémilas, sacrificadas casi todas para suplir la penuria de mantenimientos, y aprovechando tal situación de ánimo los de la ciudad y los 200 jinetes de refuerzo, cayeron con más osadía, a pesar de su corto número, sobre los nuestros, imposibilitados de defenderse por el estorbo del fardaje. Creyendo el rey que si lo veían arrostrar el peligro se avergonzarían de su cobardía, se detuvo como ofreciéndose por blanco a la nube de saetas y tiros de espingardas. Pocos, sin embargo, lo acompañaron en el peligroso trance, y de éstos, unos cuantos, con su adalid Bernardo Francés, cortaron el paso a los jinetes moros y fueron persiguiéndolos hasta la orilla del río, obligándolos a precipitarse en los remolinos de la corriente. También pelearon denodadamente por salvar a su rey de la osadía enemiga los pocos valientes que a su lado quedaron; mas no pudieron impedir el robo de casi toda la impedimenta.

Como don Fernando, con el parecer de los grandes, había resuelto acampar en Riofrío, cerca de Loja, fue preciso seguir al ejército hasta los términos de Antequera, o sea, hasta la Peña de los Enamorados, cuyo sitio dista del primer campamento próximo a Loja unas siete leguas. Tal confusión reinaba aquel día entre los nuestros, que si, por acaso, un pelotón de 300 jinetes moros hubiese seguido picando la retaguardia, nos hubieran causado grave y vergonzosa derrota, especialmente si Albuhacén hubiese acudido oportunamente a auxiliarles con fuerzas importantes; pero hasta el día siguiente no avanzó con tal objeto hasta Riofrío.

En el mismo día infirieron grave daño a los barceloneses los genoveses, que por su antigua rivalidad con ellos aprovechaban todas las ocasiones de perjudicarles. Con pretexto de disturbios civiles, arribaron a las playas de Barcelona en algunas galeras y una nave gruesa, cogieron rico botín y llegaron hasta amenazar con la destrucción de la ciudad. Los catalanes, confiados en su escuadra de galeras tripuladas por noble juventud, no vacilaron en acometer a la armada genovesa, creyendo vencer fácilmente, por lo menos, a las galeras, porque nada se hablaba de nave gruesa que en aquella costa pudiera ofrecer respeto. Los resultados demostraron lo contrario, porque un viento favorable permitió al navío genovés apresar la galera mayor de los catalanes y con ella la flor de su nobleza. Pareció más amargo el descalabro porque se atribuyó al funesto augurio de una tormenta.

Llegó por entonces a Córdoba el ilustre duque de Viseo, para quedar como en rehenes de la observancia por arribas partes de los conciertos pactados. No pareció causarle gran sentimiento el revés sufrido en Loja por don Fernando. A los dos días de salir éste de Córdoba, marchó el duque a Portugal a proveer en lo de Alhama.

Las discordias de aquellos días entre los granadinos favorecieron no poco a los nuestros. Acusaban a Albuhacén sus vasallos de haber movido tarde contra aquéllos, cuando cercaban a Loja, el numeroso ejército durante tanto tiempo reunido; de haber refrenado el arrojo de su hijo queridísimo, y de otras muchas infracciones de las prístinas leyes musulmanas en perjuicio de sus súbditos. Por ello lo destronaron, y aclamaron por rey a su hijo Mahomed Boabdil. Los malagueños y gran parte del territorio de Granada siguieron prestando acatamiento al monarca destronado. Entretanto, don Fernando metió víveres y refuerzos en Alhama, y después de elogiar la constancia y habilidad de Luis Portocarrero, lo sustituyó en el mando de la guarnición por Luis Osorio, noble y valiente sujeto, electo para la silla de Jaén, y le dio por adjuntos a Antonio de Fonseca y a Bernardo Francés con cincuenta lanzas escogidas y 1.500 infantes. A los primeros se les dio orden estrecha de no hacer salidas incauta y temerariamente para no caer en las próximas celadas de los granadinos, como había sucedido poco antes al valiente sevillano Fernando Ortiz.

Dispuesto ya todo lo necesario para la guarnición de Alhama y trabada escaramuza en el camino, con feliz resultado, con los jinetes moros, don Fernando se volvió a Córdoba. Albuhacén, desde su refugio de Málaga, reunió cuantas tropas pudo, taló a Tarifa y regresó cargado de botín.

En aquellos mismos meses de agosto y septiembre de 1482 muchos conversos que habían abjurado el catolicismo fueron quemados en Sevilla o sometidos a diversos tormentos, y como de día en día fueran haciéndose más patentes sus perversos errores, repitiéronse los castigos hasta fines del citado año.

Libro III
(1483)
Sucesos de Portugal. Peligro que corrió el rey don Juan. Intervención del rey en las discordias entre los grandes en León y en Galicia. Atacan sin resultado los moros a Teba y Ardales. Entran victoriosos en Cañete, recuperado luego por los nuestros. Desastre de la Axarquía. Juran los vascongados obediencia a la reina, y ésta la observación de los fueros. Embajadas de los reyes a Francia y a Navarra. Recuperación de Zahara. Frustrada tentativa de Boabdil contra su padre. Sucesos de Portugal. Guerra en Italia. Los vencedores de Boabdil son recibidos por los reyes en Vitoria con gran agasajo. Asuntos de Francia, Navarra y Portugal. Tumultos ocurridos en Italia. Incendio de la mezquita de La Meca. Disposiciones de los reyes para reparar el desastre. Empresas del Turco. Guerra en Italia. Muerte del rey de Inglaterra. Batalla de Lucena y prisión de Boabdil. Asuntos de Navarra. Negociaciones de matrimonios en Portugal. Dificultades para el pago de la gente alistada contra los granadinos. El conde de Tendilla reparte pagarés entre los soldados y sale fiador del abono. Aprovisionamiento de Alhama. Esponsales de doña Juana con don Alfonso de Portugal. Prisión y muerte del duque de Braganza. Ataque contra Illora y Zahara. Entrada del ejército cristiano por los campos granadinos. Proposiciones de los embajadores de Albuhacén y de Boabdil. Pactos entre éste y don Fernando. Libertad de don Enrique Enríquez. Tentativas guerreras del rey Luis de Francia en Navarra. Astucia de este monarca en sus negociaciones con España. Guerras de Italia. Entrevista de Boabdil con don Fernando. Talan los moros a Teba, Antequera y Utrera. Derrota el marqués de Cádiz a los moros en Zahara. Acusaciones del marqués contra las autoridades jerezanas. Muerte del rey de Francia. Ardides que empleó para procurar sucesión masculina al trono

Memorable fue el año de 1483, en que empieza este Libro, por la serie de desastres y revueltas ocurridos en España y en otros pueblos de Europa. Fomento de las unas fue la insensatez de los portugueses, porque estando su rey don Juan II obligado por los pactos a acallar todo trastorno causado por cualquier trato de matrimonio de su prima Juana, declarada por los sediciosos hija del rey don Enrique de Castilla, hizo todo lo contrario, y no solo no extinguió, sino que en cierto modo aventó las chispas de más vasto incendio. Así consintió a su prima, ya religiosa en un convento, vivir como seglar, prometió casarla con un gran príncipe, y trabajó para desposarla con Febo, nieto del difunto conde de Foix y biznieto de don Juan I de Aragón y Navarra. Este joven, primo del rey Luis de Francia, se comprometió secretamente, por consejo suyo, al matrimonio con doña Juana, para evitar la divulgación de los compromisos contraídos por los pactos antes de poder obligar a los nuestros a aceptarle, aun contra su voluntad.

Con la prisión del salmantino Montesinos, negociador del proyectado matrimonio, se descubrió el engaño tramado por los intrigantes; pero a poco la desdichada muerte de Febo, rey de Navarra y conde de Foix y de Bearne, impuso silencio a todos estos manejos, y surgieron otros, nacidos del anhelo del rey Luis de Francia por favorecer la causa de la hermana y heredera del difunto Febo. No faltaron, por otra parte, defensores de los derechos e instituciones de la casa de Foix. Los grandes de Navarra, en particular, por sacudir el yugo francés, se mostraron ardientes partidarios del rey don Fernando, que había guarnecido las principales fortalezas de aquel reino. La misma opinión sostenían los pueblos.

Por aquellos mismos días ocurrió un suceso, fingido o verdadero, que de cierto no me consta más que el hecho, el cual poco después vino a acreditar el rumor esparcido. Díjose que el rey don Juan, muy aficionado a la caza, se extravió, yendo solo en seguimiento de un jabalí, en un día de invierno, a causa de la densa niebla, y por escondidas sendas consiguió llegar a una choza habitada por rústicos, que, sin conocerle, le proporcionaron albergue y alimento aquella noche. Mas a la mañana tuvo aviso el huésped por unos parientes que habitaban en otra choza cercana de la llegada de cuatro caballeros en busca de un hombre, acaso del acogido en su albergue, y de que, no encontrando vestigio alguno de él, se habían marchado profiriendo algunas amenazas. Se lo advertían para que se lo avisase al fugitivo. Entonces el rey descubrió al rústico quien era, y a poco éste, sus dos hijos y un criado se armaron para defenderlo de los cuatro caballeros, que, llamando a la puerta, les atacaron con furia. Al fin fueron rechazados con muerte de un caballo, y aunque hubiera podido conocerse al jinete que lo montaba, parece que el rey lo ocultó intencionadamente. Este rumor infundió grandes sospechas a los portugueses e hizo que el rey, que hasta entonces se había librado de toda asechanza, procediese en adelante con más cautela.

Iba pasando el tiempo con fingimientos y falacias, y ambas partes menudeaban el envío de mensajeros para aparentar fiel observancia de lo pactado. A quien con más frecuencia se confiaba este encargo por el rey y el reino de Castilla era al portugués Lope de Atonguía, fiel criado y muy adicto a don Fernando, y hombre enérgico e íntegro, que por largo tiempo y con insistencia estuvo aconsejando al monarca portugués la estricta observancia de los pactos. Lo mismo aconsejaba el obispo de Coria fray Juan de Ortega, varón doctísimo y en ocasiones principal en estas embajadas.

En Andalucía, así los grandes como los pueblos seguían preparándose para la guerra de Granada. El rey, aunque deseaba mucho empezarla y en unión con la reina, que tomaba en ello gran participación, se ocupaba en Madrid en los varios asuntos del gobierno, cuando tuvo noticia de las nuevas discordias surgidas entre el condestable don Pedro de Velasco y don Rodrigo Pimentel, conde de Benavente, ambos poderosos en el reino de León, se dirigió allá para evitar mayores escándalos. El 11 de febrero entró en Madrid. Allí la reina, ocupada en multitud de asuntos, estaba esperando el regreso de los embajadores el doctor Rodrigo Maldonado y Alfonso de Quintanilla, enviados a Navarra y a Francia, respectivamente, el primero para tratar de arreglar los asuntos de aquel reino y, si necesario fuera, protegerlo con tropas, y el segundo para que inclinase el ánimo de la madre del difunto rey Febo a celebrar nuevos esponsales entre la hija viuda y el príncipe don Juan, heredero de los reinos de Castilla, León, Aragón y Sicilia.

Cuando ya don Fernando había arreglado en su camino las pendencias de los citados condes, recibió noticia de que los magnates gallegos, divididos en bandos, estaban empeñados unos en el ataque y otros en la defensa de Lugo, y que seguramente el arreglo de las cosas de Galicia dependía del resultado de aquel sitio. El rey se decidió a marchar cuanto antes a Astorga, para, desde allí, como punto más próximo a las montañas de la región, poder más fácilmente comunicar sus órdenes al conde de Lemos, principal entre aquellos grandes y benemérito de los reyes, aunque alegó algunos obstáculos que ofrecía la estación presente, y se le consideró dispuesto a cualquier intentona, porque los esponsales tratados entre su nieto don Rodrigo Osorio y la hija del de Benavente lo inclinaban a seguir la opinión de éste. Murió en aquellos días el conde de Lemos don Pedro Álvarez Osorio, o Cabrera, anciano de corta estatura, pero de grande habilidad y energía, y con su muerte fue preciso tratar la cuestión con su nieto y sucesor don Rodrigo. A esta dificultad proveyó el rey sabiamente, y arreglados ya los tumultos de Galicia con la entrega de Ponferrada, puso término a las sediciones de los grandes para poder prestar más atención a la causa del conde de Treviño, don Pedro Manrique. Luego dejó bien guarnecida la fortaleza de Ponferrada, a fin de facilitar el acceso a las tropas que hubiera que enviar contra los sediciosos cuando se necesitara emplear mayores fuerzas.

Desde allí regresó a Madrid, donde, entre otras muchas enmarañadas negociaciones, se atendía muy principalmente a la guerra de Granada, porque a causa de la frecuente dificultad de aprovisionar a Alhama, por necesitarse para ello numerosa hueste y muchas acémilas, había sido preciso que los pueblos de Andalucía enviaran en febrero nuevo refuerzo, tanto por temor a la lucha con los granadinos, como porque las brumas y lluvias invernales borraban los pasos en las asperezas de las montañas, y los nuestros tenían que atravesarlas con demasiada lentitud y con excesiva impedimenta para poder ocultarse de la multitud enemiga.

En medio de estos apuros vinieron a favorecernos las disensiones que estallaron entre malagueños y granadinos; éstos, con los de Loja, Guadix y otros muchos pueblos, declarados a favor de Boabdil, hijo de Albuhacén, y aquellos obedientes al rey, su padre. Deseando éste hacer alarde de su pujanza, intentó tomar a escala a Teba y Ardales, y como no lo consiguiese, y sabedor de que la villa de Cañete estaba desguarnecida, cayó repentinamente sobre los restantes defensores, incapaces de resistirle, arrasó el alcázar, demolió las obras de defensa para evitar que los nuestros pudieran apoderarse de la guarnición que allí dejara, y entró coronado de gloria en Málaga con todos los cautivos cogidos en la población.

Era señor de Cañete el adelantado de Andalucía, y confiado en el auxilio del marqués de Cádiz y en los socorros de sevillanos, jerezanos y ecijanos, llegó a la villa, fortificó el castillo, lo dotó de guarnición y reedificó más firmemente las derruidas torres y murallas.

Albuhacén, entretanto, comenzó el ataque del castillo de Turón, insuficientemente guarnecido; pero acudiendo prestamente los nuestros, frustraron el intento del moro. Poco después movió su ejército contra las tropas de su hijo, y trabó ligera escaramuza; pero la inferioridad de las del último para combates irregulares lo obligó a acogerse a Guadix, ciudad tan adicta a su persona como hostil a su padre. Los grandes andaluces, conocidas las disensiones de los enemigos, y confiados en ver a Albuhacén empeñado en diversas y lejanas expediciones, reunieron crecida hueste, porque casi todos los caballeros de la juventud de Sevilla, Écija, Jerez y Carmona se alistaron voluntariamente en sus escuadrones. Otros muchos principales cordobeses se pusieron a las órdenes de don Alfonso de Aguilar, de modo que el maestre de Santiago contó en sus filas a la nobleza ecijana y a gran número de comendadores de aquella Orden.

Con alegre resolución se disponían a marchar adonde se les necesitase los sevillanos acaudillados por don Juan de Silva, conde de Cifuentes, o por el adelantado de Andalucía don Pedro Enríquez, así como los jerezanos seguían entusiasmados al marqués de Cádiz o al corregidor Juan de Robles. En junto pudieron aprestarse 2.700 lanzas muy escogidas, pero escaso número de peones, porque, a pesar de haber prometido el maestre don Alfonso de Cárdenas, de gran prestigio entre los grandes, aprontar 4.000 ecijanos, al cabo no cumplió enteramente su promesa. Y eran los infantes muy necesarios para lo que se proyectaba, porque todos los caballeros se proponían invadir las aldeas más seguras y próximas a la costa de Málaga, a la que en árabe llaman Axarquía.

Es famoso este territorio porque en él se cultiva como en ningún otro de Europa la industria de la seda. Aunque para penetrar allí los nuestros no podían hacerlo sino por estrechas y escabrosas gargantas de las montañas, los guías afirmaron que si lograban atravesar sin tropiezo aquellos primeros desfiladeros, luego hallarían junto al mar cómoda llanura para asegurar el regreso por otro camino. Confiados los caudillos en estas promesas, se congratulaban de ver reunida tan escogida hueste, cual si ya tuviesen ricos despojos y presa de esclavos. Los sevillanos de la capitanía del conde de Cifuentes intentaron recuperar a escala vista el castillo y villa de Zahara; pero, no consiguiéndolo, quisieron a toda costa agregarse a las fuerzas que se encaminaban a la Axarquía. Unánimes todos en el plan, disentían, sin embargo, en los medios de ejecutarle. El marqués de Cádiz proponía atacar repentinamente a la escasa guarnición del alcázar de Málaga, que por su proximidad al mar ofrecía facilidades para combatirlo y para conservarse, puesto que diariamente podrían traerse víveres y refuerzos. Opinión muy diferente sustentaba el maestre don Alfonso de Cárdenas; y así, el principio de las consultas hizo ya prever a las claras lo desdichado del éxito, porque, no solo es funesta la discrepancia de opiniones entre los caudillos, sino que cuando capitanea el ejército más de uno, el desastre ocurre fatalmente, mucho más cuando muchas cabezas de un solo cuerpo introducen la confusión, como sucedió en esta entrada, en que el fingido asentimiento de los grandes disidentes fue causa de la catástrofe.

A fin de poner término a las discusiones, se dejó parte de la impedimenta con la artillería y máquinas de guerra dispuestas para el ataque proyectado, y la caballería ligera, con parte del recuaje necesario para el transporte de provisiones, atravesó los desfiladeros y atacó las aldeas.

Hallábanse ya apercibidos los moradores de la llegada del enemigo, por suponer que aprovecharía la ausencia de Albuhacén y, así, se habían refugiado en los sitios más defendidos, abandonando todas sus haciendas a la ventura. De aquí concibieron los nuestros el deseo de elegir el botín de más fácil transporte, sin cuidarse para nada del futuro peligro. Cuando los moros los vieron ocupados en esta faena, fueron cercándolos ocupando las alturas, seguros de superar con sus reducidas fuerzas a las mayores de los cristianos, sobre todo si las atacaban de noche, cuando se hallaban fatigadas, y en terreno escabroso, en que las vides y arbustos les daba gran ventaja para pelear con el enemigo. No se engañaron ellos en su cálculo, ni a los nuestros se les alcanzó algún medio de salvación, y así llegó el desastre cuando más enfangados estaban en el botín. Muchos, solo atentos a recogerle, desobedecían cuantas órdenes se les daban de volver a las filas. No faltaron entre los grandes algunos que emplearon todo el día en acercarse a Málaga lo suficiente para contemplar desde lejos la ciudad, nunca vista por ellos. Cuando, saciada el ansia de botín, vieron desvanecidas las esperanzas fundadas en su seguridad, se acordaron, ya tarde, de las órdenes de regresar a la hueste.

Entre mil pareceres increpábanse mutuamente, y no faltó guerrero, antes despreciado, que acusase a los jefes de apatía, desidia y cobardía. Eran tantas las opiniones como las cabezas. Finalmente se consultó a los conocedores de los caminos sobre el que debía seguirse, siempre que ofreciera seguridad. También aquí fueron varios los planes, pero desecharon el de seguir la costa, por ser más larga jornada y por la conveniencia de sacar al ejército de las estrechuras entre el Alcázar contiguo a la plaza y el reflujo del mar, en cuyo paso perecerían muchos. Resuelto el regreso por las montañas, se internaron por sendas estrechas y pedregosas, donde los moros comenzaron a picarles la retaguardia, sin que pudieran defenderse por lo escabroso del terreno y, más aún, por el estorbo de la impedimenta. A poco llegaron a una hoya, sepultura de no pocos, porque, no siendo casi practicable para los jinetes, se empeñaron en pasarla atropelladamente y a porfía multitud de hombres de armas abrumados con el peso de sus armaduras. En el apresuramiento fueron muchos los que se despeñaron, aumentando el desastre la masa de sus cadáveres. En nada se reparaba con tal de llegar en precipitada fuga a lugar más seguro antes de la noche, que se echaba encima. Al cabo, y ya anochecido, hicieron alto en la falda de los escarpados cerros, en espera de la luz del día.

Viendo los moros coyuntura para cortarles la retirada, les arrojaron en las primeras horas de la noche una lluvia de venablos, y con un continuo vocerío provocaron a los fugitivos, ya sin aliento, y amedrentaron a los tímidos. Ni había posibilidad de descanso para aquéllos, ni a éstos se ofrecía esperanza de escapar de la muerte. Eran tantos los heridos, que no había medio de resistir a un enemigo ventajosamente emboscado tras los setos y con entera libertad para hostilizarnos. Ofrecíase patente la derrota y no se veía camino de salvación, solo dominado cada uno por el anhelo de la propia.

El marqués de Cádiz, capitán esforzado y sagacísimo en tales trances, cuando no pudo impedir el triunfo del enemigo, buscó entre las tinieblas una senda para escapar, perdida ya toda ocasión de combatir sin que el más fuerte perdiese la vida o la libertad a manos de cualquier cobarde sarraceno. Tránsfugas granadinos, muy adictos a su persona y grandes conocedores de los caminos, le aconsejaron la fuga, dándole seguridades de burlar al enemigo si a medianoche les seguía por sendas de ellos solos sabidas; esto, en caso que prefiriese escapar solo a morir con otros muchos, porque al día siguiente, a la suerte y no al esfuerzo habría que atribuir si alguno se libraba de cruelísima muerte, remota probabilidad hasta para jóvenes desarmados y expeditos que caminasen de uno en uno. Si el marqués, decían, acérrimo enemigo de los moros, muertos ya dos caballos en aquel día, sin alientos y afectado por el desastre, llegaba a caer en sus manos, gravísimo daño amenazaba a los pueblos cristianos confinantes, principalmente por carecer el marqués de hijos varones para sucederlo en sus Estados. De sus hermanos, unos estaban mortalmente heridos; otros, encerrados aquella noche entre los riscos y estrechuras, solo atendían a su salvación, completamente cercados de enemigos que con grandes alaridos vociferaban que cuantos habían entrado en aquel sitio estaban irremisiblemente condenados a la muerte o al cautiverio.

Cuando al siguiente día, 21 de marzo, se notó la falta del marqués, aumentó la turbación de los nuestros y se lanzaron a atravesar el elevado cerro, creyendo que del otro lado ya no corrían peligro. Aunque con dificultad, lo consiguieron; pero abatió sus ánimos y sus fuerzas el verse amenazados de completo exterminio por el enemigo previamente apostado en las estrechas sendas y quebradas por donde habían de pasar. Entonces los hijos abandonaban al padre a su suerte; el hermano no socorría al hermano y ningún jefe se cuidaba de sus soldados. Con sus propias manos, trémulas de miedo, se despojaban de sus arreos los que antes se pavoneaban con sus resplandecientes armaduras, y algunos perecieron mientras pugnaban afanosamente por quitárselas. Aprovechando la matanza de los compañeros de armas, llegaron algunos a la garganta más estrecha. Allí arreciaron los aullidos de los heridos y el ruido sordo de los cuerpos al caer en tierra, ninguno a los tiros del enemigo que les perseguía o de los que les cortaba el paso, sino pisoteados y aplastados por los caballos al precipitarse. Lo estrecho del desfiladero les impedía revolverse contra sus escasos perseguidores; aquella multitud caía a cada paso despedazada por unos cuantos moros sin armas, y al ver los infelices la enorme matanza de sus compañeros, especialmente de los peor armados, imploraban misericordia del enemigo, pidiéndole el cautiverio y el aliciente del futuro rescate a cambio de la vida.

Quiso la suerte que el maestre don Alfonso de Cárdenas pudiese escapar con unos cuantos de aquellas escabrosidades, y de igual riesgo se libró el adelantado de Andalucía, don Pedro Enríquez, aunque con mayor fortuna, pues lo acompañaron en la huída su hijo y su hermano, los dos llamados Francisco Enríquez, si bien perdió la mayor parte de los caballeros de su escuadrón. Don Alfonso de Aguilar consiguió, a duras penas escapar de manos de los moros, y con algunos de los suyos se refugió en su ciudad de Antequera, adonde ya lo habían precedido los citados grandes y, antes que todos, el marqués de Cádiz. Allí angustiaban el ánimo los lamentos de todos los moradores, y entre los llantos de viudas y huérfanos, sobresalía la amarga pena del cautiverio del fortísimo y generoso corregidor Figueroa. Ignorábase si el conde de Cifuentes, a quien tanto se deseaba ver incólume, había quedado muerto o cautivo; solo se sabía que muchos caballeros sevillanos de su escuadrón habían sucumbido. En suma: pasaron de 800 los muertos y casi 1.500, de ellos 400, de noble linaje, quedaron en manos del enemigo. También se apoderó de las armas de los fugitivos y de los muertos, cuyos despojos permitió conservar a los vencedores Albuhacén al volver pocos días después a Málaga. Por módica suma dada a los populares, los obligó a entregar los cautivos más nobles, para procurarse después crecido rescate. El conde de Cifuentes pasó largo tiempo desapercibido entre los más humildes cautivos; luego, circunstancias casuales le hicieron concebir esperanzas de fácil rescate; pero, reconocido al cabo, fue entregado en poder de Albuhacén.

    Profundo pesar causó a los reyes la noticia del desastre. Don Fernando la recibió cuando en las fronteras de Galicia se ocupaba en apaciguar las revueltas de los magnates de la región; y doña Isabel, mientras, fija la mente en los asuntos de Portugal, trabajaba por romper los esponsales comenzados a tratar entre su hija doña Isabel y el príncipe don Alfonso. Tan grave se juzgó el triste suceso, que se resolvió preparar inmediatamente nueva expedición. No parecía dudoso que el rey vendría a disponerla y a ocuparse con la reina en los demás asuntos de gobierno. A todo se atendió, en efecto, con la mayor solicitud, y el rey no defraudó los deseos de los que le pedían que diese los cargos de los caballeros muertos en la acción a sus hijos o a los parientes más próximos, porque así lo otorgó con la mayor liberalidad.

Luego ambos consortes consagraron su atención a los sucesos que de diversas partes de Europa se les comunicaban.

Consultóse al rey de Sicilia con tanto más interés cuanto que el turco Mahomed Bey, heredero del trono, disponía fuerte armada en el puerto de Salona. Su hermano menor, vencido por él en la guerra, se había refugiado en Rodas, y el vencedor había prometido observar fiel y duradera alianza con los de la isla, siempre que su revoltoso hermano fuese enviado a Francia y allí se le proporcionase decorosa residencia. El maestre de la Orden, varón prudentísimo, otorgó la pretensión, temeroso de experimentar otra vez la potencia del Turco.

También concedieron importancia extraordinaria los reyes a la pertinaz guerra de los venecianos, que en su encono contra el rey, don Fernando de Nápoles tenían puesto estrecho cerco a Ferrara, y resistían tenazmente a los otros príncipes de Italia, que intentaban hacerles levantar el sitio. De lograr los sitiadores su propósito, todos los amigos del rey de Nápoles hubieran corrido seguramente serios peligros. Por esto favorecieron cuanto les era dable a su partido, y se congratularon de la alianza pactada por su primo con el papa, cuya amistad consideraban tan ventajosa como perjudicial había sido su enemistad.

La muerte del rey Eduardo de Inglaterra, ocurrida el 8 de abril, fue causa de nuevas preocupaciones para muchos príncipes de Europa. Según opinión muy admitida, murió envenenado, porque dos días antes de aquella fecha parecía libre de toda enfermedad. Su desdichado y prematuro fin propagó fecundo germen de turbaciones por las naciones occidentales.

Así, a medida que el rey don Fernando prestaba mayor atención a los preparativos de la guerra de Granada, iban aumentando más sus temores de nuevos motivos de guerra y discordias intestinas entre los príncipes cristianos.

La partida de los reyes iba apagando el entusiasmo, y de día en día crecían las dificultades. El rey Boabdil, dueño de Granada, Guadix, Loja y otras muchas ciudades y villas del territorio granadino, y que contaba con gran favor de los pueblos, deseando realizar alguna hazaña memorable y grata a los moros, reclutó gente para exterminar con un nuevo golpe a nuestros andaluces, quebrantados con el reciente descalabro. Le constaba el abatimiento de sus ánimos producido por la derrota y, como consecuencia, se les suponía desalentados y llenos de miedo para lo futuro, dado que, en los trances de la guerra, las más veces el terror anonada la fortaleza en los vencidos, al paso que la victoria enardece los ánimos para nuevos triunfos. Impulsaba, además, al joven y arrojado monarca, la emulación de la fortuna de su padre contra los nuestros, y el anhelo por alcanzar igual victoria, para que los granadinos, que dan gran importancia a los buenos auspicios de sus caudillos, no considerasen solo al padre dotado de este don. Creían, finalmente, que se les brindaba ocasión para hacer terrible tala, en tierra enemiga, con que el rey, al frente de escogida hueste atacase de repente a Lucena, amedrentando a la escasa guarnición que creían encontrar en plaza tan mal defendida por su situación y por sus reparos. Confirmaba esta opinión el suegro del rey, Aly Aliatar, o sea el Droguero, anciano corregidor de Loja, muy versado en las cosas de la guerra, belicoso y afortunado en los combates, y que por sus relevantes méritos había sabido enaltecer lo oscuro de su linaje, hasta tener por yerno al rey, presidir el consejo y acaudillar tropas, a pesar de ser nonagenario. El fracaso de esta expedición empañó el brillo de tan relevantes merecimientos.

Era ya antiguo en los alcaides cordobeses de villas y castillos confinantes con tierras de los granadinos el temor a sus repentinas algaradas, y después del último descalabro habían puesto mayor cuidado en las rondas nocturnas y en las descubiertas durante el día. Principalmente el alcaide de los donceles, señor de Lucena, había triplicado las guerrillas y puesto a su cabeza a hombres muy conocedores de los términos. Por aquellos días llamó a varios adalides cordobeses, a fin de contar con mayores fuerzas para rechazar al enemigo, si, como se creía, intentaba el sitio, y para disponer de más pronto socorro de sus amigos, convino con ellos en ciertas señales, por las que pudiese conocer el número de los moros. El alcaide de los donceles don Diego Fernández de Córdoba, joven esforzado, tan esclarecido por su linaje como por sus prendas personales, aguardaba ya días antes con cien lanzas escogidas el ataque de los enemigos, receloso de la osadía con que Aliatar acostumbraba a entrar talando los campos de Lucena, llamados por esta causa Huerto de Aliatar por los granadinos.

No lo engañó su previsión, porque el 20 de abril supo por diligentes corredores que se aproximaba numerosa hueste de moros y acampaba muy cerca, por lo que era seguro que a la medianoche causarían gran espanto entre los nuestros. Oída la noticia, el alcaide de los donceles envió inmediatamente sus cartas a los amigos más cercanos en demanda de pronto socorro. En particular rogó al conde de Cabra, don Diego Fernández de Córdoba, pariente suyo, con quien lo unían, además, lazos de extremado afecto, y que a la sazón estaba en Baena, que con toda urgencia, mientras él procuraba resistir la primera embestida del enemigo, enviase a pedir a todos sus amigos inmediato auxilio. Hízolo así el excelente conde y, por el afán de emprender sin demora la marcha, no se cuidó de otra cosa que de ir al punto a Cabra, villa confinante con Lucena, y dejar orden de seguirlo allá a los de Baena. Así reunió antes del alba 200 lanzas y unos 800 peones.

En tanto, el alcaide de los donceles sacó de los arrabales a cuantos por su sexo o edad eran inhábiles para pelear y los internó en lugares seguros; acompañado de un escuadrón escogido hizo arrancar todas las puertas de las casas del arrabal; rodeó con trincheras los puntos más débiles; dispuso otros baluartes; colocó cerbatanas donde mejor podían rechazar al enemigo; distribuyó los flecheros por los sitios más a propósito, y como núcleo de resistencia puso fuerte retén de hombres de armas. No tardó en presentarse el enemigo. Ya pasadas las nueve de la noche atacó la parte del arrabal que creyó podría ocupar en la primera embestida. Pronto se convencieron de lo temerario de su empeño, porque los tiros de las bombardas, ballestas y espingardas les causaron grandes pérdidas, y entonces, desistiendo del ataque, se dedicaron a talar planteles, olivares y viñedos, mientras Hamet Abencerraje con 300 jinetes desvastaba, por orden del rey, los campos de Montilla, Santaella y otros pueblos. Cuando observó que todo estaba perfectamente prevenido, que todos estaban armados y por todas partes se oponían al paso de los invasores, recogió su gente y al alba fue a reunirse con la que estaba con el rey. Luego intentó engañar al alcaide de los donceles, con quien tenía antiguo conocimiento, por haber encontrado refugio en Córdoba en casa de don Alfonso de Aguilar, tío del alcaide. Para conseguirlo, dio una cita al joven capitán, que tan astuto como el Abencerraje, de quien recelaba alguna emboscada, procedía con la mayor cautela, y aparentando confiar en los sentimientos de antigua amistad del moro, iba difiriendo la entrevista con buenas palabras, para dar tiempo a que llegaran las fuerzas auxiliares del conde de Cabra y de los capitanes vecinos, y lograr así que el rey, deseoso ya de regresar a Loja, pudiese hacerlo sin combate.

En cuanto don Fernando divisó de lejos las tropas de socorro que de todas partes acudían, terminada la entrevista entre el Abencerraje y el alcaide, se dirigió a Loja con sus gentes. El último, en su deseo de empeñar combate, consiguió, por medio de una hábil maniobra de la caballería, detener a la multitud hasta que el conde de Cabra reunió las tropas ligeras con las de Lucena. Al llegar le consultó el alcaide, como a persona de más edad y más práctica en la guerra, sobre lo que había de hacerse, y fue su opinión que se tentase fortuna aquel día, en que el enemigo, rendido por la fatiga y vigilias, podría fácilmente ser vencido, por confiar además en que de todas partes irían acudiendo más numerosas tropas. Este parecer suele tener frecuente confirmación con los temerosos, y en especial y forzosamente había de realizarse en las estrechuras de gargantas y en el paso de los torrentes, donde unos cuantos hombres prácticos en el terreno destrozarían a la multitud de enemigos desatalentados.

Al llegar los moros al arroyo de Garci González los nuestros los atacaron por retaguardia. Creyó el joven y valiente Boabdil recurso más prudente y seguro hacer frente según fuera llegando la caballería del conde y del alcaide de los donceles, mientras la impedimenta y los peones, aterrorizados, atravesaban el estrecho cauce del arroyo, único paso posible en un largo trecho. De repente los moros, cual si se escaparan de la prisión, quisieron forzar la marcha al atravesarle, y el rey, viendo el corto número de los nuestros, comenzó a alentar a su gente y a recoger los dispersos y acobardados para lanzarlos contra los cristianos, también en desorden, porque, a causa de las marchas forzadas, los 1.200 peones estaban sin alientos y no se creía que nuestras 300 lanzas o poco más pudiesen entrar en liza con la numerosa caballería enemiga. Así pues, Boabdil eligió sus mejores combatientes y dispuso sus batallas del lado acá del arroyo.

Los nuestros, ya preparados al encuentro, enviaron de descubierta al noble y diestro capitán Fernando de Argote, alcaide de Lucena, con diecisiete lanzas escogidas para observar la disposición de la hueste contraria y conocer por los estandartes si se apercibía a batalla formal o solo intentaba un simulacro de combate. Volvió el alcaide y dijo que reinaba la confusión en las filas de los moros, a quienes sus adalides no conseguían animar a la pelea, antes con llevar los estandartes inclinados a tierra, indicaban sus propósitos de huida. Tan favorable noticia animó a los nuestros a romper contra los jinetes moros más desembarazados y que estaban con su rey del lado acá del arroyo. En vano se esforzó por llevarlos al combate. Ellos y los peones, en revuelta confusión, volvieron las espaldas y a todo correr intentaron atravesar el cauce, aterrorizados por el vocerío de ochenta peones y cuarenta caballos nuestros que por el flanco y por el valle se aproximaban.

Temiendo verse cercados, los que a duras penas habían atravesado el arroyo, divididos en dos bandos, emprendieron diversos caminos, y atentos solo a escapar, dejaron abandonado a su rey, que por salvarlos había olvidado su propia seguridad y escogido el sitio de mayor peligro. Cuando vio a su gente desbandada y que los nuestros la exterminaban en aquellas gargantas, echó pie a tierra y, abandonando el caballo, buscó sitio donde esconderse. Pero su arrogante presencia, la blancura de su ropaje y sus preciosos arreos, no le permitieron permanecer mucho tiempo oculto. A pesar de los zarzales y malezas que bordeaban el cenagoso lecho del arroyo, pronto lo descubrió Martín Hurtado, peón de Lucena. Quiso apoderarse de él amenazándolo con el puñal, pero el rey se defendía con el suyo, hasta que llamando el soldado a voces en su auxilio a unos parientes que por allí pasaban, lograron sujetar al prisionero. Rogóles que no se ensañaran con él y se aprovecharan de la buena suerte de haber hecho cautivo a un rey. Con una señal de la cruz les pidió seguro, y despojado ya de sus armas, se entregó a los vencedores.

Pronto se arrepintió de haber descubierto quién era, y quiso hacerse pasar por hijo de Benaliz, alguacil principal granadino, con lo que empeoró su situación, porque al oír este nombre uno de los tres peones de Lucena allí presentes, quiso matar al prisionero para vengar la muerte dada a su hermano por el supuesto granadino. Ya iban a venir a las manos los defensores de Boabdil y los que pretendían matarle, cuando el alcaide de los donceles, que iba en persecución de moros rezagados, oyó las voces y se acercó a dirimir la contienda. Al verlo el cautivo, se arrojó a sus pies implorando la vida salva. Otorgósela inmediatamente el caudillo, mantuvo a raya a los más encarnizados y entregó el prisionero a los primeros soldados que lo encontraron para que, en unión de otros dos hombres de armas, lo llevaran en un mulo a Lucena mientras él continuaba la persecución de los fugitivos.

En unión con el conde de Cabra y su gente fueron durante todo el día picando la retaguardia enemiga en fuga; degollaron cerca de 2.000 hombres y, ya anochecido, dispusieron lo necesaria para la conducción a Loja de los 700 cautivos, recogidos por los valles y encrucijadas por algunas escuadras enviadas al efecto en las primeras horas de la noche, después que descansaron de las fatigas de todo el día. Otros muchos de los principales de Loja llevó prisioneros don Alonso de Aguilar, que al saber la derrota de los moros, salió de Antequera para aquella ciudad. El corregidor de Santaella, Luis de Godoy, acudió también al socorro, aunque tarde; pero no volvió de vacío sino con despojos considerables del número total de cautivos. Se apoderaron los nuestros de más de 1.000 mulos que los moros confiaban llevar cargados de botín, de otros tantos caballos y de gran cantidad de armas de los muertos y fugitivos.

Quedó Boabdil custodiado y decentemente alojado en Lucena. Siguió negando su calidad durante cuatro días; mas al cabo confesó la verdad, y fue tratado con mayores miramientos. De los muchos estandartes, unos cogió el conde de Cabra y otros el alcaide de los donceles. También conservó el último las armas del rey por haberlo tenido prisionero.

Al día siguiente un eclipse de Luna amilanó más a los granadinos, que creyeron ver en el fenómeno augurio de nuevos desastres. El conde y el alcaide hicieron contar el número de cautivos para repartírselos equitativamente, según las leyes de la guerra. Algunos amigos de ambos quisieron inducirlos a disputarse la posesión del rey cautivo; pero la prudencia del conde evitó la controversia, y de común acuerdo dieron cuenta a los reyes de lo acaecido.

Hallábanse a la sazón en Madrid preocupados con muchos y arduos negocios, y la noticia de la victoria contribuyó bastante a disipar sus cuidados, porque el descalabro de la Axarquía tenía muy abatidos a los castellanos, y el reciente triunfo les infundió alientos y alegría para la guerra que se preparaba. Aprovechando tan buenas disposiciones, salieron los reyes de Madrid el mismo día 28 de abril, don Fernando hacia Córdoba, para preparar la expedición de los andaluces, y doña Isabel hacia Navarra, para ver si con el nuevo vínculo del matrimonio de la hermana y heredera del difunto rey Febo con el príncipe don Juan podía lograrse el fiel cumplimiento de la alianza concertada entre Francia y Castilla, porque era de temer que se quebrantase si el rey Luis, tan codicioso de la posesión de Navarra, concluía el casamiento de su sobrina, futura reina de aquella región, con algún magnate francés.

Ante la inminencia del peligro, grandes y pueblos de Navarra suplicaron unánimes a los reyes que uno de ellos, por lo menos, viniese a las fronteras del reino a dar cima al concertado matrimonio de la doncella con el príncipe, ganando antes, por medio de hábiles medianeros, el asentimiento del rey Luis, siempre envuelto en nuevas revueltas, pero en aquellos días además gravemente enfermo, y si por acaso el francés apelaba a sus antiguos procedimientos, procurar que estuviésemos prevenidos para tenerlo a raya. Lo mismo decía el embajador navarro don Luis de Beaumont, conde de Lerín, y juraba que jamás los navarros ni ningún amigo de la libertad obedecería a los franceses, y que morirían en la defensa antes que humillarla cerviz gente tan indómita al duro yugo de la servidumbre francesa.

Antes de dirigirse a Navarra doña Isabel, y de acuerdo con don Fernando, envió a Portugal al prior del Prado, con plenos poderes para concertar, por palabras de futuro, y previa la libertad de los rehenes dados, nuevos esponsales del príncipe don Alfonso de Portugal con doña Juana, hija segunda de nuestros reyes, en lugar de los anteriormente tratados entre doña Isabel, la hija primera y el citado príncipe.

Pareció que aceptaba de buen grado lo propuesto el rey de Portugal don Juan, acaso maquinando ya lo que tan funesto fue luego para algunos grandes de su reino.

Mas volviendo a los preparativos de la guerra contra los granadinos, diré que en cuanto el rey don Fernando entró en Córdoba el 9 de mayo y supo que de nuevo era Albuhacén dueño de Granada, ordenó una leva general en todos los pueblos de Andalucía, además de los contingentes de lanzas con que había mandado contribuir a las demás provincias de Castilla. Hizo también aprestar 2.000 jinetes escogidos para talar los campos de los moros, y que se enviasen todas las acémilas necesarias para el aprovisionamiento de la nueva y más numerosa guarnición que, al mando del noble y esforzado alcaide don Íñigo de Mendoza, conde de Tendilla, había de relevar a la antigua en Alhama. Estaban consignadas para atender en adelante a esta necesidad rentas de muchas partes de León y Castilla, hasta por concesión del papa, que, en cierto modo, había otorgado al citado conde las vacantes de beneficios para que pudiese sufragar los gastos y alimentar sus tropas con algún alivio de los pueblos, ya aniquilados con las repetidas contribuciones; pero lo exiguo de las rentas, dado lo considerable de los gastos, proporcionaban escasos recursos para el aprovisionamiento de Alhama, y a los soldados que con el conde la guarnecían se les hacía intolerable pasar más tiempo sin paga. Era grande su autoridad entre ellos y merecido el elogio que de su natural veracidad hacían, y así pudo fácilmente convencerles, en una arenga, de las causas porque se retrasaban las soldadas mientras los reyes permanecían en lejanas tierras. Para darles seguridad del pago hizo entregar a cada soldado, a manera de moneda, un recibo de la cantidad que se le debía hasta un día señalado, y salió fiador del abono. Tranquilizáronse con este concierto, y en el plazo fijado recibieron sus soldadas.

Con el fin de evitar las emboscadas del enemigo, muy frecuentes en los valles próximos a Alhama, hizo el conde levantar atalayas a su costa, y cuando los reyes pagaron a las tropas las soldadas vencidas, renunció a los emolumentos de los beneficios que dije se lo habían concedido.

Luego don Fernando señaló día para el alarde de la hueste provista de los víveres necesarios, a fin de poderla emplear en la tala general de los campos granadinos. Por más que la frecuencia de las expediciones pareciese ofrecer dificultades para la actual, la reciente victoria y la pericia del rey infundían grandes esperanzas. En el plazo señalado acudieron de todas partes hombres dispuestos para la guerra, y tal número de acémilas para el transporte de víveres, que fácilmente en una sola entrada podía dejarse aprovisionada Alhama para un año y sobrar abundantes raciones para un numeroso ejército. Mil hombres, al mando del conde de Tendilla, quedaron guarneciéndola, de ellos cincuenta jinetes, exclusivamente destinados a las salidas repentinas. Don Fernando que, antes de marchar a la provincia de Granada, había mandado llevar a Boabdil a Córdoba y dispuesto que el noble y leal corregidor Martín Alarcón lo tuviese en decente custodia, se dignó honrar al cautivo con la mayor generosidad, hizo limpiar todas las calles de la ciudad, consintió que tuviese intérpretes y otorgó treguas de dos meses a los pueblos que lo acataban, con otras muchas concesiones propias de su ánimo clemente.

El prior del Prado había ya negociado, con su reconocida habilidad y pericia, nuevos esponsales de doña Juana con el príncipe portugués don Alfonso, en lugar de los primitivos de éste con doña Isabel, primogénita de los reyes, y por orden de éstos y por asentimiento del rey don Juan de Portugal, la trajo a Castilla con el conde de Feria, Gómez Suárez de Figueroa, desde la villa portuguesa de Mora, donde había permanecido en prenda del cumplimiento de lo pactado. Fue recibida la princesa por el arzobispo de Santiago, don Alfonso de Fonseca o Acevedo, y otros muchos nobles que habían de acompañarla hasta las fronteras de Navarra, donde a la sazón se hallaba su madre entendiendo en los asuntos del reino.

Debo hacer aquí mención de la infortunada suerte que corrieron en estos días algunos grandes portugueses por haber incurrido en el odio de su rey, según demostró luego la experiencia. Mientras por su cualidad de rehenes de los pactos concertados estuvieron exentos de la debida obediencia a su monarca, éste difirió su venganza; pero en cuanto los nuevos esponsales les hicieron perder aquella prerrogativa, puso en prisión a los grandes que se proponía castigar. Tocóle el primero al duque de Braganza o de Guimaraes, el más poderoso de todos, de estirpe real, con hermanos también riquísimos, y muy asegurado de todo atropello por ser su mujer hermana de la reina. A pesar de ello fue encarcelado, y a los pocos días ignominiosamente degollado por orden del rey, que afirmó haberlo hecho con toda justicia. Luego se apoderó de los Estados del duque, y así sus hijos como sus hermanos temieron tanto caer en sus manos, que prefirieron el destierro y la miseria y se acogieron al amparo de algunos próceres castellanos. Manifiesto fue el pesar que la desgracia causó en nuestra reina, emparentada con la casa de Portugal, y general el temor de las disensiones que habían de originarse, por más que en los primeros días se disimulase por ambas partes.

No sintió menos la noticia de la desastrada muerte del duque el rey don Fernando, que a principios de este mes de junio acaudillaba su ejército contra los granadinos. Pero como las necesidades de la guerra ocupaban toda su atención, tuvo que consagrarse a proveer a la defensa de Alhama antes de talar los campos enemigos. Al pasar por Loja entró a saco tras breve escaramuza en el arrabal; pero no quiso combatir los puntos más fortificados y mejor defendidos por los moradores, en su afán de proseguir la marcha, para no consumir las provisiones destinadas a la guarnición de Alhama. Relevada, según lo convenido, y aprovisionada convenientemente, marchó con 6.000 caballos y unos 40.000 peones hacia los campos que mayores frutos proporcionaban a la multitud granadina, y resolvió sitiar a Tajara por su proximidad a Alhama y por las abundantes provisiones que suministraba a la vecina ciudad de Loja. Para batir las murallas se emplearon una bombarda y diez ribadoquines, y aunque hubo algunas dificultades para el sitio en pocos días quedaron arrasadas las torres y reparos y muertos o prisioneros todos los defensores. De los nuestros perecieron algunos; pero lo que más sintió el rey fue la grave herida que un tiro de espingarda causó a su tío don Enrique Enríquez. Hízole llevar a Alhama para curarle, y a las siete jornadas mandó acampar en sitio seguro al ejército al aproximarse a Granada. Durante la marcha hizo talar los campos y retó a combate al enemigo. El temor a las revueltas intestinas de los granadinos obligó al rey Albuhacén a rehusarle, no presentando nunca sus batallas ante las nuestras y limitándose a esconder entre los olivares multitud de peones y a colocar junto a los emboscados, prontos a acudir a la escaramuza, algunos jinetes sueltos, que en revuelto pelotón fingían caminar a la ventura; todo a fin de caer sobre los nuestros, si en su afán de pelear acometían incautamente a los moros en su marcha. Adivinó don Fernando el ardid, y dio orden a los soldados de no empeñar combate a escondidas.

Luego, a medida que se iban acercando a Granada, cuidaba más de la seguridad de los reales; no permitía a hombres de armas ni a peones romper el orden de las batallas, ni a los destinados a la tala de los campos que saliesen sin fuerte escolta; a todo proveyó con maduro consejo para evitar un descalabro como el ocurrido el año anterior junto a Loja. A ejemplo del rey, los grandes y el ejército entero observaban la más estricta disciplina, yendo a la aguada con la debida cautela, evitando con las patrullas las sorpresas del enemigo, procediendo, en fin, en todo cual cumplía a un ejército perfectamente disciplinado. Solo fue obstáculo para continuar provocando a combate a la multitud enemiga, la insuficiencia de los víveres, porque, fuera de las mieses, todos los demás alimentos escaseaban, y no hubieran podido los soldados sufrir mucho tiempo sin quejarse de la falta de víveres, si antes se hubiesen apercibido de la nueva resolución de los granadinos para no empeñar combate; porque de día en día se esperaba alguna audaz tentativa de su parte para trabar al menos escaramuza. No podían explicarse los nuestros la inercia de los moros, cuando antes ejércitos más numerosos jamás habían amilanado a los reyes de Granada para retraerles de combatir con los cristianos, ni aun cuando don Juan II llegó a sentar sus reales cerca de Granada con 20.000 caballos y 80.000 peones. Lo mismo hizo Cidiza, padre de Albuhacén, cuando el rey Enrique IV pareció intentar el sitio de Granada con 12.000 caballos y considerable número de infantes.

Pronto descubrió don Fernando que la causa de aquella inacción era el temor de Albuhacén a que, una vez el ejército fuera del recinto de Granada, estallara la revuelta, provocada por los muchos partidarios secretos de su hijo, y así dispuso el regreso de las tropas, que entraron en Córdoba veinte días después. Inmediatamente recibió en audiencia a los enviados del rey cautivo Boabdil, encerrado en el castillo de Porcuna, que le suplicaron que aceptase rehenes en prenda de la mejor observancia de los conciertos hechos, y le aseguraron que la libertad del monarca prisionero redundaría en daño de Albuhacén. Éste, por su parte, envió sus embajadores a don Fernando a negociar en contra del hijo, y se valió hábilmente de la libertad concedida a don Juan de Pineda, principal sevillano, para que ofreciese la de algunos cautivos si se prefería la alianza del padre a la de Boabdil y se le entregaba éste y algunos de sus cómplices, a cambio de la libertad del conde de Cifuentes y de otros nueve cautivos designados por don Fernando.

De otras adiciones a estos pactos, dictadas por Albuhacén con excesiva soberbia y como por monarca más poderoso, encargó, además de a Juan de Pineda, elegido por él por creerlo más, inclinado a su causa y más acepto a los ojos de don Fernando, a un mercader genovés llamado Federico Centurión, que vivía en Granada ocupado en sus asuntos comerciales. Llegó éste el primero a Córdoba; pero no obtuvo de don Fernando respuesta más satisfactoria que la que poco después dio a Juan de Pineda, y al regresar a Granada tuvo que manifestar que debía atenderse a la honra, al interés y a la verdadera grandeza de los reinos de León y Castilla y no tratar el enemigo de dictar pactos inicuos, antes observar fielmente los que el rey don Fernando impusiese a los moros si querían vivir tranquilos alguna vez.

De mejor gana escuchó don Fernando a los embajadores de Boabdil, más acepto a los granadinos por su rectitud y más llorado por su infortunio, y así, cuantos deseaban su libertad, se hallaban dispuestos a transigir en todo con tal de volverlo a ver sano y salvo. Más que todos, los de Guadix, tan constantes en la lealtad a su amado príncipe, como en la hostilidad a su padre Albuhacén, no vacilaban en arrostrar los mayores peligros por verlo recuperar el trono. Convínose al cabo por ambas partes en que el rey Boabdil daría al rey don Fernando en rehenes, a su primogénito con otros doce mancebos, hijos de señores principales, de su obediencia, como garantía de la estricta observancia de los pactos siguientes: Boabdil se reconocía vasallo del rey don Fernando y de la reina doña Isabel, sin apartarse jamás de esta sumisión en nada de lo tocante al honor del cetro de Castilla, a condición de no imponérselo cosa contraria a la supersticiosa secta mahometana; pagaría, además, en parias y reconocimiento del señorío de los reyes, 12.000 doblas zaenes, equivalentes a unos 14.000 ducados. Cada vez que le mandasen venir acudiría a su llamamiento, como cumplía a obediente vasallo.

Por su parte don Fernando prestaría su ayuda a Boabdil cuando se la pidiese, como súbdito que recurre al amparo de su superior: Boabdil poseería las ciudades, villas y fortalezas del reino de Granada que de buen grado lo reconocían por su rey, o aquellas otras que conquistara en adelante: en caso de apoderarse de alguna población o fortaleza del reino de Granada con auxilio de las tropas de don Fernando, los nuevos dominios prestarían vasallaje a don Fernando y a doña Isabel: entregaría 400 cautivos, a elección del rey don Fernando, y si no fueren súbditos de Boabdil y sí de su adversario, aquel habría de darle otros tantos de los suyos. Por último, se obligaba a dar libertad a sesenta cautivos cada año, durante cinco, a contar desde la firma de los pactos. Todo esto, según lo convenido, empezaría a cumplirse al mes de recuperar Boabdil la ciudad de Granada. Era condición asimismo que éste reconocería y firmaría los antiguos términos de Alharna, para completa seguridad de sus moradores, y la facultad de transitar por los caminos antes permitidos a los moros que allí vivían.

El temor de estos pactos llegó de diversas maneras a noticia de Albuhacén y de sus amigos, e inmediatamente empezó a tratarse entre los moros de oponerles obstáculos. El más eficaz pareció encender el fanatismo religioso, haciendo que los alfaquíes, en sus predicaciones, excitasen a los granadinos a no sacrificar lo más sagrado para todo mahometano, la religión y la libertad, al afecto hacia un hombre. Venció, sin embargo, el que al rey Boabdil profesaban los de Guadix y cuantos le habían permanecido fieles.

Mientras por una u otra parte se trataba de afirmar o de contrariar de varios modos los conciertos, don Fernando atendía a sacar a su tío don Enrique Enríquez de la crítica situación en que se encontraba en Alhama, y como la primera expedición no tuvo éxito, por haberse sabido que Albuhacén contaba con fuerzas muy superiores para recobrar a Tajara, mandó disponer la segunda. A no poca costa se consiguió la libertad de don Enrique Enríquez, el cual marchó a Córdoba con gran diligencia, por constarle cuánto deseaba el rey reunirse allí con la amadísima esposa, y cómo reclamaba su presencia la dificultad de los asuntos que había de resolver.

Conocía las maquinaciones del rey Luis de Francia, viejo y valetudinario; pero cada día más rejuvenecido para sus planes ambiciosos y con más ánimos para suscitar cuestiones, especialmente para introducir en Navarra el pesado yugo francés y tener por aquel reino fácil entrada hasta el interior de los de Aragón y Castilla. El camino por Fuenterrabía, ya mucho antes intentado por los franceses, era conocidamente dificilísimo para aquel fin, porque siempre se habían estrellado en el propósito de expugnar aquella plaza. Envió, pues, el rey Luis tropas de caballería e infantería a Bayona, próxima a Fuenterrabía, para mientras doña Isabel intentaba, por medio de sus embajadores, inclinarlo a los nuevos esponsales de la hermana del difunto rey Febo con el príncipe don Juan, inspirar con aquel ejército acantonado en Bayona un doble y dudoso recelo de si estaba destinado a romper nueva guerra contra los navarros o contra los vascongados.

Por su parte la reina, mientras don Fernando consagraba toda su atención a la guerra de Granada, mandó reunir poderosa hueste para rechazar alguna repentina acometida de los franceses, muy de temer de la acostumbrada astucia y ardides del rey Luis. Además de estas prevenciones, todo el resto debía tratarse por intermediarios. El primero, cuando se inició el punto de los esponsales, fue el cardenal de Foix, tío de la doncella, futura reina de Navarra; pero no mereciendo el proyecto la aprobación del rey de Francia, apeló al antiguo subterfugio de fingirse gravemente enfermo, según se dice, para no aceptarle, como se fingió al tratarse la cuestión del ducado de Saboya, y como hizo en estos días ante las diversas gestiones de los embajadores para que los magnates franceses se decidiesen más resueltamente en favor de los planes de la reina de Castilla. El rumor de la enfermedad y el negarse a toda audiencia hizo circular el de su muerte, y con ello fue extendiéndose más libremente que de costumbre el entusiasmo de los grandes favorables a la causa de Castilla. Luego, cuando el rey de Francia hizo declarar su mejoría, se vio convertirse todas aquellas buenas disposiciones en tropiezos, hijos de la mala voluntad, y se percibieron otros muchos indicios de resuelta oposición. En estas intrigas pasaron algunos meses con no poca inquietud de ambos pueblos, especialmente de los navarros, de largo tiempo fatigado con los enconos de bandos enemigos, algo mitigado ante el temor de la opresión francesa.

Aunque arrastrado también el rey de Castilla por el torbellino de tantas controversias, quiso mantenerse fiel a los venecianos, enemigos de su primo don Fernando, rey de Nápoles, pero que en sus acostumbradas navegaciones tenían franca arribada a todos los puertos de Sicilia. Al dirigirse en estos días a Flandes, les salió al paso una poderosa armada napolitana, y no pudieron escapar de sus manos hasta la misma boca del puerto de Palermo. Allí los obligó a permanecer algunos meses y a confiar la mercadería al cuidado de los moradores, bajo la amenaza de los enemigos napolitanos de cerrarles la salida. Además, en la misma estación del presente año de 1483, el rey de Nápoles envió una escuadra de cincuenta galeras y cuatro grandes naves, al mando de su hijo don Fadrique, a los puertos donde más necesaria fuese. Primeramente corrió el rumor de que la armada se dirigía a Chipre; pero viósela andar recorriendo largo tiempo el mar de Toscana y el Adriático, cual si se aprestara a combatir con la de los venecianos, con quienes de día en día iban enconándose más los odios.

El papa Sixto IV quiso poner término a estas enemistades, y envió a los venecianos sus cartas en que les aconsejaba no envolverse en guerras contra los príncipes cristianos, con grave perjuicio de sus intereses y daño general de la religión católica, cuando tan bien empleadas estarían sus armas contra el enemigo del nombre cristiano, a quien las numerosas disensiones de los católicos habían hecho temible por toda la cristiandad. Haciéndolo así el senado veneciano en aras de la paz, el auxilio divino daría feliz término a todas las demás cuestiones. La respuesta del senado fue que, a pesar de la escasa gratitud con que fueron pagados los muchos sacrificios de Venecia por la defensa de la Sede apostólica en días de extrema angustia, cuando se veía combatida por el rey de Nápoles y, a pesar de los muchos años que la señoría había estado resistiendo todo el poder del Turco, por habérsela impuesto a ella sola el peso de la guerra contra el poderoso enemigo, por bien de paz y por legítimos intereses, accedería a todo, siempre que se negociase con entera lealtad. Porque manifiesto era que con la paz, más que con la guerra, había aumentado la señoría su poderío, y así siempre serían amigos de una paz firme. Mas si por evento se hacía forzosa la guerra, por encarnizada que fuese, trabajarían por rechazar la fuerza con la fuerza, oponer riquezas a riquezas y crímenes a crímenes. Luego enviaron por todas partes cartas en que exponían sus intenciones; y ya decididos unos y otros a la guerra, ocupáronse activamente en preparativos militares. Los venecianos, al mismo tiempo que combatían a los de Ferrara, enviaron contra los milaneses fuerte ejército, a las órdenes del valiente general Roberto de San Severino. Por su parte, el duque de Calabria, don Alfonso, que para socorrer a los de Ferrara en su desgracia había acudido con numerosas tropas, las reunió con las de Milán y se mostró ansioso de pelear.

    Reanudando ahora la narración de los asuntos de Granada diré que los cautivos señalados para el rescate de Boabdil llegaron a Córdoba con el Abencerraje más joven el 31 de agosto, y que como don Fernando había de marchar inmediatamente a las fronteras de Navarra, donde lo esperaba la reina, dejó encargados los últimos preparativos a los grandes que entendían en la expedición contra Granada. El 2 de septiembre salió de Córdoba montado en una mula y fue a encontrarse con Boabdil, que a su izquierda cabalgaba en brioso corcel, y que ostentaba ricas vestiduras y reales ornamentos. Precedíanle unos treinta jinetes moros y le acompañaba numerosísimo cortejo y multitud de curiosos. Terminada la conferencia y los recíprocos ofrecimientos, valiéndose por intérprete de un moro conocedor de ambas lenguas, don Fernando indicó a Boabdil que podía regresar a Córdoba. El moro quiso besarle la mano, pero no se lo permitió el rey, que además se le mostró en todo bondadosísimo, negándose a que siguiera acompañándole. Urgíale también continuar su camino para llegar a Guadalupe antes de la Natividad de la Virgen.

Poco después de la marcha de don Fernando a las provincias lejanas, envalentonado Albuhacén con el cautiverio del hijo, se atrevió a talar los campos de Teba y de Antequera, y con 1.200 jinetes y 4.000 peones no dejó en pie cosa que pudiese ser útil a los moradores. Con ello se proponía, aún, encargando de la hazaña a su lugarteniente el alcaide de Málaga Bexerim, realzar su fama entre los granadinos, que estiman sobremanera a un rey, azote de los cristianos y aborrecedor de nuestra nación. Pero no era fácil borrar la eterna antipatía que la innata perfidia de Albuhacén había inspirado a los moros, y antes vino a aumentarla el nuevo descalabro.

Por su orden salieron los citados jinetes y 2.000 peones el 16 de octubre en noche de Luna llena a talar el campo de Utrera y recoger abundantes despojos; mas las patrullas nocturnas avisaron tan a tiempo y con tal acierto por medio de hogueras la proximidad del enemigo, que mientras con no poco trabajo defendían sus ganados contra la multitud de los de Ronda y de los demás adalides moros, hasta de Écija y Jerez, porque los sevillanos llegaron tarde, acudieron aceleradamente en su auxilio muchas lanzas y buen golpe de infantes. Muy oportunamente vino a reforzar a los de Utrera, ya muy estrechados, el noble y arrojado Luis Portocarrero, corregidor de Écija desde la marcha del maestre de Santiago. Con él venían guerrero tan hábil como el alcaide de Morón, Figueredo, y cuantos adalides habían tenido noticia por el camino de la entrada de los moros. También el marqués de Cádiz, a la sazón en Jerez, en cuanto recibió la noticia, se apresuró a marchar al socorro, aunque la distancia anulaba la diligencia. Así que, previsor el marqués, salió de Jerez con unas cuantas lanzas, y caminando de noche se dirigió a Arcos por donde había de pasar vía recta, para recoger allí otros de sus vasallos y marchar juntos contra el enemigo.

A toda prisa pudo reunir 300 de a caballo y unos 200 infantes; y con ellos fue acercándose a Zahara, porque su pericia militar le hacía suponer que al destacar contra los de Utrera los moros de Ronda una parte de sus tropas, habrían dejado otra mayor en aquellos parajes. Otros 300 jinetes habían enviado a la orilla opuesta del Guadalete, para ayudar a la tala a los primeros. No se engañó el marqués en sus cálculos, porque tropezó con el núcleo más importante y más escogido de rondeños y malagueños, preparados para proteger a sus compañeros al regresar, como suponían, cargados de botín y muy ajenos de tener que correr peligro alguno mientras aguardaban en aquel sitio.

Quiso la suerte que al presentarse de repente el marqués con 700 lanzas escogidas y gran número de peones y al observar los numerosos del enemigo apostados al lado allá del Guadalete y más próximos a Zahara y a las alturas, que aquel pelotón de caballos del marqués formado en cuña se disponía a acometer al núcleo mayor de los moros, el espanto de que venían poseídos los que acababan de ser derrotados en los campos de Utrera, se comunicase a todos, y así, cuando el marqués pensaba tener que habérselas con enemigos temibles, los vio de repente amilanarse y disponerse a la fuga. Con ello creció tanto el ardor de los nuestros como el terror de los moros, y fue tan grande su derrota, que quedaron muertos sobre el campo 800 jinetes, y aunque los peones pudieron ganar las cumbres, los nuestros fueron cautivando durante cuatro días a cuantos por desconocer los caminos encontraban vagando aterrorizados. Después de esta gran matanza, el marqués regresó a Jerez con más gloria que botín, pero llevando prisioneros unos cien jinetes moros, 200 caballos y tres estandartes.

Este encuentro reanimó tanto a los cristianos de Andalucía como abatió a los moros de Málaga y de Ronda. Muchos de los principales habían perecido en el combate o en la huida, porque la ira de los vencedores perdonó a muy pocos, y pasaron a cuchillo hasta a los que rendidos pedían la vida salva.

Así quisieron vengar la muerte de algunos caballeros de Utrera, que peleando con multitud de moros, al ver acercarse la caballería mandada por don Luis Portocarrero, la tomaron por hueste enemiga salida de una emboscada, y emprendiendo en gran número la fuga, fueron perseguidos por los moros, que antes de deshacerse el error ya habían degollado doce, de a caballo y algunos peones.

El marqués, que tan principal parte tuvo en la victoria, después de la persecución del enemigo, empleó dos días en registrar los bosques, refugio, de algunos, y regresó a Jerez, de donde había salido. Aquí la ira no le consintió ocultar más tiempo lo que pensaba de sus autoridades, y con indignado acento les dijo que los consideraba envidiosos, apáticos y cobardes, porque al recibir la noticia del peligro, no solo habían obrado perezosamente, sino con perfidia, empleando largas horas en excusas y reteniendo la natural impaciencia del pueblo, ya con públicas declaraciones de ser falso el aviso, ya con insinuaciones dichas al oído de haberle enviado el mismo marqués para poder apoderarse de la ciudad cuando los moradores estuviesen ausentes. Esta maldad, o esta imprudencia, de los regidores pudo causar gravísimo daño a toda Andalucía y el total exterminio, de cuantos por el favor divino habían obtenido la victoria. Porque manifiesto era que, lo mismo Luis Portocarrero como los demás adalides lanzados en persecución de los primeros enemigos, hubieran caído en la celada de fuerzas más numerosas y corrido gravísimo riesgo, a no haber divisado primero a los moros allí emboscados las fuerzas que él acaudillaba, aun siendo tan cortas. Y si en vez de sacar de Jerez menos de cien caballos y unos pocos infantes, hubiese sacado, como solía, numerosa hueste, no hubiera escapado ni un solo jinete moro, ni el peonaje enemigo se hubiera librado de la muerte, sino que en solo aquel día rondeños y malagueños hubiesen sufrido derrota semejante a la que hicieron sufrir a los nuestros en las abruptas montañas de la Axarquía. Además, para nadie era dudoso que los de Jerez habrían puesto en igual riesgo a los nuestros, si cuando sus perversos regidores gastaron el tiempo en circunloquios hasta las dos de la noche, él hubiese permanecido allí aconsejando y persuadiendo, puesto que con acudir a deshora, o no habría servido de nada a sus amigos, o se hubiera expuesto él y los suyos a seguro desastre. Por tanto, considerando a los regidores de Jerez y a los principales caballeros tan remisos para el bien como solícitos para perversos cabildeos, él mismo sometería sus procedimientos a la justicia de don Fernando.

Así habló el marqués, presa de gran indignación, y escribió estas quejas contra los de Jerez al rey por saber que se disponía a marchar a Navarra y que oiría antes satisfecho la victoria alcanzada por sus andaluces.

La noticia, unida a la reciente de la muerte del rey Luis de Francia, ocurrida el 25 de agosto de este año de 1483, parecía ofrecer una atenuación a los cuidados, por la fundada esperanza de que con ella cesarían o se alejarían las inquietudes que causó durante su vida.

Entre otros muchos hechos de este poderosísimo monarca, tan poseído del ansia de dominar, ya referidos en estos anales, pareció inaudito hasta entonces y sumamente extraño que para procurarse sucesor, como se decía, hubiese procreado después de las hijas a un hijo que había de ser preferido, puesto que por sus leyes están completamente excluidas del trono las hembras. Pero desvanecido el primer rumor de esta sucesión, dio poco después tantos motivos para dudarlo, que, así en el extranjero como en Francia, aquella prole se tuvo por supuesta entre los bien informados.

Entre otras fábulas corrió como cierto entre algunos franceses que su rey había resuelto privarse de la vista de su hijo hasta la edad adulta, a causa de que el gozo de ver prole masculina le había hecho hacer mal de ojo a otros dos hijos varones de tierna edad. Pero este subterfugio del rey pareció vano, porque la larga reclusión de trece años y el extremado rigor en su guarda hicieron dudar a los príncipes cristianos y hasta al papa de que realmente hubiese procreado un varón. Las muchas y diversas ficciones del rey Luis dieron fundamento a la opinión de que se proponía mantener incierto el juicio de los extranjeros y de sus vasallos, no permitiendo que nadie, ni él mismo, viera al mancebo; divulgando haberle procreado y no negando haberle buscado secretamente algunos enlaces, antes bien haberlos algunas veces hecho servir de incentivo para entablar alianzas, por considerar firme base de afecto los compromisos adquiridos por el vínculo del futuro matrimonio. Así, antes de morir el rey Eduardo de Inglaterra, había tratado con él el matrimonio de su hijo con la hija del difunto. Luego, para alejar los peligros que la prolongación de la guerra de Borgoña iba aumentando, no viendo medio más eficaz para calmar el encono de los ánimos que el lazo del matrimonio, aprobó, o más bien, muy de buen grado, propuso la ratificación de la paz mediante el casamiento de la hija de Maximiliano, nieta del duque Carlos de Borgoña con el delfín, sobre cuya paternidad, atribuida al rey Luis, tanto se dudaba entre los franceses, y más aún entre los extranjeros. Ni aun después de su muerte cesaron las dudas acerca de su sucesión masculina, y cuando nuestros reyes se hallaban en Vitoria se les hizo saber que el rey Luis no había procreado varón alguno.

Poco antes, y mientras la reina esperaba la llegada de don Fernando, quiso, al salir de Vitoria, recibir solemnemente el juramento de obediencia de los vascongados. Al efecto, se dirigió a la importante villa de Bilbao; juró en Guernica, con arreglo a la costumbre, guardar los fueros y privilegios del país, y con los honores debidos y antiguas ceremonias usuales entre ellos, fue proclamada reina. Vuelta a Vitoria, recibió allí alegremente al amado consorte. Después se tuvo noticia de haber sido elevado al trono de Francia el delfín con general asentimiento de los pueblos, y los reyes nombraron por sus embajadores al doctor de Talavera Rodrigo Maldonado y a Juan de Barrionuevo para que fuesen a Gascuña y tratasen los asuntos del matrimonio con la viuda de Febo, madre de la doncella sobreviviente. Concedióseles, además, poderes y autoridad para recordar la antigua y renovada alianza y los servicios prestados por los reyes de Castilla a la nación francesa. También enviaron a Alfonso de Quintanilla a Navarra para inclinar el ánimo de 105 principales y de los moradores del reino a la alianza con Castilla y visitar a la madre de la hermana y heredera del rey Febo, a fin de explorar de nuevo cuál era su pensamiento acerca de lo que debería hacerse después de la muerte del rey Luis.

El marqués de Cádiz, siempre vigilante, estudiaba activamente el medio de recuperar la villa de Zahara, unos dos años antes ocupada por los moros de Ronda, pues de continuar en su poder, amenazaba a los nuestros grave daño, por proporcionar firme baluarte al dominio de los enemigos rondeños, y no detenerlos otra cosa en sus correrías contra nosotros sino las sediciones de Granada, que habían enervado y destruido su vigor, al mismo tiempo que la escasez de cereales les había imposibilitado para enviar a Zahara víveres suficientes para la guarnición. Y por cuanto el marqués era quien más de cerca había de tocar el peligro de las funestas correrías, fue también el primero y el más activo en atajar el daño futuro, valiéndose para ello de mensajeros fieles, conformes con sus miras y de gran pericia militar.

Eran éstos tres sujetos de Arcos, acompañados de Luis Davilés, cautivo de los moros de Ronda, cuando la toma de Zahara, y que rescatado luego por dinero, deseaba vengarse de la miseria y penalidades del cautiverio. Al efecto, propuso al marqués un medio ingenioso, y en unión de sus compañeros, trató de explorar las fuerzas con que contaba la guarnición enemiga. Como se notaban indicios de la escasez de alimentos que padecía, a diario se ponía a prueba la vigilancia de los centinelas, y siguiendo las astutas instrucciones del marqués, se provocaba con frecuentes algaradas a escaramuza a la mitad de los guardias. Por fin, dispuesto ya todo para una entrada repentina, el 26 de octubre de 1483 se aproximó a Zahara el marqués al frente de 600 lanzas y 1.500 peones, avisando antes a sus amigos de Sevilla, Jerez y Écija, para que, si fuese preciso, estuviesen prontos a auxiliarle en empresa importante para todos. Mas como de intento hubiese ocultado su propósito, nadie se movió, a excepción de Luis Portocarrero, corregidor de Écija, que en unión con Juan de Almaraz, adalid especial de la hermandad, llevó cien lanzas al marqués, cuando hacía alarde de sus tropas en las márgenes del Guadalete.

Al siguiente día se pusieron celadas de este modo. En altas horas de una noche oscura, Ortega de Prado, adalid valiente y muy ágil para echar las escalas, se ocultó con otros nueve soldados escogidos en las cavernas que formaban las rocas al pie de las murallas, con orden de aguardar en silencio a que al romper el alba otros diez de a caballo, acercándose rápidamente a los moros, los retasen a escaramuza. Mas mientras el resto de la guarnición atendía a la custodia de las puertas de la villa, los diez emboscados, a una señal dada por sus corredores, debían arrimar las escalas a la otra parte de la población por donde los moros no temían ser atacados, y subir inmediatamente al muro. El éxito coronó el plan del marqués, que solo se equivocó en el cálculo de los guardas de la villa y del alcázar, que supuso no pasarían de veinte, cuando en los momentos en que teniendo ya los nuestros con trabajo las escalas arrimadas a los muros, a las voces de un moro que desde una altura avisaba el ataque de la plaza, acudieron rápidamente cerca de cincuenta, y dejando cuatro en guarda de las puertas, acometieron a los pocos escaladores.

Estaban éstos armados a la ligera para mayor facilidad en la escalada, solo protegidos por adargas y capacetes, y así se defendían trabajosamente con sus espadas y puñales de los cincuenta enemigos armados de lanzas y revestidos de corazas. Pronto tendieron por tierra a los diez cristianos y se lanzaron contra los que combatían las puertas. Corrían mayor peligro aquellos pocos escaladores de los nuestros. porque como peleaban en la parte baja de la villa, eran blanco de la nube de piedras lanzadas por los moros desde las alturas. Pero el gran corazón de los nuestros no se amilanó en aquel aprieto, y con maravillosa fortaleza resistieron impertérritos con su valiente adalid Ortega, hasta que el marqués, con un puñado de hombres, trepando por las escalas, vino en su auxilio y dio entrada a otros muchos que combatían las puertas de la villa.

Tomada ésta, los cincuenta moros, viéndose perdidos, se refugiaron en el Alcázar, bien enrocado y fortalecido; pero era tal el espanto de que estaban poseídos, que ni aun allí se creían seguros, y apenas se atrevían a mirar el transporte de la artillería que, con extraordinaria actividad, asestaban el marqués y su gente contra la fortaleza, que sin el terror de sus defensores, difícilmente hubiera sido batida. Aquel día solo tuvieron los nuestros cuatro muertos y unos veinte heridos. Al siguiente capitularon los moros, haciéndoles el marqués merced de la vida y permitiéndoles marchar libremente al África.

Recuperada la villa, algunos de los grandes andaluces se quejaron de que el marqués se les había adelantado empleando astutos recursos, cuando ellos se disponían a la misma empresa y preparaban los oportunos planes. Tomó el marqués esta ofensa, hija de la emulación de la envidia, con prudente serenidad, y revelando a las claras los recursos a que había apelado, exentos por completo de toda malicia, acalló de tal manera las quejas, que en cierto modo obligó a sus émulos a avergonzarse de su conducta. Difícil es expresar el regocijo de los nuestros por la recuperación de la villa, amenaza de futuros desastres para los pueblos cristianos, de haberla seguido ocupando el enemigo. No fue menor la alegría de los reyes al recibir la grata nueva.

Casi por estos mismos días corrió el falso rumor de haber salido Boabdil de Guadix con bastante caballería y encaminádose a Granada para arrebatar a su padre la corona, talar los campos y lanzar a abierta rebelión a los ciudadanos, tan decididos partidarios del hijo como enemigos del padre. Pero entre el confuso rumor de la supuesta entrada, germen de verdaderas revueltas de los granadinos, supo el anciano monarca mostrarse tan previsor, que fuera de las maquinaciones manifestadas en las opiniones de los ciudadanos, ninguna otra novedad ocurrió, y con el castigo ejemplar de los más resueltos, quedó reprimida la osadía de algunos decididos partidarios de Boabdil.

El rey don Juan de Portugal, en su afán de verse libre de los temores que le angustiaban, persiguió con saña a los hermanos del duque de Guimaraes o de Braganza, a quien tiempo antes había hecho degollar, y no logrando apoderarse de sus personas, imaginó vergonzosa venganza, ordenando que se cortasen las cabezas en estatua al marqués de Montemayor y al conde de Jara. Como amenaza contra nosotros dispuso que a su parienta doña Juana, hija de la difunta reina de igual nombre, se la tuviese con honrosa guardia, cual chispa dispuesta para futuro incendio.

De Italia se supo en estos días por verídicos informes que los venecianos llevaban la peor parte en su guerra contra el rey de Nápoles don Fernando, y que su primogénito el duque de Calabria, don Alfonso, unidas sus fuerzas al numeroso ejército del duque de Milán, Juan Galcazo Sforza, castigaba a Brescia y a Bérgamo con frecuentes talas y las hacía sufrir horrible hambre, además de apoderarse por fuerza de armas de otras muchas poblaciones. Asimismo se decía que don Fadrique, hijo también del rey don Fernando, recorría con poderosa armada el Adriático y devastaba las costas de Dalmacia, a devoción de los venecianos. Todo esto se reputaba favorable a la causa de los reyes de Castilla, Aragón y Sicilia.

Mientras iban difundiéndose estos diversos rumores de diferentes regiones, el conde de Cabra, don Diego de Córdoba, y el alcaide de los donceles, de igual nombre y apellido, deseosos de obtener los honores debidos por el triunfo alcanzado con la prisión de Boabdil, que entregaron, como se dijo, en poder de don Fernando, a la sazón en Córdoba, marcharon juntos a Vitoria a pedirle la recompensa del servicio, o al menos, un honor equivalente. Y suponiendo que lo obtendrían más fácil y liberalmente yendo a besar la mano a los reyes, ya reunidos bajo el mismo techo, pusiéronlo por obra. Sucedió como lo imaginaron, porque sabida su llegada, dispuso el rey recibir primero al conde de Cabra, con el mayor honor y pompa. Salieron a recibirle y felicitarle toda la nobleza y los cortesanos, y al entrar en Vitoria le saludó también el cardenal don Pedro González de Mendoza. En palacio salió a su encuentro el rey don Fernando, que dejó a la reina el cuidado de disponer a su talante los sucesivos honores. Con alegre semblante acogió al conde doña Isabel, y de pie en el dintel de la puerta del salón interior contestó afablemente a su saludo diciendo ser muy digno de honores regios el vasallo que había hecho prisionero al rey enemigo.

Al día siguiente se tributaron honores al alcaide de los donceles, saliendo a recibirle la juventud de la nobleza y gran número de cortesanos. No lo hicieron los grandes ante las puertas del palacio, por parecer excesivo este acatamiento a un joven, aun cuando partícipe de la notable hazaña. Tres días después, los dos nobles citados fueron admitidos al insigne y singular honor de ocupar un asiento en el extremo de la mesa en que cenaban los reyes y la princesa doña Isabel. Concluida la cena, y a los armoniosos sonidos de las trompetas y de las flautas, empezó una regocijada y cadenciosa danza que dispusieron los reyes en honor de los dos próceres citados. Por último, les otorgaron liberalmente grandes mercedes para sí y sus sucesores.

Permanecieron los reyes en Vitoria principalmente para atender a los asuntos de Francia y de Navarra, aunque todo se trataba por medio de embajadores poco eficaces por una y otra parte, y mezclábase el temor a la esperanza, por cuanto los principales navarros, reunidos en Vitoria, declaraban que arrostrarían los mayores peligros antes que someterse a la soberbia francesa. El cardenal de Foix, sobrino de don Fernando, que desde el principio apareció como mediador para la concordia, se ofreció al fin a ir a París, donde en la Epifanía del siguiente año había de coronarse el nuevo rey Carlos VIII, y trabajar con todas sus fuerzas, o por asentar la alianza sobre la base de un matrimonio, o por alejar el intento de guerra con algún otro expediente.

Cuando ya las conferencias con los grandes de Navarra y el viaje del cardenal hacían vislumbrar alguna esperanza, un nuevo contratiempo angustió el ánimo de los navarros al saber que en aquellos mismos días, por traición y con repentina acometida, había sido ocupado un fortísimo castillo y puesto en él guarnición los nuestros. Sin embargo, fuera de la agitación producida por las protestas y las ficciones de las excusas, no se veía intento alguno belicoso; mas dábase por seguro que estas cuestiones llevaban en sí envuelto el germen de encarnizada guerra, porque además de estas controversias con franceses y navarros, el rey don Juan de Portugal reforzaba su caballería, hacía traer en sus naves desde Marruecos gran cantidad de caballos, y en las costas de Málaga, evitando el encuentro con nuestra reducida armada, desembarcaban de continuo gran número de escogidos guerreros, reclutados entre todas las razas africanas, y destinados a reforzar y socorrer a los granadinos.

Al mismo tiempo que esto ocurría en España y que el África acudía en auxilio de los de Granada, se anunciaban grandes desastres sufridos por los italianos, y no poco importantes para la causa de España, a causa de la constante alianza entre los dos primos del mismo nombre: don Fernando, rey de Castilla y de Sicilia, y el rey de Nápoles don Fernando. Además de la larga guerra contra los venecianos, en Sena estalló terrible levantamiento popular contra la dominación de unos cuantos. Pretextando, con fundamento o sin él, que los principales de la ciudad trataban de entregarla al rey de Nápoles, ocupó el pueblo el palacio con repentina embestida, dio muerte a todas las autoridades y desterró a los nobles más poderosos. Apoderóse después de los cargos públicos, y pactó alianza con los florentinos, sus antiguos enemigos. En noviembre de este año el arzobispo de Génova y cardenal Pablo Campofragoso, hombre levantisco y muy dado al ejercicio de las armas, expulsó de la ciudad a su sobrino Bautista, duque de Génova, hijo del difunto duque Pedro Campofragoso; puso guarnición suya en el castillo y se apoderó de los cargos públicos del ducado, todo con pretexto de que el sobrino se inclinaba al favor del duque de Milán, contrariando la voluntad de su pueblo.

En este breve relato he querido compendiar los sucesos ocurridos en varias partes del mundo en el año de 1483. Otro acaecimiento maravilloso debe añadirse a los narrados, y es que en este mismo año la célebre mezquita erigida en La Meca en honor de Mahoma por los antiguos príncipes y pueblos de su secta fue destruida por fuego súbitamente caído del cielo, sin quedar el menor vestigio de tan inmensa construcción. El hecho se consideró como presagio de que amenazaba completa ruina a la repugnante secta enemiga del nombre cristiano.

Libro IV
(1484)
Viajes de don Fernando y de doña Isabel por Aragón, Castilla y Andalucía. Cortes de Tarazona. Tratos con los franceses sobre el Rosellón. Provisión de la sede hispalense. Talan nuestras tropas los campos de Málaga. Condena a la hoguera la Inquisición de Sevilla 500 herejes en tres años. Escasez de metálico en Andalucía a causa de la fuga de numerosos conversos. En previsión de este daño, los toledanos y su corregidor Gómez Manrique consiguen que se deje tranquilos a los conversos. Viajes de la reina por Andalucía y su generosa conducta con doña Teresa de Torres. Asuntos de Navarra. Pareceres de los grandes acerca del plan de guerra contra los moros. Prevalece el del marqués de Cádiz, que aconsejaba el sitio de Alora. Rendición de esta ciudad. Combates con los moros de Coín y Casarabonela. Muerte del conde de Belalcázar. Mención de su familia. Aprovisionamiento de Alhama y reto de nuestro ejército al de los granadinos. Licencia don Fernando el ejército y regresa a Córdoba. Sucesos de Italia. Revueltas de Navarra. Expedición marítima del conde de Castro contra los moros. Muerte de Sixto IV y elección de Inocencio VIII. La corte pontificia, los cardenales, los Borgias y sus relaciones con España. Sucesos de Portugal. Rendición de Setenil. Tala de los campos de Ronda. Preocupación de los reyes por los asuntos de Roma, de Cataluña y de Portugal. Su alegre entrada en Sevilla. Guerras en Italia. Derrotas de los moros rondeños. Censurable conducta del conde de Castro para con los venecianos. El papa logra con sus consejos acallar las discordias de los italianos

Empleada la mayor parte del año anterior en los asuntos de Navarra y embajadas de Francia, don Fernando volvió toda su atención a la guerra de Granada. El acierto en su preparación debía reportar legítima alabanza y reconocida utilidad. Así, desde principio de enero de 1484 empezó a disponer la campaña, harto convencido por las anteriores de la extremada solicitud y singular empeño necesario para vencer a los moros no menos prevenidos. Jamás habían desaprovechado las ocasiones favorables, y por mucho tiempo, aun viéndose cercados por los nuestros por mar y tierra, habían luchado con reducidas fuerzas contra el gran poder de los cristianos, proporcionándose firme defensa e infiriéndonos graves daños.

Considerando la gran distancia que había de recorrer desde Navarra a las últimas provincias de Andalucía, el 12 de enero, dando de mano a cuanto le había retenido tanto tiempo en Vitoria, salió de esta ciudad con la reina y con la princesa doña Isabel, y se encaminó a Tarazona para tratar, antes de marchar a Andalucía, de los asuntos de Aragón, de Barcelona y de Valencia en las cortes que por común asentimiento de estos pueblos habían de celebrarse en el citado, y donde, según la costumbre de España, habían de presentarse al rey las peticiones de los pueblos para resolver en justicia.

asisten a estas asambleas los cuatros brazos (que así se llaman), a saber: el eclesiástico, el de la nobleza, el militar y el popular, representado por sus procuradores, y si de los acuerdos en ellos adoptados esperan éstos el remedio de sus necesidades, también al rey suelen concedérsele considerables subsidios. Ante la perspectiva de la doble ventaja, los reyes aprobaron la reunión de estas cortes, mientras se obtenía la respuesta del rey Carlos de Francia a los embajadores españoles. Ya antes habían recibido esta misma comisión don Juan de Ribera, sujeto noble y entendido, y el deán de Sevilla y doctor en cánones don Juan Ares. Porque entre las demás cuestiones que desde los días del rey Luis había pendientes, así de guerra como de paz, lo más urgente era el cumplimiento de su último decreto referente a la restitución de la plaza de Perpiñán, con los demás dominios del Rosellón, al legítimo señorío del rey don Fernando. De confirmarlo su sucesor, el rey Carlos, la antigua alianza entre Francia y Castilla quedaría legalmente afirmada; pero si el francés optaba por continuar ocupando injustamente aquella provincia contra todo derecho, habría que aguardar a tiempo más favorable. En este caso se presentaría la conveniente protesta jurídica, en cuyos estudiados y previsores fundamentos pudiera apoyarse en lo futuro una reclamación más eficaz.

Así lo hicieron los embajadores cuando se convencieron del astuto proceder de los franceses, y después de muchos altercados a que daban lugar por una parte la soberbia de los franceses y por la otra la exquisita circunspección de los españoles, se volvieron a España sin aceptar los regalos del rey Carlos, y dieron cuenta a los reyes de haber ejecutado su cometido con estricta sujeción a las instrucciones recibidas. No hicieron aquellos público el astuto aplazamiento de los franceses, fundado en que la menor edad del rey Carlos era un obstáculo para la inmediata ejecución del testamento, porque para la restitución de aquella provincia se necesitaba más libre voluntad del rey, a fin de evitar que un día pudiera acusar a sus consejeros de haber tomado una resolución prematura. Sugirió este subterfugio a los franceses su rey Luis, maestro en esta clase de ficciones.

Reuniéronse las cortes en Tarazona, no sin grandes debates, porque los barceloneses decían que se les había llamado ilegalmente a la frontera aragonesa. Pasado algún tiempo en estos altercados, se recibió con disgusto la noticia de haber prendido a Pedro de Peralta, tan estimado del difunto rey de Navarra don Juan, algunos soldados del bando enemigo, contra lo establecido en los pactos; pero el anuncio de la libertad de hombre de tal valía borró la tristeza de aquella novedad.

Triste fue también para los reyes la de la muerte de don Íñigo Manrique, arzobispo de Sevilla, tanto por sus merecimientos, cuanto por las importunas instancias de algunos que proclamaban su incontestable derecho a ocupar la sede vacante o por razones do justicia o por sus grandes servicios a la corona. Así pareció más prudente mantener en suspenso a los pretendientes, aplazando el nombramiento, que proveer la vacante en alguno de ellos. Pero el papa Sixto, siguiendo su inveterada costumbre de prescindir de la justicia en la provisión de cargos eclesiásticos, cuando supo el acuerdo de los reyes de demorar la de la Sede hispalense, que exige un prelado asiduo y celoso, resolvió dársela a su protegido el cardenal de San Jorge, con total olvido del derecho de presentación que antiguas constituciones conceden a los reyes. Fue esto origen de muchas disensiones, y hubo que tener a raya los caprichos del papa, que en nada tenía los fueros de la equidad cuando se trataba de colmar de riquezas a sus favorecidos. Esta imprudente conducta del pontífice tenía indignados a todos los príncipes cristianos, sin exceptuar a los nuestros, que, vejados ya por excesivos abusos de los papas, y pesarosos del asentimiento de sus vecinos, se proponían volver por sus fueros y encomendar su causa a los dictados de la justicia. Más enérgicamente hubieran rechazado en aquellos días muchas de las intrigas de la corte romana encaminadas a justificar inicuas exacciones, a no estar pendientes de la esperanza de alcanzar la bula de indulgencia para la guerra de Granada, y obtener así de los fieles mayores sumas para los grandes gastos del ejército. El papa, sin embargo, no la concedió como los reyes esperaban, sino que se reservó la tercera parte de los productos, para que el conde Jerónimo pudiera aumentar en gran cantidad de ducados el tesoro que de todas partes iba acumulando. No llevaron a bien los reyes la merma; pero tuvieron que aceptarla, suponiendo que al cabo el papa accedería a sus súplicas, al exponerle la justicia de que el dinero concedido por los vasallos a su rey para la defensa del catolicismo no se destinara a otro fin, y así admitieron al nuncio colector del tercio citado, Firmiano Perusino, prelado soberbio y tenaz, cuya intransigencia se toleraba intencionadamente hasta que el papa, ante la justicia de las reclamaciones, se redujera a términos más equitativos. A todo se sobreponía, sin embargo, el estímulo de la avaricia. Por su parte, el rey se mantuvo firme en no aprobar la funesta provisión de la Sede hispalense, y una y otra parte pasaban el tiempo, empleando astutamente, ya la bondad, ya la intransigencia.

Luego, acordaron los reyes repartirse el despacho de los negocios más difíciles, por exigir pronta resolución la campaña contra los granadinos y no poderse demorar tampoco el arreglo de las cuestiones de Aragón y de Navarra, muchas de ellas pendientes de una discusión de día en día aplazada. Así pues, como para la reina era más penoso que para don Fernando el largo caminar hasta las lejanas provincias andaluzas, adelantó la marcha con sus hijos, y el rey retrasó el viaje. Mientras en las cortes de Zaragoza examinaba las peticiones de los procuradores y proveía con arreglo a las leyes del reino, doña Isabel llegó a Toledo y allí dispuso que antes de su llegada a Andalucía se destinara fuerte contingente de tropas a la tala de las vegas de Granada y de Málaga, para que la carestía de los alimentos pusiese en más aprieto a los enemigos, ya castigados con larga escasez, pues si con la pasada se los reducía a la última penuria, se les podría combatir mucho más pronto. Por su orden se alistaron 300 caballos y 5.000 peones sevillanos, casi otros tantos cordobeses y otras muchas tropas de Jerez, Écija y Carmona que, reunidas con las numerosas de los grandes andaluces, marcharon antes de finalizar abril a las órdenes de esforzados y prudentes caudillos a talar los campos de Málaga, de más adelantada vegetación que los de Granada. Así se ejecutó con la mayor diligencia, sin perdonar en ellos el hierro o el fuego cosa alguna que pudiera servir de alimento a los malagueños. Y como todavía era prematura la tala de los demás campos del enemigo, se licenció a las tropas, no sin considerable gasto de soldadas, si bien muy inferior en consideración al grandísimo daño que recibió con aquella el enemigo, puesto que la facilidad de derrotarle, esperanza de futuras riquezas para los vencedores, era para los vencidos amenaza de calamitosa pobreza una vez reducidos a la condición de cautivos, que nada tan miserable como la servidumbre.

Por estas acciones esclarecidas, preludio de un término glorioso, el rey tributaba grandes elogios a los soldados andaluces, pues después de la toma de Alhama, frecuentemente los pueblos y los grandes de Andalucía habían marchado con numerosas tropas contra los moros, y una vez, cerca de Málaga, muchos caballeros cristianos perecieron miserablemente o quedaron cautivos, como arriba se dijo. En su rescate consumieron muchos en aquellos días toda su fortuna.

El establecimiento de la Inquisición, recurso indispensable para castigar la herética pravedad, había aumentado también la penuria. Cierto que ésta se consideraba baladí respecto a la felicidad eterna; como las verdaderas riquezas sean la posesión de la verdad católica. Así don Fernando y doña Isabel antepusieron a cualquier inconveniente el arrancar de entre las gentes andaluzas la multitud de judaizantes, de modo que aquellos hombres, inficionados del error, volviesen al camino de la salud eterna por medio de una reconciliación verdadera o pereciesen entre las llamas si se mantenían pertinaces.

Sin contar los numerosos fugitivos y los condenados a cárcel perpetua, cerca de 500 fueron quemados en Sevilla en el espacio de tres años en los casos en que se hacía imposible la aplicación de pena más leve.

Entre los conversos, la mayor parte de las mujeres se entregaban a ritos judaicos. Los hombres, que erróneamente creyeron encontrar su salvación en la fuga, se llevaron cuantas riquezas pudieron, escondiendo otras muchas con la esperanza de regresar algún día. Quedó exhausta Andalucía de oro y plata, y como para pagar a las tropas no bastaban ni con mucho las rentas reales, había que recurrir a los pechos, principalmente por la imposibilidad de sostener la guarnición de Alhama, contigua a los dominios granadinos, si dos o tres veces al año no le nvoy custodiado por fuerte ejército. Todo esto sufrían con paciencia los pueblos leales, con la esperanza de obtener al cabo algún día el deseado descanso.

Los toledanos, sin embargo, temiendo la pobreza a que quedaría reducida la ciudad si se hacía inquisición de la vida y costumbres de los conversos allí donde tres o cuatro veces la infame conducta de los judaizantes había causado daños tan terribles, trabajaban con empeño por impedir tales pesquisas. Convencido por el juicio unánime de los ciudadanos el noble y prudentísimo corregidor Gómez Manrique, de gran prestigio entre ellos, logró persuadir a la reina con muchos argumentos de las ventajas de aplazar semejante inquisición, sobre todo en aquellas circunstancias.

Pasados algunos días en estas deliberaciones, la reina abandonó la imperial ciudad, y en su camino a Andalucía, llegó a la eminencia ilustrada por la insigne victoria de Alfonso VIII sobre los moros africanos y granadinos, de los cuales más de cien mil perecieron por el esfuerzo de los cristianos, que desde aquel día tuvieron paso libre para Andalucía. La batalla comenzó en la cumbre de aquel monte, y deshechos y puestos en fuga los enemigos, el vencedor llegó hasta Jaén y puso cerco a Baeza. Aquí se había propuesto venir la reina y después dar vista a Jaén, durante la ausencia del rey, a quien pensaba aguardar en Córdoba. Recibida con gran pompa entre las aclamaciones de los ciudadanos de Úbeda y de Baeza, que no se cansaban de elogiar la bondad reflejada en su hermosísimo rostro, empezó a correr la voz de que la condesa doña Teresa de Torres, que tenía guarnición en los dos alcázares de Jaén, no veía de buen grado la visita de la reina a esta ciudad, por recelarse que buscaba algún pretexto para despojar de aquel honor a la viuda, tan benemérita de los reyes. Pero la prudentísima reina disipó estas sospechas, verdaderas o infundadas, con admirable acierto. En cuanto entró en Jaén, la condesa viuda puso a su disposición las fortalezas y cuanto poseía, y la reina, ya dispuesta a premiar generosamente los servicios de doña Teresa, y agradecida a su noble desprendimiento, no solo la hizo desechar todos sus recelos, sino que le concedió más amplias facultades y nombró a su único hijo, don Luis de Torres, paje de la real cámara.

El 15 de mayo llegó doña Isabel a Córdoba, y quince días después el rey, con gran alegría de la reina, y no menos entusiasmo de los moradores, recelosos del buen éxito de la guerra de Granada con otro caudillo que no fuese don Fernando, por reunir en su persona, a una dignidad suprema, todas las dotes de un gran general. Inmediatamente se consagró a resolver los asuntos de Andalucía, ya que los de Navarra no se habían arreglado cual deseara, porque doña Magdalena, madre del difunto rey Febo y de la doncella, su sucesora, se había casado con cierto prócer francés, señor de Labrit, y desposado a su hija la reina de Navarra con otro hijo del marido, contra la voluntad de los navarros, y éstos, por uno de sus antiguos fueros, cuando un heredero del reino llega a casar con persona no grata a los ciudadanos, representados por los cuatro brazos eclesiástico, de la nobleza, militar y del pueblo, no caen en crimen de deslealtad por negar la obediencia, antes quedan libres de elegir otro señor. En virtud de tal fuero, los navarros, aunque protestando de la nota de desleales, se negaron a reconocer a la doncella desposada sin consentimiento público de los habitantes, y consiguieron de don Fernando tropas auxiliares, pedidas por unánime acuerdo de la nobleza y el pueblo, en todo lo demás poco acordes.

Una tenaz sedición tenía cruelmente desgarrado aquel reino, porque divididos en bandos, y alternativamente vencidos y vencedores, hasta los niños y las mujeres luchaban entre sí con encarnizamiento que solo lograba aplacar el odio a los franceses y la bondad de don Fernando, hijo del difunto don Juan, rey de Navarra y Aragón.

Arregladas algún tanto las cuestiones de estos dos reinos, el rey fue a reunirse el 31 de mayo con doña Isabel, a quien ya se había consultado acerca de la guerra proyectada, por creer los grandes andaluces y el maestre de Santiago don Alfonso de Cárdenas, que su estancia en Aragón se prolongaría más tiempo. Después de manifestar los grandes sus diversos pareceres sobre la futura expedición, al cabo pareció el más acertado el del marqués de Cádiz, noble y esforzado caudillo, tan práctico en asuntos de la guerra como fecundo en planes para ejecutarla. En su opinión, debía intentarse antes que todo la toma de Alora, tan excelente baluarte contra Málaga si caía en nuestro poder, como funesta para los cristianos mientras la poseyese el enemigo. Su situación en medio del camino, entre Antequera y Málaga, la constituía en una amenaza para unos y otros, y desalojando de allí a los moros, se tenían vencidos todos los obstáculos para el libre paso. Expuso el marqués la facilidad de apoderarse de la villa y de asegurarse luego en ella fuertemente, por la costumbre de los moros de no proteger sus pueblos con fosos, trincheras ni robustas defensas, sino que, confiados, sobre todo, en la posición de los lugares, levantan tapias endebles y en confuso plano (porque solo temen los ataques repentinos) y éstas no podían resistir al embate de nuestra artillería y máquinas de guerra. Así que el descuido de los moros nos facilitaría el medio de apoderarnos de sitios desprovistos de las convenientes obras de defensa, que luego podríamos fortificar mejor.

Este parecer del marqués, unánimemente aprobado por los grandes ante la reina, obtuvo la sanción del rey, que llegó a los tres días, dejando creer cautelosamente que se dirigía a otra parte. Además, la suprema autoridad del mando infundió valor a los grandes y a las tropas y confianza en la victoria, porque antes de su llegada, inciertos acerca del general que elegiría la reina, temían igual desastre que en la Axarquía, donde la falta de caudillo fue causa del desorden entre los demás jefes. Falta es ésta en todas partes funestísima; pero especialmente perjudicial entre los castellanos, que a impulsos de siniestras rivalidades y de diversos propósitos, se inclinan, ya a la obediencia, ya a la desobediencia de unos o de otros, e introducen la perturbación en las filas, donde toda vacilación origina efectos desastrosos.

Bajo el mando de un rey, este defecto de nuestra nación tiene más fácil remedio, sobre todo porque don Fernando era universalmente querido, y pasado aquel vértigo, causa del desastre de los nuestros junto a Loja, dirigía los asuntos de la guerra con gran pericia y con la conveniente prudencia; disponía todo a su voluntad con el mayor acierto y, finalmente, creciendo el valor con los años, ventajosamente fortificado con la experiencia, nadie dudaba de que había de igualar al padre y al abuelo en destreza en la guerra y superarles en gloria militar. Así, la confusión de pensamientos antes de su llegada, se convirtió ahora en alegre confianza, y para no perder el tiempo, reunidas rápidamente algunas tropas que iban llegando de las provincias más lejanas de Castilla, marchó, después de pasar diez días al lado de la reina, a los puntos de Andalucía señalados para esperarle en día determinado.

El único objeto aparente de aquel ejército era llevar provisiones a la guarnición de Alhama por el camino más practicable, junto a las vegas de Granada, y como para proteger el convoy se necesitaban numerosas tropas, este rumor mantuvo quieto en la ciudad a Albuhacén, aunque presa de mil dudas y sospechas. Entretanto, y siguiendo los surcos de las ruedas de los carros, marchaba trabajosamente la artillería hasta llegar al campo de Antequera, accesible por uno u otro lado. Luego se hacía difícil conocer si la expedición se dirigía a Loja o a Málaga, mientras no se la viese internarse en una u otra garganta. Prevenido con este ardid, don Fernando hizo que las tropas presentasen a la vista de la multitud granadina el frente de un ejército numeroso, con lo que fácilmente pudo pasar por mitad del campo toda la impedimenta necesaria para el aprovisionamiento citado, mientras el hierro y el fuego dejaban taladas las siembras y árboles frutales, sin la menor resistencia del enemigo, por atender Albuhacén exclusivamente a la guarda de Granada y a la defensa de Loja.

Hecha la tala en los campos granadinos, al paso de nuestras tropas, don Fernando, después de visitar nuevamente a Alhama, no torció la dirección hacia Loja, como pensaba Albuhacén, sino que marchó a Alora, villa a que, según previo, acuerdo, había puesto repentino cerco el marqués de Cádiz el 11 de junio. Pronto acudió allí el rey con su ejército, y tres días después ya estaba emplazada toda la artillería. No tardaron los terribles disparos de las bombardas en derribar parte de las murallas, y el inaudito estrépito, los gritos y lamentos de las mujeres, el llanto de los niños, llenó de espanto a los moradores ya sobrecogidos por otras muchas angustias. Viven los moros muy supeditados a sus mujeres; el tierno amor de los hijos los hace cobardes, y como procuran afanosamente la propagación y el sustento de la prole, todas las casas estaban llenas de seres indefensos, y los hombres difícilmente lograban reunir sus familias, mientras todos los jóvenes y viejos atendían a la defensa.

Creció el espanto y los lamentos al ver derruida completamente aquella parte de la muralla, que creían de más resistencia por estar construida en la falda de la colina. En ello vieron inmediato peligro de exterminio o de cautiverio si pronto no se obtenían del poderoso monarca más benignas condiciones por medio de pactos de rendición. Al punto los vecinos declararon sus deseos de entrar en tratos con los sitiadores, y obtenido el permiso, se les concedió libertad para marchar adonde quisieran con ligeros bagajes, lo cual les pareció un extremo de clemencia, poseídos como, estaban del mayor espanto, y a los nuestros maravilla, atendida la fuerte situación del lugar. Porque después de destruida totalmente la parte baja de la muralla, única que podía batir la artillería, la pendiente desde la cumbre del monte hasta la falda, protegida por un cinturón de rocas, hubiera proporcionado a los defensores inexpugnable baluarte mientras durasen los víveres, y agua abundante les suministraba el río Saduca, que corre al pie de un áspero peñasco, y al que los moros llaman Guadalquivirejo, o Betis pequeño. Grande lo consideran los indígenas, porque, crecido en invierno y sin secarse en verano, riega gran extensión de los campos desde la cima del Ilípula hasta las costas de Málaga, donde desemboca.

La repentina rendición de los de Alora fue tachada de vergonzosa cobardía por los moros de las tierras vecinas, y principalmente por los de Ronda. Entre éstos el suegro del alcaide de Alora atribuía la mayor culpa al yerno, y éste se defendía haciendo recaer sobre los ciudadanos la nota de traición, porque el terror de tantos había hecho inútil la constancia de uno solo, imposibilitado de imponer su voluntad a la multitud encerrada con él en el alcázar. Tan a mal llevaron la entrega de Alora los malagueños, que les negaron la entrada en la ciudad y dieron muerte a algunos, después que el rey don Fernando, a impulso de humanitarios sentimientos, dio orden a sus soldados de proteger a los de la villa en su marcha, orden que cumplieron estrictamente. Quedó encargado de la defensa de la villa el noble don Luis Portocarrero, bien quisto de todos por sus insignes prendas, y muy querido de los soldados que tenían en mucho su generosidad, su bondad y su prudencia, y ensalzaban tanto sus numerosas hazañas, que bastaba ser su compañero de armas para no necesitar otro estímulo para el valor. Por disposición de don Fernando quedaron 300 soldados de a caballo con Portocarrero, después de reparada con mayor firmeza la parte de las murallas destruida.

Temiendo los peligros de un sitio los moradores de Coín y Casarabonela, supieron prevenirse astutamente contra una repentina acometida de los nuestros, fingiendo, después de la rendición de Alora, que estaban prontos a imitar su conducta, por el deseo de librarse del peligro, siempre que, atendiendo a que voluntariamente renunciaban a la defensa, el rey les impusiese condiciones más ventajosas, como eran permanecer en sus viviendas y poseer libremente sus bienes como vasallos de don Fernando. Estas negociaciones se trataban con poca confianza, por ser recíproco el recelo de algún engaño. Así, en cuanto el rey se adelantó para examinar de cerca si aquellos pueblos contaban con obras de defensa, pudo descubrirse la perfidia de los infieles que, parapetados tras las arboledas (muy densas en aquel valle por la abundancia de aguas) lanzaban contra los nuestros saetas envenenadas.

Trabóse al punto escaramuza, y no pudiendo refrenar sus ímpetus García Enríquez, adalid del duque de Medina Sidonia, a pesar de haber prohibido el rey responder a este género de combate, se lanzó con otros muchos al empeñado entre los huertos. Para librarlos del peligro, o poder, al menos, sacar a los suyos ilesos de la pelea, cayó sobre los moros el joven conde de Belalcázar, de noble estirpe, casado con parienta del rey y muy querido de éste. Pero el infeliz, herido en el primer encuentro por una saeta envenenada, no pudo salvarse ni salvar a los suyos. Al saberlo el rey, que en aquel momento descansaba en un campo próximo, acudió a toda prisa, y encontrándose en el camino con el joven casi expirante, empezó a reprenderle airadamente por la desobediencia a sus órdenes, causa de su perdición y de la de otros muchos; mas cuando se enteró de la desgracia, su enojo se trocó en lástima. Y como no parece ajeno de esta relación, diré algo de la ascendencia del desgraciado joven.

Fue su abuelo el maestre de Alcántara Gutierre de Sotomayor, cuyo hijo don Alfonso casó con doña Elvira, hija del conde de Plasencia, tan consagrada al bien cuanto su marido se dejaba arrastrar por una insensata temeridad y furia. A tales excesos lo llevaron estas pasiones, que murió desastradamente a manos de un antiguo criado suyo, a quien había castigado con excesiva crueldad.

El primogénito, desde la niñez, bajo la tutela de su madre, estaba destinado a recoger una cuantiosa herencia; pero de tal modo anhelaba por los bienes del cielo, que se hizo notorio su desprecio de los del siglo, y ni los halagos ni las tiernas lágrimas de su madre pudieron apartarle jamás de sus aspiraciones religiosas. Consagrado a sus prácticas de virtud, renunció a la posesión de sus Estados, a pesar de aconsejarle su madre, viuda y abrumada por los muchos cuidados del gobierno de los pueblos, que no dejara gravitar más tiempo tan gran peso sobre los débiles hombros de una mujer, después de haber dirigido la educación de los hijos y la administración de los vasallos en tiempos tan revueltos hasta los días en que su primogénito se aproximaba a la emancipación, puesto que el segundo estaba aún en edad pupilar.

Cuando la excelente madre se convenció de que ni razonamientos ni lágrimas le hacían desistir de su propósito, renunció a contrariarle, y solo trató de persuadirle a que se quedase a vivir entre los virtuosos frailes del monasterio de Guadalupe, tan próximo a sus Estados. Accedió el buen joven a los ruegos de su bondadosa madre, por no aparecer en todo intransigente; pero no mucho después, deseando huir del ceremonioso respeto con que los monjes le trataban, de las frecuentes visitas de la familia y de las suculentas comidas, tomó el hábito franciscano y marchó a Roma, donde su ilustre alcurnia le valió excelente acogida del papa Sixto IV. Allí entró en un pobre convento de una reducida comunidad de franciscanos, y vivió humilde y devotamente.

Al llegar a la mayor edad su hermano segundo y heredero de los Estados paternos, su madre, doña Elvira, despreciando también el mundo, y dejando casado al hijo con la excelente hija del almirante don Alfonso Enríquez, pudo recogerse a vida más religiosa, porque hasta allí las varias agitaciones del gobierno de sus Estados habían perturbado algún tanto su existencia. Murió cuando empezaba a envejecer, conservando toda su belleza.

El hijo, heredero de los dominios, prefirió imitar la conducta de la madre y del hermano a la del padre: siempre digno y justo, fue muy humano con sus vasallos; y como a ninguno infirió el menor agravio, todos le veneraban. Con amargo llanto y perpetuo luto deploraron la desastrada muerte de su señor, para lo que fue cierto lenitivo el nacimiento de un hijo poco antes de recibir la madre la noticia de la muerte del amadísimo consorte. Cuando se enteró de la desgracia, sufrió un largo desvanecimiento.

También fue penosa para el rey y para todos los grandes la repentina muerte del joven. Descubierta luego la perfidia del enemigo, que aprovechando el tiempo de las negociaciones había reforzado las guarniciones de Casarabonela, Coín y otras villas más cercanas a Alora, se resolvió que el ejército dejase al pasar por Alhama un convoy de abundantes provisiones y además 300 lanzas de la Orden de Calatrava, y luego continuase con más ardor la tala de los campos granadinos, y que si por caso Albuhacén oponía resistencia, no se rehuyese la pelea. Dejados, pues, en Alhama el escuadrón y las provisiones, el rey condujo el ejército a través de la campiña, y para incitar al enemigo al deseado combate, sentó los reales no lejos de Granada, arrostrando un peligro que jamás osaron desafiar ejércitos cristianos más numerosos. Pasaban de 60.000 los peones, con una multitud de jinetes, los que de repente podían acometer a don Fernando, que solo disponía de 6.000 lanzas escogidas y unos 10.000 infantes. La proximidad a Granada podía también ser funesta para los nuestros, mucho más teniendo que habérselas con innumerable ejército que peleaba por su patria junto a las murallas, defendidas por los suyos. Pero era tanto el deseo del rey por venir a las manos con los moros, que apeló a los últimos recursos para retarlos, con solas dos prevenciones, la de tener libre la aguada y la elección del campamento. Conseguido esto, no había que reparar en lo peligroso de la batalla. Permaneció, sin embargo, quieto Albuhacén, receloso de alguna revuelta en cuanto saliera de Granada contra los cristianos, porque la rebeldía de Boabdil le había acarreado muchos enemigos entre los granadinos, además de los de Almería y Guadix, partidarios del hijo. Así, para ocurrir en parte a estas dificultades, envió contra los de Almería un escuadrón de jinetes en favor de sus partidarios, contenidos por la guarnición del Alcázar bajo el supuesto de lealtad. Mientras don Fernando iba aproximándose a los muros de Granada, los jinetes moros aparecían en grupos de descubierta y cambiaban repentinamente de sitio; pero nunca empeñaban combate, aun presenciando la destrucción de sus campos y cómo el hierro y el fuego iban arrasando sus feraces huertas. Cuando el rey penetró el plan de los moros no quiso gastar en valde esfuerzos, tiempo y dinero, y como los andaluces deseaban dedicarse a las tareas de la recolección, dio licencia a los soldados para que, terminadas, volvieran a reunirse y a causar mayores daños al enemigo. Concertado este plan, regresó a Córdoba, casi a los cincuenta días de haber salido a la expedición de Alora.

 Habían ocurrido entretanto en Italia grandes turbaciones, a que don Fernando prestaba no poca atención, porque al interés universal para los cristianos de la hostilidad de los turcos se añadía ahora la causa de su primo don Fernando, rey de Nápoles, en guerra con los venecianos, enconados contra él por artes de Luis María Sforza. Separándose de la útil alianza del duque de Calabria don Alfonso, y sin infundirle a él ni a su padre don Fernando la menor sospecha, abandonó ingrata y secretamente a éstos sus favorecedores para prestar favor a los venecianos, escarmentados por los milaneses, y a quienes el valor del citado duque don Alfonso había forzado a levantar el estrecho cerco puesto a Ferrara y a devolver al Estado milanés, tras varios encuentros desgraciados, nuestros lugares del lado acá de Abdua, de que por largo tiempo habían sido señores. Pero el desleal Sforza, después de haber contribuido a estos desastres de los venecianos, obligó a su antiguo aliado don Alfonso, no ocultando ya su defección, a regresar a Nápoles, para no perder, juntamente con las sumas gastadas, el ejército que su padre le había confiado. Con la traición de Sforza, el senado veneciano, cual libre ya de un gran peso, se resolvió a enviar inmediatamente a las costas de Lucania una poderosa armada, que se apoderó de Galípoli y las dejó fuertemente presidiadas, en ocasión en que don Fernando, consumido su tesoro en ajenas empresas, ni podía sustentar su ejército, ni defender suficientemente sus Estados, porque, como suele suceder, los pueblos se mostraban mucho menos obedientes en los días de la desgracia que cuando subyugaba a los enemigos.

También el papa Sixto, antes riguroso en sus censuras contra los venecianos, empezó a mostrarse hostil a los magnates romanos que en años anteriores habían favorecido a don Fernando. Así, el cardenal Colonna, ante el temor de perder la vida, encomendó su salvación a la fuga. El protonotario Colonna, cogido de repente, fue decapitado en público, previa la exoneración de su dignidad eclesiástica; espectáculo excesivamente deplorable para los ciudadanos de Roma, hasta para los fautores del bando contrario, que si al principio se mostraron, al parecer, conformes con la conducta del papa, al cabo manifestaron su repugnancia a la crueldad del conde Jerónimo. Todos veían con disgusto el desastre de la casa del cardenal Colonna, la ocupación de la ciudad de Marini y la ruina de otras, que por todas partes se procuraba. Ninguno de estos atropellos pudo impedir en aquellos días el rey don Fernando, y viose precisado a disimular, por más que sintiera en el alma la desgracia de sus amigos y partidarios. Ciertamente el papa pretendía cohonestar sus procederes con el pretexto de que, además de la antigua enemistad contra su persona, se había tratado de impulsar a los venecianos contra el rey, a causa de la alianza pactada por éste con el pontífice. Nada de esto, sin embargo, hubiera podido evitar la rebelión del pueblo romano contra Sixto IV, y que las dos facciones se lanzaran a atajar los tiránicos atropellos del conde Jerónimo Visconti, de haber ocupado más tiempo el papa la silla pontificia. Los acontecimientos después ocurridos aplacaron la indignación, como en su lugar se dirá.

Ahora exige el orden de los sucesos mencionar las revueltas de Navarra, porque la interminable cuestión de aquel reino ejerció grande influjo en los asuntos de España y de Francia. Algún tanto creyó haberla suelto el rey don Fernando cuando vio a los dos bandos dispuestos a reconocerle por árbitro y a acatar sus mandatos. Mas estaban tan arraigados los odios en los corazones de los magnates navarros, que sin cesar les excitaban a no perder la ocasión de satisfacer sus venganzas. Así, habiendo el conde de Lerín, don Luis de Beaumont, cabeza del partido beauniontés o de Lussa, prendido tiempo antes en Pamplona al noble Mariscal, protector del bando contrario agramontés, y héchole morir cruelmente con otros de sus partidarios, el hijo del difunto Mariscal, que le sucedió en todos sus cargos, meditaba la venganza de la muerte del padre y no podía ver con paciencia el encumbramiento, cada día mayor, del conde de Lerín, demasiado favorecido por el rey don Fernando. Entre otros cuidados, preocupábale mucho el que hubiese ocupado el conde el castillo de Belmeche, fuerte por su posición y defensas, y contiguo a la ciudad de Estella, cuyos vecinos seguían en su mayor parte el partido agramontés, amenazándoles con su cólera.

El Mariscal, deseando alejar aquel peligro, buscó oportunidad para apoderarse del castillo, y aprovechando el descuido de la guarnición, en su mayor parte ocupada en otra empresa, se presentó repentinamente al pie de la fortaleza con soldados escogidos y, hallándola casi desguarnecida, le fue fácil tomarla antes de que pudiera socorrerla la numerosa caballería castellana, a la que el rey don Fernando había encomendado la guarda de algunos castillos de Navarra. Cuando poco después acudieron, ya toda su diligencia fue inútil, porque el castillo estaba perfectamente defendido, y cuantos beamonteses se habían encontrado dentro habían sido sacrificados en represalias por el vencedor. Imposible le fue a don Fernando acudir como quisiera al remedio de este contratiempo, por su propósito de acumular todas las fuerzas en el lejano reino de Granada y no verse remedio alguno para sosegar los disturbios de Navarra, principalmente porque uno y otro partido mantenían su resistencia con el apoyo, ya de unos, ya de otros de sus nuevos señores. Cuando alguno de ellos veía peligrar su causa, acudía, según costumbre de estas gentes, hasta buscar el auxilio del extranjero, y con más facilidad del marido de la reina, a quien confiaban que ayudaría muy pronto el ejército francés. A pesar de la exacerbación que esta novedad produjo en las sediciones de Navarra, ambos bandos resolvieron, por público acuerdo, enviar sus legados a Córdoba para dar seguridades al rey don Fernando de que siempre le consideraban como su único protector y a suplicarle que no desamparase a los leales navarros por causa de las turbulentas facciones de los grandes. Y si deseaba prendas más seguras que estos ofrecimientos, los navarros estaban prontos a confiar la importante ciudad de Tudela a una guarnición castellana, a quien estarían sujetos así el alcaide como los vecinos. El rey no quiso aceptar estas proposiciones sino con la condición de elegir él el alcaide, porque las repentinas revueltas de los navarros tal vez harían que se entregase la guarnición antes que tropas auxiliares pudieran socorrerla. No pudiendo conseguir otra concesión, los legados navarros regresaron a su provincia, y el rey se consagró de lleno a los preparativos de la guerra de Granada.

Sobre todos los demás, y siguiendo el parecer de la reina, siempre y en todo acertadísima, se prefirió el equipar una corta armada contra los moros granadinos y confiar su mando al conde de Castro don Álvaro de Mendoza. Porque a la sazón los moros de Marruecos y de Túnez no podían disponer de embarcaciones para pasar tropas a las costas de Granada, a menos de pagar crecidos fletes a genoveses o venecianos por las naves de carga, y para poner coto a la funesta avaricia de los capitanes de barcos genoveses o venecianos, envió don Fernando severos avisos a los notables de aquellas ciudades residentes en Sevilla y Cádiz, y cartas de igual tenor a los senados respectivos, en que los conminaba a no prestar ayuda contra los defensores de la religión cristiana a los infieles a quienes estaban obligados a combatir, pues si, cegados por la avaricia, pospondrían el cumplimiento del deber, podían estar seguros de que tomaría de ellos más terrible venganza que de los mahometanos, por ser mucho más aborrecible la perversidad de los cristianos que venden su religión por dinero, que el empeño de los enemigos de la cruz, movidos por arraigadas supersticiones. Comunicados estos avisos, don Fernando dio al conde don Álvaro instrucciones completas para cada caso, y para mayor seguridad de las embarcaciones menores y de las carabelas, mandó fletar una gran nave de carga genovesa donde había de ir el conde como capitán de la armada, a fin de poder acudir más cómodamente a las dificultades que se presentaran. Ejecutó al punto el de Mendoza las órdenes del rey, y el 11 de agosto salió de Sevilla a tomar el mando de la armada, lo que ejecutó al día siguiente.

Murió en Roma el papa Sixto IV el día de Santa Clara, después del duro castigo que impuso al protonotario Colonna el 30 de junio, y ya pudieron muchos varones íntegros hacer públicos sentimientos que durante la vida del pontífice no se atrevían a manifestar. Algunos jóvenes ingeniosos escribieron ciertas sátiras en que se censuraba la conducta del papa durante su pontificado, a fin de que constasen los delitos que durante tanto tiempo se habían cometido en desdoro de la dignidad pontificia. En ellas se referían los criminales excesos de fray Pedro, cardenal de San Sixto, y los delitos de su hermano Jerónimo, para que, fijándose en la memoria de los estudiantes, quedasen grabados en su mente al llegar a la vejez. Maravillábanse todos de que aquel doctísimo fray Francisco de Savona, que antes de su elevación a la silla de San Pedro anatematizaba en públicas arengas y atribuía a culpas de los papas ciertas abominaciones, no se hubiese avergonzado de verlas perpetradas a la sombra de su autoridad, por los dos jóvenes fray Pedro y Jerónimo.

No eran pocos los que temían graves daños para los intereses de la Iglesia por la muerte del papa Sixto, a causa de los muchos estímulos existentes entre los cardenales para el cisma en ocasión en que tanto se necesitaba la concordia de opiniones para la elección de nuevo papa. Pero la divina Providencia no permitió que se realizasen estos temores de los hombres y, contra lo que se esperaba, fue elegido papa, por considerable mayoría de votos de los cardenales, el cardenal de Génova, Juan Bautista Cibo, con el nombre de Inocencio VIII. Preciso fue, sin embargo, dejar impunes los innumerables atropellos, crímenes y grandes rapiñas del conde Jerónimo, en otro tiempo pobrísimo y de oscura extracción, para que sin el riesgo de una guerra restituyese el mausoleo de Adriano y todos los demás castillos de la Iglesia, confiados antes por largo tiempo a alcaides de su elección. Así, único poderoso por sus riquezas entre los demás príncipes de Italia, había sido causa de empobrecimiento, tanto para Venecia como para Florencia, Nápoles y Milán, haciendo favorables a unos o contrarios a otros la autoridad y el poder del papa Sixto, y apoderándose a su antojo del producto de las simonías en las provisiones eclesiásticas que se alcanzaban del papa. Fue fama que después de sufragar enormes gastos, había atesorado el conde Jerónimo más de dos millones de ducados. Con este caudal se retiró al territorio que había ocupado merced a perversas artes.

El nuevo pontífice, reducido a extrema pobreza, llevó muy allá la moderación en aquellos primeros días para aumentar las rentas de los más influyentes cardenales, especialmente del vicecanciller Rodrigo Borja o de Valencia, riquísimo y perturbador, que por su antigua amistad con Inocencio, había pagado todos los gastos y recogido los votos para elegirlo papa. Por esta razón, después que el cardenal de San Jorge, Rafael Sansovino, sobrino del conde Jerónimo de Riario, permitió la provisión de la iglesia de Sevilla y retuvo la posesión de la de Osma, en el primer consistorio el papa dio la provisión a Rodrigo Borja, con desprecio del derecho de presentación que corresponde a la corona de Castilla y que el pontífice estaba obligado a respetar.

El cardenal Rodrigo Borja fue perpetrando crímenes sobre crímenes. Empeñado en enriquecer por cualquier medio a su hijo Luis Borja, le envió a Andalucía, a las órdenes del rey don Fernando, y le dio grandes sumas para que adquiriese en España algún señorío. La noticia de la provisión de la sede hispalense, concedida a su padre, fue un obstáculo para que obtuviese los provechos que esperaba del favor real. Luego, de repente, los reyes, a la sazón en Sevilla, mandaron encerrar en un calabozo a Luis, pusieron en secuestro las cuantiosas rentas que anualmente percibía el cardenal Rodrigo, así de las iglesias de Valencia y Cartagena como de otras pensiones excesivas, y dieron en todo indicios de su enojo, cambiándose en disgusto la excesiva alegría con que habían acogido la elección del papa Inocencio, por temer de aquí mayores daños para los intereses de la Iglesia universal, cuando el nuevo papa, antes de prestar obediencia a los príncipes, no se había ajustado a la conducta antes observada en los principios de todo pontificado, pretexto generalmente para ciertos procedimientos de justicia.

Para aplacar el enojo de los reyes de que ya se tenía noticia en Roma, el vicecanciller les hizo todo género de ofrecimientos; se despacharon inmediatamente cartas con orden de consagrar a la guerra de Granada todas las rentas de la provisión arzobispal de Sevilla, y exigir mayores sumas para el mismo objeto. Además, para que siempre se empleasen en ello el esfuerzo y las riquezas de su hijo Luis, enviado a España para adquirirlas, se le puso al servicio de los reyes. Y como la eficaz intervención del pontífice se consideraba de gran peso para el cumplimiento de tales promesas, procuró con gran diligencia llamar de Andalucía a Firmano Perusino, mal quisto de los reyes, y sustituirle por el nuncio Angelo Amerino, obispo de Suesa y de Camino. A éste, en otro tiempo muy apreciado de don Juan II de Navarra y del monarca napolitano, se le mandó permanecer en España y recaudar el tercio del importe de la indulgencia concedida en tiempo de Sixto IV a los que contribuyesen con la limosna de seis reales, equivalentes a otros tantos carlines.

Mas en el territorio confinante con Cataluña, antes de entrar en el del señorío de don Fernando, anuló, en virtud de reciente facultad del papa Inocencio, las indulgencias concedidas por su antecesor, reservándose la de volverlas a poner en vigor a fin de que los reyes, en su gran deseo de recoger fondos para el pago de las tropas, se viesen obligados a poner en libertad a Luis Borgia; a levantar el secuestro de las rentas del vicecanciller; a admitir las letras apostólicas para la provisión de la iglesia de Sevilla y a recibir la tercera parte de las sumas recaudadas por la indulgencia. Si así lo hacían, en todo lo demás favorecería generosamente los intereses y el engrandecimiento de los reyes, para lo cual, usando de la potestad pontificia había concedido omnímodas facultades al citado Suesano.

Investido por el papa con tan amplia comisión, Angelo Amerino no rehusó tomarla a su cargo a su avanzada edad y después de las negociaciones que acababa de seguir en Alemania. Habíale enviado allí el papa Sixto por su legado para oponerse a la celebración del Concilio que pedían muchos príncipes católicos, porque el nombre de Concilio disgustaba gravemente a los papas. A fin de que perdurase el capricho de la corte romana y creciese la descarada licencia, tan constante enemiga de las buenas costumbres, no apelaban a ningún remedio. Como Suesano había tratado hábilmente aquel asunto, y como además era muy apreciado del vicecanciller, se le consideró muy a propósito para nuncio en España, porque cumpliría al pie de la letra las instrucciones recibidas. Había dispuesto el rey que no se admitiesen en España semejantes negociadores hasta ver en la corte romana mejores disposiciones para los intereses de la corona de Castilla; pero como el Suesano era conocido del ilustre don Enrique de Aragón, gobernador de Cataluña, le engañó asegurándole que estaba investido de amplias facultades para trabajar por los intereses y engrandecimiento del rey, y que precisamente había sido elegido nuncio por sus conocidas simpatías a los soberanos de Aragón y de Nápoles, en cuyos reinos había obtenido sus dignidades.

A favor de estas tretas, consiguió llegar hasta Andalucía, donde, por orden del rey, le salió al encuentro el doctor Juan de Alcocer y le preguntó si venía a dar cuenta de los asuntos del vicecanciller. El prelado le dio seguridades de que jamás osaría intentarlo. Negábase el rey a recibirle, pero queriendo por otra parte conocer previamente de qué autoridad venía investido, el Suesano contestó que en secreto le comunicaría los importantes propósitos que el papa le había confiado, para lo que necesitaba se le concediese una entrevista. Accedió el rey, y en público discurso ensalzó la grandeza de la nación española y los muchos y considerables servicios de que la Santa Sede le era deudora. A los pocos días le manifestó a las claras que el principal objeto de su venida era poner a disposición del papa las sumas recaudadas por la Bula de Cruzada y recabar para el vicecanciller la posesión de la Sede hispalense. Esto le acarreó vilipendio y tener que salir de España sin demora. Además, se suspendió por entonces el conceder cierto alivio en su prisión a Luis Borgia.

Cuando esto se supo, el vicecanciller renunció a la provisión de la iglesia de Sevilla, que había obtenido, y el papa la reservó para la presentación de los reyes, deseoso de no perder la obediencia de tan poderosos monarcas, que con su sumisión contribuían al enaltecimiento del romano pontífice tanto como le perjudicarían si alguna vez llegaban a negársela. En una sola cosa se mostró intransigente; en exigir del rey la cesión de la tercera parte de los productos de la Bula, si deseaba conseguirla para emprender con más eficacia la guerra de Granada, y en enviar a la cámara apostólica las sumas hasta entonces retenidas y que debieron entregarse a Firmano. A pesar de los razonamientos empleados por el elocuente protonotario Antonio Geraldino, enviado en aquellos días al papa por los reyes para exponerle sus excelentes disposiciones, no logró hacerle desistir de su firme propósito. Díjole además que era enorme injusticia pretender el papa quebrantar el nervio de una guerra tan necesaria y recabar para sí el dinero ya dado o el que aún habían de dar los españoles por la Bula para la guerra de Granada, cuando deberían, no solo no aminorar estos recursos, sino robustecerlos con los tesoros de la Iglesia. Más endurecido el papa con estos argumentos, se negó a proveer las muchas vacantes eclesiásticas a la sazón existentes en España, y los reyes, por su parte, retrasaron el nombramiento de embajadores que fuesen a Roma a prestar obediencia al pontífice.

A la mención de estos sucesos ocurridos en Italia, debe seguir más detallada narración de los trastornos de Portugal, así porque la mayor proximidad a nuestra patria les presta más interés, como porque dieron mayor ocasión a disturbios por toda la Península, para perpetuar los odios y las venganzas, como podrá verse en lo que sigue.

Había usado el rey don Juan II de excesiva crueldad con su tío el duque de Guimaraes o de Braganza, según queda dicho. La muerte de tan ilustre magnate, revestido de tanta autoridad, había hecho nacer en el ánimo del rey constantes sospechas y en el de los grandes indecible temor. Todos aquellos que, o por vínculos de la sangre o por los de la amistad, habían llorado la desgracia del duque, habían huido a Castilla, y los pocos aún residentes en Portugal eran aborrecidos del receloso monarca por los mismos motivos que había odiado al infeliz duque, primero en recibir tan inmerecido castigo, a saber: porque muy queridos y honrados por el rey don Alfonso, padre de don Juan, a quien ellos también reverenciaban, habían atraído a su partido, por lo ilustre de su linaje, sus riquezas, y su munificencia, a los de la segunda nobleza, y todos parecían inclinados a la causa de la reina doña Isabel. El rey don Juan temía que la atención de éstos se fijara en el quebrantamiento de lo pactado acerca del ingreso en religión de doña Juana, supuesta hija del rey don Enrique, a la que alentaba y honraba más de lo que los pactos le permitían, no ocultándose a los avisados que maquinaba algún funesto propósito. Oía con pena las noticias de prósperos sucesos de don Fernando y doña Isabel, y descubría su enemiga mostrando alegre semblante cuando le contaban algún hecho que les fuese contrario, principalmente después de la muerte del duque de Braganza, y de la huída de sus hermanos a Castilla.

A este profundo recelo se añadía un miedo a todo que hacían más intenso sus esfuerzos por desecharle. Por esto le era odiosa la ilustrísima doña Beatriz, su suegra y del difunto duque de Braganza y, creía ver un enemigo temible en el duque de Viseo, hermano de la reina, por lo que deseaba exterminar a los nobles que acataban al ilustre mancebo. Inquieto con tales cuidados, buscaba con preferencia los bosques; confiaba a muy pocos de sus satélites la guarda de su persona; empleaba la mayor parte del tiempo en la caza, y se atraía con promesas de dádivas a los familiares, de los que sospechaba le eran contrarios, a fin de que fundasen en él, más que en sus señores, la esperanza de futuros provechos. Con éstos y otros semejantes ardides trató largo tiempo de averiguar de cuál de los grandes tenía que temer más. Recorría con preferencia los bosques próximos a Setubal, en cuyas inmediaciones estaba el castillo de Palmela, fuerte por su situación y defensas, y donde guardaba sus tesoros. En aquella ciudad se encontraba a la sazón el duque de Viseo con otros grandes. Cierto clérigo, por nombre Diego Tinoco, capellán del obispo de Ebora, y Vasco Cotiño, un caballero de la noble familia de este apellido, se acercaron al rey cuando atravesaba los bosques, y le dijeron que se creían más obligados al cumplimiento de la debida lealtad en lo concerniente a la incolumidad del rey que a cualquier otro deber para con los grandes del reino. Por esto se creían precisados a descubrirle la conspiración de algunos que le preparaban asechanzas, funestas para su persona si inmediatamente no se ponía en salvo.

El aviso, tan conforme con sus pensamientos, obligó al rey a marchar a Setubal y dar orden a los guardas de las puertas de no permitir a ninguno de los que acompañaban al duque de Viseo la entrada en el vestíbulo contiguo a la cámara. Muy pronto, y según costumbre, acudió el infeliz joven a besar la mano al rey; mas al ver que cerraban la puerta tras él, después de prohibir la entrada a su comitiva, increpó a los guardias por aquella novedad. Contestaron ellos que no podían ir contra las órdenes del rey, y entonces, deseando salir y no permitiéndoselo los guardias, dio voces mandando abrir las puertas. De pronto apareció el rey, y superó con su crueldad la osadía de los guardias de la puerta, atravesando con su puñal el pecho de su cuñado. Al caer, algunos de los presentes le dieron también otras heridas mortales.

Cuando vieron volver al rey manchado de sangre y con ceñudo rostro algunos criados, que por haber permanecido en las habitaciones no se habían dado cuenta del suceso, le preguntaron qué ocurría, y el contestó: «He dado muerte al enemigo que intentaba dármela a mí». De seguida envió a sus satélites a prender al obispo de Ebora, García de Meneses, a su hermano, Fernando de Meneses, y a otros muchos caballeros de la primera nobleza, y los hizo matar con diversos géneros de tormentos. El más cruel lo reservó para el obispo, a quien mandó sepultar en oscurísimo e infecto subterráneo de la cárcel de Avis, donde jamás pudo pasar del vigésimo día con vida ninguno de los allí encerrados, a causa del hedor insoportable. Así pereció aquel infeliz prelado, uno de los más nobles del reino; de ánimo esforzado, y tan elocuente, que podía compararse con los más fecundos italianos de su época.

Algunos achacaron el motivo de este crimen a la crueldad y temores del rey; otros muchos a cierta conjura de los grandes; pero la innata animosidad del rey contra la nobleza portuguesa, y además del temor de que estaba poseído desde la muerte del duque de Braganza, el rencor oculto en los pechos no permitían esperar un término para los odios y anhelo de venganza de una y de otra parte.

Todas estas desdichas traían profundamente angustiado el bondadoso corazón de la reina doña Isabel, que veía con honda pena el luto y la tristeza que abrumaban a la afligida doña Beatriz, a quien profesaba singular cariño de sobrina. Fue preciso, sin embargo, disimular con cautela estos pesares, por la necesidad de dirigir toda la atención y todas las fuerzas a la guerra emprendida contra los granadinos, sin suscitar nuevas dificultades.

Así, pues, don Fernando, que prefería los sitios de las poblaciones del enemigo como más eficaces para quebrantarle, reunió para ello numerosas tropas de Andalucía y dio orden de que las acompañaran artillería y máquinas de guerra. Luego, a principios de septiembre, marchó a Córdoba con intención de sitiar a Setenil, siguiendo el parecer del marqués de Cádiz, que antes había insistido mucho por que se pusiera cerco a Alora. Aquella villa, muy fuerte por su situación, había sufrido largo asedio cuando don Fernando, después de la toma de Antequera, gobernaba en Castilla durante la menor edad de don Juan II, y los sediciosos propósitos de los grandes le habían obligado a levantar el sitio. Pero el marqués, con su pericia militar y previendo el apuro de los de Ronda, había aconsejado con gran acierto al rey que en aquel fin de estación no debía acometerse otra empresa sino el sitio de Setenil. En su favor aducía el marqués muchos argumentos que destruían las objeciones de algunos grandes. El resultado vino a comprobar las acertadas previsiones del avisado marqués.

A él y a don Pedro Enríquez, adelantado de Andalucía y tío del rey, les encargó que, simulando determinada marcha del ejército, reuniesen con las tropas de Sevilla las de Jerez, Carmona y otras próximas, a fin de cortar repentinamente el avance a cualquier socorro que los montañeses pretendieran enviarles cuando se dieran cuenta del verdadero objetivo de los cristianos. Cumplieron al punto los dos caudillos estas órdenes, y quiso la suerte que aquel mismo día algunos principales rondeños que habían acudido a negociar con los de Setenil y que, como tiempo antes los cobardes vecinos de Alora por haberse entregado al rey don Fernando, habían incurrido en el desprecio de sus correligionarios, corriesen también igual desgraciada suerte, porque ni podían volverse a sus casas, ni esperaban recibir auxilio alguno de otra parte si don Fernando se presentaba allí con su ejército.

Vino, en efecto, al día siguiente, y arrebató a los cercados toda esperanza de socorro. A poco llegó la multitud de carros con la artillería y las terribles máquinas de guerra, y bien pronto aumentó el espanto de los moros defensores el horrísono fragor de las bombardas; el gran destrozo que sus tiros causaban en la parte del muro que suponían más resistente, y el ver a las mujeres y a los niños pedir con desgarradores lamentos que al menos les perdonasen la vida. Mas los grandes del séquito del rey, ignorantes del terror de los cercados, al ver la fortaleza de la posición, dudaron de que pudiera tomarse, y considerando el mal aspecto de la guerra en el caso de tener que levantar el sitio, murmuraban entre sí, y a veces hacían llegar a oídos del rey cuán desacertadamente había obrado el marqués de Cádiz, a pesar de su previsión y de su pericia militar, al aconsejar una empresa dificilísima, de éxito funesto, y que sobre los grandes dispendios consumidos en vano, serviría para dar más alientos al enemigo, e inspirarle un desprecio de nuestro poder, muy perjudicial para lo sucesivo.

Llegaron estos rumores a noticia del marqués, y hallando a los grandes reunidos en presencia del rey, les dijo que había sabido cómo los caballeros más avisados e ilustres por su grandeza de ánimo, aseguraban que aquel sitio propuesto por él era ocasionado a gravísimo peligro, al menos por la ninguna esperanza de terminarle con fortuna, y que además procuraría grandes ventajas al enemigo, al paso que acarrearía muchos daños y mucha deshonra a los reyes y al nombre cristiano. Por esto no negaba él que, atendiendo a las circunstancias, debiera preferirse a esta empresa cualquiera otra propuesta por los consejeros; pero que se maravillaba del juicio de hombres tan versados al reputar desacertado el plan porque a los primeros ataques no se hubiese tomado una villa tan fuerte por su situación y defensas, y llamar vergonzosa tardanza al transcurso de tres días, cuando en tiempos antiguos el tesón de los cristianos había resistido durante más de veinte meses contra defensores más pujantes y ante murallas más fuertes, hasta conseguir la rendición de la plaza. Pero, a fin de que la posible prolongación del sitio no diese mayor fundamento a las censuras, suplicaba humildemente al rey, caudillo a la sazón de tan numeroso ejército, que reforzara con algunas tropas las del cerco y le diese la artillería de que pudiese prescindir por el momento, y así, mientras el rey con el núcleo del ejército, emprendía otros sitios más fáciles, él quedaría con el empeño de dar cima al que había aconsejado, y de experimentar a su riesgo si debía o no haber meditado mejor el plan propuesto al rey.

Al llegar aquí, el prudentísimo y bondadoso don Fernando interrumpió acertadamente al marqués diciendo que él no había oído a ningún detractor de aquel prudente consejo, ni había ocurrido nada que justificase la censura; antes, todo, marchaba más felizmente de lo que él esperaba; que era escaso el tiempo transcurrido desde que se estableció el cerco, y que los esforzados caballeros debían emplear mayor transcurso de tiempo y arrostrar mayores peligros hasta rendir la villa; que ya hablaba bastante en favor de las previsiones del marqués el haber estorbado con su repentina llegada la de cualquier auxilio para los moros, haciendo imposible la entrada de ningún enemigo en la plaza, ni la salida de ningún vecino antes de estar a la vista el ejército entero y de que se hubiese infundido terror a los cercados con emplazar la artillería en el puesto elegido. Y si por caso se prolongaba la toma de la villa, ninguna censura merecerían por ello los dignos consejeros, porque los empeños de la guerra exigen disposiciones estratégicas, cuidados diligentes, esfuerzo de ánimo, resistencia en los trabajos y anhelo de gloria, y el empuñar las armas no asegura el éxito mientras dura la lucha, por lo cual, quien desease hallar su camino libre de dificultades, debía emprender cualquiera que no fuese el de la guerra. Así, todo el que no quisiera merecer el dictado de apático o cobarde y cuantos estaban obligados a tomar parte activa en aquel sitio, debían persistir firmemente hasta el fin en el empeño comenzado, puesto que, a ejemplo suyo, a los esforzados la crítica más los estimula que los perturba, y todo mérito podía contar con el premio debido.

Dichas estas palabras por el rey con digno y mesurado continente, todos se mostraron más resueltos para combatir a los moros, y bien pronto sus esfuerzos se vieron coronados de éxito, porque al día siguiente, desde las almenas, pidieron los cercados seguro para capitular. Concedióseles, y en presencia del rey se discutieron largamente las condiciones. Pidieron los moros, antes de abandonar sus casas, crecido rescate por la libertad de sus cristianos que de largo tiempo tenían cautivos; pero el rey, que en cuanto llegó ante las murallas había hecho pregonar repetidas veces que si los cercados tenían en algo las vidas de sus mujeres e hijos y de todos los inermes, se guardasen mucho de tratar mal a los cautivos con motivo del sitio, no consintió oír hablar de rescate. A las demás peticiones dio más generosa respuesta. Permitió a los moros marchar seguramente adonde quisieran, y les prometió la escolta suficiente para el camino. Asimismo les concedió llevar en sus acémilas cuantos bienes muebles deseasen, y hasta les ofreció proporcionarles otras en caso que las necesitasen para aquel objeto. En cuanto a las demás provisiones que tenían escondidas para atender a su alimentación durante mucho tiempo, consistentes en trigo, cebada, habas, lentejas, garbanzos, maíz y otras varias, como lo repentino de la marcha no permitía hacer una detenida distribución, y como la cantidad superaba con mucho a la calculada por los nuestros, se determinó abonar a los moros una cantidad moderada y ofrecerles, además, espontáneamente, algo más a modo de indemnización por los cautivos.

Con esto, los de Setenil no se cansaban de ensalzar la benignidad, generosidad y lealtad perfecta del rey, dotes dignas de un excelso príncipe. El

20 de septiembre se rindió la villa. El rey concedió a un moro mayor recompensa que a los demás por haber tratado más humanamente y alimentado mejor que los otros a un noble cautivo cristiano. Dejó confiada la defensa de Setenil a su tío don Francisco Enríquez; dio el adelantamiento de Andalucía a don Pedro Enríquez, hermano del anterior, y dispuso que quedaran con él 150 jinetes y unos cuantos peones. Luego se repararon las murallas destruidas por las bombardas y se fortalecieron como nunca lo habían estado todas las demás defensas; se condujo a los moradores de Setenil a los lugares por ellos elegidos, y se licenció la caballería de Ronda que había acudido al sitio.

Durante la marcha, el rey mandó que se examinase la situación de esta ciudad, la más poderosa de la serranía de Granada, cuya guarnición amparaba, cuyas provisiones sustentaban a muchos pueblos y castillos bien enrocados, y cuyas incursiones molestaban a la mayor parte de las poblaciones del territorio de Sevilla y de Jerez y a los cristianos de la provincia limítrofe. Meditaba don Fernando, como luego se supo, destruir aquel baluarte de los infieles, para que, quebrantada la cabeza con un solo sitio, quedasen abatidos los demás núcleos de resistencia, porque aquella plaza servía de aliento y de amparo a los infieles montañeses; en ella se encerraban las provisiones necesarias para su sustento y allí se proporcionaba todo lo preciso a los muchos moros únicamente ocupados en guerrear contra los nuestros alojados en los más humildes lugares circunvecinos. Por esto se determinó arrasar al paso con el hierro y el fuego las viñas, olivares e higueras, porque ya los moros habían encerrado en las trojes la cosecha de cereales, aquel año muy escasa; pero como gente tan sobria, hasta en los años más fértiles se alimenta de legumbres, higos y pasas, para contar con reservas en los estériles, cumplieron los nuestros hasta donde pudieron las órdenes del rey, no dejando en pie una sola planta fructífera en toda la campiña de Ronda.

Más aguerrido cada día don Fernando, y dominando mejor la ciencia militar, concibió más segura esperanza de apoderarse de aquella ciudad al ver las pocas dificultades que ofrecía el emplazar la artillería contra sus defensas. Pareciole, sin embargo, que se había hecho ya bastante en aquella estación con la toma de dos villas en situación muy ventajosa y con haber estudiado la oportunidad para los futuros cercos, y urgía reunir fondos para pagar a las tropas, ya que por dos veces en pocos meses la escasez de recursos había estorbado alcanzar grandes triunfos militares. No dejaba de comprender, sin embargo, el aprieto de los malagueños desde la toma de Alora por los nuestros, así como que los de Ronda habían perdido con la rendición de Setenil su principal baluarte, garantía de su seguridad y centinela avanzado que empleaban como constante amenaza contra nuestras tropas; pero los que conocían la crítica situación de los malagueños y cuán propensos se hallaban los ánimos a la defección a causa de las disensiones de sus príncipes, acusaban a don Fernando de apatía (no tomando para nada en cuenta la necesidad de recursos) por haber desaprovechado para hacer la guerra las facilidades que ofrecía el mes de septiembre, y hecho poco caso al parecer del entusiasmo de las tropas y del espanto del enemigo. Así suelen propalar sus críticas los que, mirando superficialmente las cosas, desconocen los motivos secretos.

Preocupaba a los reyes el afán de proveer a un tiempo a negocios de diversa índole, porque, además de la escasez de recursos, la elección del nuevo papa había hecho pensar a todos los príncipes de la cristiandad en procurar en lo posible la reforma del Estado eclesiástico, dominado por larga corrupción. Más que todos, la consideraban urgente nuestros reyes, por el temor de que en el nuevo pontificado se anulase la bula tiempo antes concedida para la guerra de Granada.

Los disturbios ocurridos en aquel tiempo en Cataluña entre los nobles y los payeses traían preocupado el ánimo de don Fernando, deseoso de ponerles remedio. Además, considerábase asunto grave la descarada y execrable crueldad del rey de Portugal que intentaba exterminar a parientes muy amados de la reina doña Isabel y, según se decía, tramaba asechanzas contra los grandes refugiados en Castilla. Uno de ellos, el conde de Faro, murió a consecuencia de su estado de profundo desasosiego. Al sustento de sus hijos, así como al de los demás infelices refugiados, tuvo que subvenir el compasivo corazón de la reina.

A fin de atender con más diligencia a todas estas cosas, salió de Córdoba para encontrarse en Écija con don Fernando, ya de regreso. Juntos volvieron a Carmona y de aquí a Sevilla el 2 de octubre. El 9 llegaron sus hijos, que fueron recibidos con gran alegría por los sevillanos, olvidados de las muchas calamidades que sobre ellos pesaban en aquellos días, porque los crímenes de los conversos habían disminuido mucho la población, y sobre los gastos de las expediciones militares, el trastorno general de las cosas había producido la escasez, mejor dicho, extremada pobreza. Otras muchas desgracias habían abatido a los sevillanos, además de la peste que tres años antes había diezmado la ciudad; pero la llegada del esforzado monarca y de la reina católica acompañados de sus ilustres hijos, disipó de los corazones de las gentes aquellas tristezas, por más que el alojamiento de los cortesanos no dejase de serles molesto. Por otra parte, las ganancias que les proporcionaban venían a compensarles del ruidoso trastorno. No fue menor la alegría de los regios esposos al penetrar en el Alcázar, por la esperanza de alcanzar allí nueva prole, pues en él había concebido la reina al príncipe don Juan.

Luego se celebraron frecuentes consejos en que se trataba detenidamente de los preparativos para las futuras empresas. De lo que primeramente fijó la atención de los príncipes por aquellos días hablé ya más arriba, al mencionar, siguiendo el orden de los sucesos, la elección del papa Inocencio y las audacias del cardenal de Valencia, Rodrigo Borja, que había obtenido del pontífice la provisión de la iglesia de Sevilla. También referí cómo los serenísimos príncipes trataron de poner freno a la inmoderada avaricia del vicecanciller en cuanto se mostraron al descubierto en Sevilla sus excesivas pretensiones.

Como era notoria la influencia en bien o en mal que, principalmente en aquella sazón, ejercería la paz o la guerra en Italia en los asuntos de Castilla, los reyes prestaban atento oído a cuanto ocurría entre los dos poderosos Estados de aquel reino. Los florentinos, poco antes aliados del duque de Ferrara contra los venecianos, que tiempo hacía sitiaban aquella ciudad, luego que, siguiendo el astuto consejo de Luis Sforza, caudillo de los milaneses, llamaron a sus tropas, trataron de impedir que cierto Campofragoso siguiese reteniendo injustamente en su poder la villa de Cerezana, que antes había consentido en ceder a los florentinos mediante dinero. Pero acusado por sus conciudadanos, los genoveses, de que su codicia y cobardía enervaban las fuerzas de la nación, fuese movido de su natural perverso o de arrepentimiento, rompió los tratos hechos con los florentinos. De tan pérfido hecho habían intentado éstos tomar venganza, aunque por dos o tres veces rechazados de Cerezana, cuando el poder de Venecia, en su afán de alcanzar el predominio en Italia, iba haciéndose sentir por todas partes. Mas arregladas de cualquier modo las diferencias, trataron de reprimir la obstinación del citado Campofragoso. Para conseguirlo era un obstáculo el fuerte contingente de tropas genovesas que, atravesando de continuo desde sus castillos y villas próximas el río Macra, divisoria entre la Toscana y la Liguria, aumentaban la resistencia de la guarnición de Cerezana y hacían ineficaz el sitio puesto por los florentinos; pero la misma necesidad les inspiró el remedio, que fue desistir de la empresa, para atender con más energía al de Pietra Santa. Esto irritó grandemente a los genoveses que, a impulsos de la ira y en su empeño por reanudar los antiguos odios, equiparon una respetable armada y alistaron numerosos soldados. Para compensar la superioridad numérica de la caballería enemiga encargaron la defensa de la villa al escogido peonaje con que siempre cuentan; obligaron a retroceder a los florentinos y a combatir la torre que domina la desembocadura del Macra, mientras la armada genovesa batía la torre de Liorna, construida con artificiosa fortaleza para defensa del puerto, y quebrantaba su fábrica con los numerosos tiros de las bombardas de las naves de carga.

A fin de tener a raya a los genoveses en sus audaces tentativas, los florentinos trajeron quince galeras del rey de Nápoles don Fernando, y las colocaron para defensa del puerto frente a las enemigas, inferiores en número. Contaba el almirante con algunas otras además de estas quince napolitanas; pero no lograban impedir a las de carga que continuasen batiendo la torre. Entretanto, el capitán encargado de la defensa de Pietra Santa, envalentonado con el éxito, se arrojó a jugar el todo por el todo; pero atajado por el enemigo y quebrantado en reñido encuentro, tuvo que rendirse. Así pudieron consagrarse respectivamente las fuerzas de ambos campos al ataque o a la defensa de Liorna. No se dudaba que toda Italia había de favorecer ya a uno, ya a otro de los combatientes. Tan grave peligro excitó al papa a atajar con su intervención este germen de discordias, y a mirar, en cuanto en su mano estuviese, por la patria y por la protección de todos los fieles.

Apoyado en esta crítica situación de los genoveses, Bautista Campofragoso, a quien, como dije, había seducido su tío el cardenal Pablo, había intentado muchas veces, en vano, recuperar el ducado de Génova con auxilio de los milaneses, y de aquí se temían las acostumbradas turbulencias de los ciudadanos.

También traía aterrados a italianos y sicilianos la poderosa armada que por aquellos días había aprestado Bayaceto, emperador turco. Por todo esto el papa, seguro de la aquiescencia del rey de Nápoles, envió legados a Venecia y a Milán, y al fin logró persuadir a todos los príncipes de Italia de la necesidad de poner término a las discordias mediante ciertos pactos y restituciones. En su virtud, los venecianos devolvieron Galípoli al rey de Nápoles y aceptaron por árbitro al pontífice para tratar de la restitución jurídica de Pietra Santa y Cerezana, con lo que todos unánimes dirigieron sus esfuerzos a rechazar al infiel emperador de los turcos, principalmente los dos primos, don Fernando, rey de Nápoles, ya tiempo antes consternado por la ocupación de Otranto, y nuestro don Fernando, rey de Castilla, Aragón, Sicilia y Cerdeña, temeroso de la invasión de Sicilia por los turcos. Vivamente preocupado con aquellos avisos, atendió a la defensa de la isla; pero el astuto Turco salió del puerto de Constantinopla con una armada de cien galeras y 200 naves de espolón y otras de carga; entró en el Ponto Euxino y se apoderó, con repentino ataque de Moncastro, y Licostomo, dos plazas fortísimas de la Valaquia en la desembocadura del Danubio Colostomo, baluartes que defendían a la cristiandad y que habían rechazado siempre en otro tiempo las repetidas embestidas de Mahomad, padre de Bayaceto.

Ensoberbecido éste con su triunfo, después de llevar a Constantinopla más de 10.000 cautivos cristianos y obligar al rey de Hungría a pactar treguas por el temor de gravísimos daños, empezó a disponer armada más numerosa en Salona y en otros puertos, resuelto a combatir más enérgicamente que su padre a los italianos. Durante algún tiempo había disimulado su innato aborrecimiento a los cristianos hasta reprimir las disensiones que entre los turcos introducía su hermano Gemethen y dar cima a las demás negociaciones encaminadas a la pacífica posesión de muchas provincias; pero cuando aquél huyó a Rodas, y según los pactos ajustados con el gran maestre, fue llevado a Francia, libre ya de aquella preocupación Bayaceto, aumentó su armada en diferentes puertos, hasta el número de 700 naves de diversos géneros. Ante la inminencia de un probable exterminio, los cristianos acallaron sus rencores y se inclinaron a la concordia, con lo que infundieron temor al acérrimo enemigo, y lograron por algún tiempo alejar el tremendo peligro. Entre los demás príncipes católicos, nuestro rey don Fernando supo aprovechar esta favorable situación para dar mayor impulso a la guerra de Granada, una vez provistos los asuntos de Sicilia y cuando ya su primo don Fernando se hallaba libre del cuidado de las disensiones entre los italianos.

Dio nuevos alientos a los cristianos el triunfo alcanzado contra los granadinos vencidos en tres encuentros por fuerzas procedentes de Alhama, Setenil y Zahara. Los primeros habían puesto en aquellos días celada contra los de Zahara, que iban acompañando a unos recién casados a un lugar próximo. De repente, quedando emboscados unos cuantos, los demás se lanzaron sobre la comitiva nupcial, se apoderaron de la novia, abandonada por sus acompañantes, y fingieron dar gran importancia al cautiverio de aquellos pocos prisioneros y querer regresar con ellos hacia Alhama. Los enemigos, que en parte habían huido, empezaron entonces a dar grandes voces para volver rápidamente contra los raptores, y ayudados por otros amigos, corrieron en persecución de los nuestros; pero al ver que éstos, que ya llegaban cerca de la celada con los cautivos, se mezclaban de repente con los emboscados, presa de nuevo espanto, fueron pronto derrotados y puestos en huida. Murieron unos ochenta; treinta quedaron prisioneros, y hubieran podido apoderarse los nuestros en aquel día de Zalea, desprovista de toda defensa, a no encontrarse extenuados de cansancio. La guarnición de Setenil y su alcaide Francisco Enríquez, hacían mucho daño con sus frecuentes algaradas a los de Ronda, distantes seis millas. Porque, además de lo corto del camino, el campo intermedio entre las dos poblaciones, extenso y de fácil tránsito, proporcionaba a nuestra caballería comodidad para poner al enemigo celadas de que ella podía librarse, puesto que hallaba franca la descubierta, cuando a los de Ronda se la impedían las sierras próximas. Otro descalabro hicieron sufrir los de Zahara a los rondeños en aquellos días, cogiéndoles algunos prisioneros; así que por todas partes se veían oprimidos los que por tanto tiempo habían puesto a los nuestros en aprieto

Fuese casualidad, fuese orden del capitán, cinco grandes galeras venecianas que por entonces comerciaban, según costumbre, por las plazas mercantiles y costas de Marruecos, arribaron a las de Málaga y descargaron provisiones para los de Almería, partidarios de Boabdil, a la sazón obediente al rey don Fernando, no sin sospecha de haber proporcionado también víveres a los de Málaga, muy necesitados de ellos, sin consideración a la religión católica y a la solemne alianza pactada en lo antiguo con los reyes de Castilla. En ella se prohibía a los venecianos, si querían conservar nuestra amistad, auxiliar a los granadinos con cualquier género de víveres, lo cual se reputaría acto de hostilidad criminal y deshonroso. En cuanto a las demás mercancías, excepto los víveres y las armas, los venecianos podían lícitamente emplearlas para sus cambios. Apenas se apercibió de la osada transgresión de los venecianos el conde de Castro, don Álvaro de Mendoza, almirante de nuestra armada, que para impedir semejantes abusos recorría de continuo el mar desde Gibraltar hasta las costas de África, pasando luego por las de Málaga, emprendió la caza de las naves venecianas, y a velas desplegadas llegó persiguiéndolas hasta las Baleares.

Cuando ya se hallaron a la vista, el conde, muy animoso por hallarse al frente de una nave de alto bordo alquilada a los genoveses, de una galera y de otras siete embarcaciones, mandó al capitán de las venecianas que arriase las velas y aguardase su llegada, o pusiese hacia él la proa si quería evitar los peligros del combate. La galera más próxima contestó al conde que ninguna transgresión podía imputarse a aquella expedición marítima, puesto que solo habían suministrado algunos víveres a los de Almería, amigos del rey de Castilla, creyendo que no le desagradaría, puesto que él mismo se los había enviado con frecuencia. Pero que si, como el conde había insinuado, se sospechaba que hubiesen prestado otro auxilio a los enemigos, podía registrar hasta los últimos fondos de las galeras. Vino a interrumpir el coloquio una nave vascongada que, atracando al costado opuesto de la galera, destrozó el aparejo, y ya medio sumergida en las aguas, la obligó a recibir tripulación castellana. Otras cuatro, ayudadas por viento favorable, arribaron a las costas de África.

El conde, que acaso se valió de aquel pretexto para disimular su ansia de riquezas, quiso registrar cuanto se hallaba en la galera, y expulsando al capitán y a los marineros, se apropió todos los objetos de gran valor y los envió a lugares lejanos. Repartió luego entre su gente una corta cantidad, y se quedó, según se dice, con considerable suma. Con profundo disgusto recibieron los reyes la noticia; pero no quisieron considerar culpable al conde hasta tener pleno conocimiento del desdichado suceso. Ninguna de las partes estaba exenta de sospechas; pero el rey contestó en términos amistosos a las reclamaciones de los venecianos, para quienes había sido afrentoso el percance, tanto por su natural benigno, como por no enajenarse la buena voluntad de antiguos amigos, principalmente en ocasión en que Bayaceto disponía en Salona la temible armada de Croacia.

El papa aconsejaba a los fieles que trabajasen con igual solicitud por alejar el inminente riesgo, y en las cartas que con este objeto envió a los príncipes de la cristiandad reforzó estos consejos con eficaces argumentos, a fin de evitar que las antiguas discordias y negligencia originasen contrarias opiniones cuando tan necesaria era la unión de todas las fuerzas cristianas contra el infiel enemigo. Las amonestaciones del pontífice persuadieron a los príncipes de Italia a dar tregua a sus encarnizados debates, y hasta tal punto hicieron estrellarse los planes del Turco, que don Fernando pudo consagrarse con mucha mayor libertad a los cuidados de la guerra contra los granadinos.

Libro V

(1485)

Preparativos bélicos de don Fernando. Prodigios en Portugal y en Andalucía. El conde de Cabra combate con los granadinos. Frustrada tentativa contra Loja. Llegan en este año a 500 los herejes quemados por la Inquisición de Sevilla. Los reyes de caza. Tumultos de Cataluña suscitados por los payeses de remensa. Arenga de Juan Sala. Peste en Andalucía. Reúnese en Córdoba poderoso ejército. Eclipse y cometas. Defección de Almería. Acógese Boabdil al amparo de nuestros reyes. Sitio y toma de Coín y de Cártama. Combates a la vista de Málaga. Sitio y rendición de Ronda. Entréganse a don Fernando Montecastro, Cardela, Audita, Casarabonela y otros lugares y castillos. Rendición de Marbella. Peligro que corrió nuestro ejército en el paso de la serranía. Pierden los malagueños la fortaleza de Fuengirola. Suntuoso recibimiento de los reyes en Córdoba. Reprimen éstos los desafueros del conde de Lemos en Galicia. Sucesos de Navarra. Tumultos en Granada. Fuga de Muley Hacén y varonil entereza de la reina, su mujer. Derrota de los nuestros cerca de Alhama. Obstinada rebeldía del conde de Lemos. Sucesos de Navarra y Cataluña. Decídese el rey, entre los diversos pareceres de los grandes, por la inmediata campaña contra Granada. Combate naval sostenido por Colón en el Cabo de San Vicente. Ataque frustrado de Moclín y grave derrota de los nuestros. Sitio de las fortalezas de Cambil y Alhabar. Expedición afortunada de los andaluces a las costas de Marruecos. Sucesos de Inglaterra. Toma de Zalea. Trastornos en Italia. Muere don Alfonso de Aragón. Sediciones en Nápoles. El papa y los Estados de Italia. El Turco Bayaceto en favor del rey de Nápoles. Muerte del dux de Venecia. Inundaciones en España. Nacimiento de la infanta doña Catalina. Sanseverino acude a Roma con ejército en favor del papa

Con este propósito, don Fernando pasó el invierno en Sevilla, adoptando, de acuerdo con la reina, acertadas medidas para la futura empresa, entre ellas la preparación de poderosa artillería y máquinas de sitio, porque sabía por experiencia cuánto aterrorizaban a los moros. Aumentó, por tanto, el número y el tamaño de las lombardas, a fin de que, derrocadas a los primeros tiros las murallas batidas, quedasen al descubierto los defensores. Sin esto, se hubieran mostrado acérrimos, porque los granadinos sobrellevaban pacientemente los trabajos y el hambre; eran pertinaces en sus herejías; sabían aprovechar rápidamente los trances favorables de fortuna; con su notorio aborrecimiento de la ociosidad, continuamente, durante el vagar de la paz, meditaban empresas de guerra, y en todas sus hablas los asuntos militares obtenían preferencia; de modo que, por antigua costumbre, antes de entablar conversación sobre otras materias, trataban de las de la guerra. Esta vigilancia del enemigo quería quebrantar don Fernando poniendo estrecho cerco a sus poblaciones, y haciéndole más terrible por el empleo de la artillería, sin prestar gran atención a las novedades que cada día se suscitaban, ya por los portugueses, ya por los navarros, a fin de poder consagrarla por entero a las cosas de Granada. No pasaba día sin que, bien los primeros, bien los últimos, hiciesen llegar varios rumores a oídos de los reyes.

Sobre todo esto, acaeció un prodigio, causa de justificado terror para los portugueses, y fue que en la Navidad del año de 1484, en la isla vulgarmente llamada por los nuestros de Palos, una repentina tempestad descargó increíble manga de agua sobre aquellas aldeas, que quedaron sumergidas, y además, la cumbre de una elevada montaña se derrumbó sobre las playas, hizo rebosar las aguas y acabó de inundar, por consiguiente, los poblados. Quedaron los moradores completamente desesperados, arrasadas las plantaciones, muertos los ganados y anegada la mayor parte de la isla, de que los portugueses sacaban grandes productos. Para muchos este desastre fue augurio de desgracia para el rey don Juan de Portugal, por ocupar injustamente los Estados del primo asesinado. El rumor le impresionó tanto, que cedió la posesión de la isla en favor del ilustre joven don Manuel, a quien, después de la muerte de su hermano el duque de Viseo, correspondía de derecho la herencia paterna.

Por el mismo tiempo, en Cala y Santa Olalla, territorio de Sevilla, aparecieron al atardecer tres soles en el cielo, con gran terror de los que los vieron y maravilla de los que lo oyeron referir. Este prodigio, decían algunos, era más temible para los cristianos que para los moros, cuyas supersticiones asignan al Sol influjo favorable para nosotros, y a la Luna para ellos. El descalabro experimentado por nuestras tropas en aquellos días vino a confirmar en cierto modo la supersticiosa creencia.

A principios del año de 1485, el conde de Cabra don Diego Fernández de Córdoba, acérrimo enemigo de los granadinos y muy afortunado en los combates, reunió sus tropas con ánimo de causarles algún daño, y para provocarlos, recorrió las cercanías de Granada. No tardó el enemigo en presentarse en número muy superior, ansioso también de pelea. Trabóse empeñada, que si los nuestros llevaban ventaja por su valor, los moros la tenían por su número, y por largo rato se mantuvo indecisa la acción, con grave peligro para ambas partes, que se hubiera convertido en completo desastre para la nuestra si el enemigo, extenuado por tan largo combatir, no hubiese tenido que transportar a la ciudad próxima sus numerosos heridos. El conde, sin embargo, dejó sobre el campo muchos muertos y consideró una suerte no haber sufrido completa derrota.

En este mismo mes de enero, el rey don Fernando, por consejo de algunos caballeros muy prácticos en la guerra contra los granadinos y que durante mucho tiempo habían espiado a las rondas y velas de los de Loja, concibió la esperanza de apoderarse de ella sin gran dificultad si durante el invierno, y de noche, el ejército lograba acercarse con el mayor silencio a las murallas y arrimar las escalas sin que el enemigo se apercibiese. Esto aseguraban aquellos caballeros que podría lograrse por la parte en que no dejaban centinelas nocturnas, por considerar la torre de aquel ángulo suficiente seguridad para las centinelas lejanas, aun cuando velasen en lugares más apartados y menos defendidos. Convencido el rey, simuló dirigirse a otro punto con las tropas reunidas en Sevilla, Jerez, Carmona y Écija, más que suficientes para la empresa, por cuanto secretos mensajeros habían llevado orden a Córdoba, Jaén y Cazorla de tener fuerzas dispuestas para acudir a las contingencias que pudiera ofrecer la guerra hasta Cartagena, término del territorio andaluz. A la caballería e infantería de Murcia había mandado el rey invadir las tierras confinantes con las de los moros para que los jinetes de Granada, Baza y Guadix se encontrasen muy lejos de Loja cuando él, con sus 3.000 lanzas y numerosos infantes, acometiese la empresa, únicamente conocida de aquellos pocos que se la aconsejaron, y de cuyo éxito no dudaba. Con esta esperanza acabó de disponer cuanto creyó necesario, y el 20 de enero salió de Sevilla. Solícitos acudieron al sitio y en el tiempo convenido el marqués de Cádiz y los capitanes de la caballería y del peonaje, esperando la llegada del rey, en la creencia de que se dirigía a Málaga, según los numerosos indicios que de intento había hecho previamente publicar.

Cuando el ejército acampaba en los prados de Antequera, se presentó Ortega de Prado, hombre muy a propósito para estas expediciones; que había tenido el principal papel en la toma de Alhama y en la recuperación de Zahara, y que a una singular destreza reunía ánimo esforzado y una resolución acompañada de suerte. Habíale enviado el rey mucho antes con el conde de Castro don Álvaro de Mendoza, capitán mayor de la armada, para que no le faltase hombre tan hábil si se ofrecía arrimar las escalas para combatir las fortalezas del litoral enemigo. Al día siguiente de haber salido don Fernando de Sevilla llegó él a visitar a su mujer; pero la reina le envió inmediatamente al rey, que le descubrió el verdadero propósito de la expedición. Su gran experiencia en este linaje de empresas le hizo pronto ver lo vano de las esperanzas y la realidad del peligro. Al punto se le encargó que, juntamente con los primeros inspiradores de la tentativa, fuese previniendo, durante la oscuridad de la noche, los sitios a propósito para la escalada, para que pudiese luego dar cuenta al rey del estado de los trabajos cuando llegase con las tropas. Esta prevención contribuyó no poco a evitar un desastre, porque se vio muy difícil el arrimar las escalas y evidente el destrozo de los que, aun sin dificultad, lograsen coronar las almenas, aunque trepasen 1.000 soldados burlando a los centinelas, mucho más necesitándose largo rato para la subida de veinte escaladores. Cuando el rey, calado por la lluvia y yerto de frío se aproximó a los muros, comprendió la dificultad, y viendo a su gente transida de frío y fatigada por el excesivo trabajo, prefirió mirar por su vida y por la de los suyos antes que sufrir un terrible desastre. Y lo hubieran experimentado, sin duda alguna, de prevalecer las primeras resoluciones sobre las posteriores.

Volvió don Fernando a Sevilla el día 29 de enero, a los nueve de su salida. El anterior a ésta fueron quemados públicamente diecinueve herejes de ambos sexos. Con ellos llegó a 500 el número de los que desde el establecimiento de la Inquisición murieron en Sevilla en las hogueras por judaizantes.

Luego los reyes, para descansar de los trabajos de la frustrada expedición, se entregaron alegremente a los deportes de la cetrería y de la caza mayor. El duque de Medina Sidonia, don Enrique de Guzmán, les tuvo preparados, oportuna y espléndidamente, opíparos refrigerios, y en medio de los bosques dispuso viviendas acomodadas para toda clase de personas, con admirable abundancia de todo lo necesario, a fin de que los reyes y su primogénita doña Isabel gozasen de alegre esparcimiento. Mas, como suele suceder, venían a interrumpir la alegría serios cuidados.

Recibíanse frecuentes noticias de Cataluña que preocupaban no poco al rey, imposibilitado de reprimir tan lejanas revueltas, puesto que para ello era necesaria su presencia, y la guerra que se disponía contra Granada impedía totalmente emplear este remedio. De aquí resultaba tanta dificultad para las resoluciones del rey como ventaja para los catalanes en sus audaces revueltas. Su larga costumbre de maquinar novedades y su decidida inclinación a las sediciones suministraron alimento al fuego para convertirse en inextinguible incendio. Los nobles, ante la osadía de los plebeyos, que no solo habían dejado de prestar el antiguo y debido acatamiento a sus señores, sino que lo habían convertido en ultraje, empezaron a tratarlos con más crueldad de lo que en otra ocasión se hubiera creído permitido. El procedimiento excitó más el furor de los campesinos que, lanzándose de repente contra algunos caballeros, dieron muerte en Ampurias al acaudalado Almerich, y pocos días después se ensañaron con furia contra cuatro o cinco caballeros que quisieron vengar la muerte de su pariente. Al igual que los nobles, hacían al clero víctima de sus venganzas, y al cabo, aquéllos, no ya para combatir a los payeses, sino por la necesidad de defender las vidas, se vieron obligados a reunir tropas para resistirlos. Por su parte los payeses, lejos de arrepentirse de su desobediencia y de los asesinatos perpetrados contra sus señores, y dando solo oídos a la abierta rebeldía y a los odios, fueron acumulando crímenes sobre crímenes. Y para contar con un caudillo resuelto en sus feroces empresas, eligieron a cierto Juan Sala, uno de los payeses que más aborrecía su servidumbre, de instintos crueles y ánimo arrojado, y muy conocido de todos por su odio contra los nobles. En cuanto este hombre, criado en la servidumbre, tomó el mando sobre muchos, no escaseó crueldades ni dejó de ensañarse contra cuantos sospechaba ser sus enemigos.

Cuando ya los campesinos, que de todas partes acudían, adquirieron cierto aspecto militar, con su formación y sus banderas, les dirigió una arenga en que abominó de la perversidad, crueldad y soberbia de los señores, a quienes, según decía, la desobediencia y la perfidia habían hecho rebelarse contra su legítimo soberano don Juan, rey de Aragón, empleando todo género de desacatos para arrojar del trono, tras prolongados ultrajes, a uno de los príncipes más dignos de la cristiandad y en ancianidad tan venerable. Ellos, decía, por espacio de cerca de catorce años habían estado maquinando innumerables daños, y durante ese tiempo los payeses, obligados a sus trabajos serviles, habían observado la fidelidad debida a su rey, sin dejar pasar jamás la ocasión de exaltar a los que oprimían los rebeldes falsos nobles. Por estos méritos, el bondadoso monarca juzgó muy digno de renombre y honró con grandes mercedes al valiente caudillo Bertallada, exterminador de la falsa nobleza, y a los payeses de remensa, oprimidos bajo el vergonzoso yugo de larga servidumbre, declaró libres de toda afrenta e ignominia y de intolerables pechos, confirmando por justa y generosa ley el paso desde la servidumbre a un estado honroso.

Porque si en otro tiempo, al arrancar Carlo Magno Cataluña de las garras de los agarenos enseñoreados de España, subyugó a aquellos montañeses y les infligió duros castigos a causa de sus crueles rebeliones, ahora, cambiadas las costumbres, también debía cambiar la condición de los campesinos. Además de que bien castigados debía juzgarse a los que habían tenido que llorar durante cerca de setecientos años un momento de extravío. Ahora, en nuestros días, mientras otros más afortunados se habían entregado a los crímenes, ellos, los payeses, por tanto tiempo aniquilados, habían sido los representantes de la fidelidad. No podía, por tanto, desaprobar don Fernando, hijo del rey don Juan y sucesor en sus Estados y en sus virtudes, aquella resistencia de los leales payeses contra la necia y pérfida maldad de los señores catalanes, por más que no lo declarase abiertamente desde las lejanas tierras en que combatía a los granadinos, sin mostrarse favorecedor de ninguna de las partes, sino mandándolas por sus cartas que depusiesen las armas y se abstuviesen de los furores de la guerra.

Con éstos y otros razonamientos enardecía Juan Sala los ánimos de los payeses de remensa en daño de la multitud de uno y otro bando, porque de todas partes acudían a reforzarlos gentes ansiosas de extender su furia. Tenía don Fernando diarias noticias de los peligros con que amenazaban estos rebeldes; pero, atento principalmente a los preparativos de la guerra de Granada, contentábase con enviar desde Sevilla, donde permanecía con la reina, cartas en que aconsejaba a las dos partes que diesen tregua a sus disensiones.

De repente cayeron enfermos algunos en el palacio, y estalló terrible peste, que arrebató de los primeros a varios de la cámara de los reyes. Fue preciso volver inmediatamente a Córdoba por el camino de Carmona. En Marchena encontraron al esforzado y hábil caudillo marqués de Cádiz, que recibió a los reyes alegre y espléndidamente y los obsequió durante cuatro días con banquetes y juegos. Después quisieron oír en secreto el parecer del marqués respecto a la guerra, y al cabo de unos días de permanencia en Écija, entraron en Córdoba. Dispusieron que el príncipe don Juan continuara en el alcázar de Almodóvar por temor a que contrajera la peste, ya que doña Juana, niña de seis años a la sazón, se había librado hasta entonces del peligro residiendo en Carmona. Tomadas estas disposiciones, empezaron a reunir tropas; acogieron alegremente a los hombres de armas y jinetes que iban llegando de lejanas tierras de Castilla y León al mando de varios próceres, y los mandaron alojar en los pueblos del contorno.

Uno de los primeros grandes que se presentaron fue el condestable don Pedro de Velasco, al frente de unas 500 lanzas escogidas y acompañado de sus dos yernos. El duque de Alburquerque, don Beltrán de la Cueva, trajo ochenta hombres de armas y cien jinetes, y 250 el esforzado conde de Benavente don Rodrigo Pimentel. Entró en Córdoba Pedro Hurtado, hermano del cardenal, con 200 lanzas, además de las de Cazorla, que servían a sus órdenes. Por disposición del rey, y a causa de los muchos gastos que sobre su esfuerzo personal había hecho en años anteriores, vino con pocos de a caballo el duque de Nájera, bastante afortunado en las guerras contra los granadinos, y cuya presencia era ahora necesaria. Acudieron también numerosos contingentes de las ciudades de León y Castilla, muchos infantes escogidos y de hidalgas familias de Asturias y de Galicia, sin contar los villanos.

Los vascongados enviaron asimismo hueste bastante crecida. Desde las próximas fronteras de Portugal llegaron a Córdoba el maestre de Alcántara don Juan, hijo del duque de Plasencia, con 500 de a caballo, muy escogidos. El maestre de Santiago tenía en Écija otros muchos prontos a acompañar al rey por el camino que eligiese. Con el gran número de infantes y caballos andaluces se reunió un ejército formidable de 9.000 de éstos y 20.000 de los primeros, perfectamente dispuestos para entrar en batalla.

Por aquellos días fue tema de variados juicios entre los nuestros, temerosos de algún funesto presagio, un eclipse que el 16 de marzo oscureció gran parte del Sol. En opinión de los más entendidos en astrología anunciaba largos años de calamidades para los príncipes cristianos, porque venía precedido de otros portentos en diversas partes del mundo ocurridos, nuncios de seguros desastres. Especialmente en Roma habían aparecido, en el mismo mes de marzo, horribles cometas, que habían dejado ver en el cielo despejado una cruz y cabelleras de fuego con saetas en forma de media Luna por ambos bordes.

También fue por aquellos días dolorosa para don Fernando la noticia de la defección de Almería, ciudad por mucho tiempo a devoción del rey Boabdil de Granada. La traición de los guardas del Alcázar permitió a Albuhacén ensañarse con los partidarios de su hijo aprovechando su ausencia; y así, sus satélites dieron muerte a Benalisçar, alcaide de la fortaleza y principal entre los amigos de Boabdil. Lo mismo hicieron con el hermano de éste, por orden del inhumano Albuhacén. Sepultaron en un calabozo a la reina, su mujer, y cometieron las mayores atrocidades con cuantos seguían el partido de Boabdil, que hubiera sido su primera víctima a no haberse hallado lejos de allí atendiendo a otros asuntos. Cuando tuvo noticia de estos atentados, se refugió en Córdoba con los sesenta caballeros de su séquito, acogiéndose al amparo y poniéndose a las órdenes de la reina durante la ausencia de don Fernando. Su generosidad, conforme con la voluntad de doña Isabel, se empleó sin reserva en favor del rey desterrado, falto de todo otro asilo en el mundo, fuera del que el vencedor don Fernando le prestara.

Conducía éste entretanto su ejército por los lugares comarcanos de Málaga, pronto a ejecutar cuanto para la campaña venía preparando de largo tiempo el marqués de Cádiz. Su gran sagacidad y experiencia le habían hecho comprender, después de la toma de Setenil, que, a causa de las insuperables dificultades para sostener la guerra, los ánimos de los de Ronda estaban abatidísimos. De aquí los diversos pareceres de los moradores, víctimas de innumerables sufrimientos. Principalmente se mostraban afanosos de mirar por su seguridad aquéllos que por razón de sus riquezas no podían librarse fácilmente de la envidia popular, y que sabían que el odio de Albuhacén llegaba hasta tratar de darles muerte.

Uno de los principales de Ronda, Jusef Xarif, hombre de gran cautela, muy adinerado y en otro tiempo conocido del marqués de Cádiz, trataba de hallar algún recurso para escapar incólume. Pareciále el más seguro descubrir en secreto al marqués, en cuya integridad tenía absoluta confianza, cuán abatido se hallaba el ánimo de sus convecinos; cuánta confusión había en sus propósitos y, en suma, enseñarle la senda infalible por donde fácilmente podría apoderarse de la ciudad, con tal que don Fernando, conduciendo a otra parte su ejército, aparentase dirigir toda su atención a combatir a los de Málaga y a los pueblos más próximos. Si esto se hacía astutamente, el corto número de rondeños que en aquellos días, después de la toma de Setenil, todavía andaba vacilante, quedaría muy reducido, pues, conocido el apuro de los de Málaga, no era dudoso que unos irían a socorrerlos, y otros, según costumbre, harían repentina incursión contra los de Medina Sidonia y Alcalá de los Gazules. No despreció el aviso el prudente marqués, y lo comunicó a don Fernando en secreto para evitar que estas facilidades pudieran trocarse en un descalabro.

El rey, siguiendo la vía que la suerte le trazaba, aparentó amenazar con todos los horrores de la guerra a los pueblos del contorno de Málaga, y así reunió en derredor de Coín, primero que quiso combatir, a poca distancia de Alora, todo lo necesario para un riguroso sitio. Llegó, sin embargo, después de la hora fijada por el marqués. La tardanza, ocasionada por las discusiones de tres caudillos acerca de los primeros puestos, aprovechó a los de la villa, que, cuando, salido el Sol, se presentaron las primeras tropas nuestras, ya habían dado entrada a los refuerzos recogidos en los pueblos próximos, y no lo hubieran logrado, si los nuestros se les hubiesen adelantado, como había dispuesto el marqués. Así que la reunión de cerca de 1.500 moros que en Coín peleaban ansiosamente por su libertad y por su vida vino a aumentar el trabajo y los peligros de los sitiadores.

Dificultaba más la empresa el hallarse ocupada parte de nuestra gente en el próximo lugar de Benamaquix, protegido por los arroyos y espesura de las arboledas, además de sus reparos y de las salidas de sus 400 defensores, cuando en los principios habían creído los nuestros que solo se trataba de expugnar una insignificante población, tarea fácil una vez abierta brecha en cualquier parte de las murallas. La desidia de los jefes de las rondas de noche fue causa del desastre, porque, protegidos por la oscuridad, pudieron entrar en Coín 400 montañeses, muy conocedores de las veredas, y hacer gran destrozo en los nuestros, que, sin noticia del refuerzo, intentaban penetrar en la villa.

El día anterior el rey había ordenado que nadie la combatiera antes del señalado con acuerdo de los grandes, y después de oír misa y de prepararse los soldados con el alimento y el descanso; pero ellos quebrantaron las órdenes, atacando temerariamente al amanecer. Murió dentro de la ciudad el valiente Pedro Ruiz de Alarcón, muy afortunado en otros muchos trances de guerra, y con él los cincuenta que le siguieron en su arrojado empeño, además de los que repentinamente habían acudido en su auxilio. Uno de ellos, el noble y esforzado Tello de Aguilar, cayó muerto de un tiro de espingarda.

Sintió profundamente don Fernando el descalabro por la pérdida de estos soldados, y más aún por haberle causado la temeridad y la envidia de los que acometieron. Y creció su indignación cuando supo que los de Benamaquix habían dado muerte a parte de los cautivos cristianos y sometido a otros a diversos suplicios. Movido de doble ira contra los enemigos, mandó emplear inmediatamente todo género de ataques contra ellos, y como ya parte del muro estaba socavado, los de dentro, poseídos de repentino terror y angustia, no pensaron mas que en rendirse. Confiaban en alcanzar condiciones menos duras merced a la intercesión del marqués de Cádiz; pero él les contestó que no podía conseguir otra cosa que una total sumisión a la voluntad del rey. Su apurada situación les obligó a aceptar lo que se les proponía, y efectuada la entrega, el rey perdonó a las mujeres, niños y ancianos, y mandó pasar a cuchillo a veinte de cada cien varones.

Luego se continuó el sitió de Coín, mientras otra parte no pequeña de las tropas ponía cerco a Cártama (importante villa en feracísimo valle, del mismo nombre), a las órdenes del maestre de Santiago don Alfonso de Cárdenas, en unión del condestable don Pedro de Velasco, general del ejército, y de don Pedro Hurtado de Mendoza, que mandaba la caballería de su hermano el cardenal. En ninguna parte se advertía flojedad entre los nuestros, antes todos se esforzaban por imitar la actividad y fortaleza del rey. No se dudaba que el comendador de Santiago don Gutierre de Cárdenas desempeñaría a satisfacción al lado del rey cualquier cargo que le incumbiese, y así el conde de Benavente como el duque de Nájera, ambos tan distinguidos por su nobleza como por su esfuerzo, demostraban singular resolución en los trances más serios.

Era incesante el disparar de la artillería y el batir de las otras máquinas de guerra. El horrible estrépito y los estragos de las pelotas de piedra lanzadas al interior de Coín llenaban de terror a los moradores, y los lamentos de las mujeres y los llantos de los niños abatían el ánimo de los defensores, ya muy decaído del vigor con que empezó la resistencia. Viendo lo inútil de continuarla, puesto que, destruidas ya parte de las murallas, los enemigos podían entrar en gran número si se prolongaba el combate, aterrorizados con el ejemplo de los de Benamaquix, y conociendo el temor de sus auxiliares, hicieron desde las almenas del Alcázar señales de rendirse y pidieron con urgencia parlamento al marqués de Cádiz, que les fue concedido, con licencia de don Fernando.

A todos los rendidos se les permitió salir de la villa con lo que pudieran llevar consigo, y la vida salva, a condición de que hubiesen respetado la de los cautivos cristianos, sometidos a largo cautiverio, según había hecho pregonar el rey apenas llegó ante las murallas, si querían esperar su clemencia. Con estas condiciones se acordó por ambas partes poner término a las hostilidades, y al punto salieron los cautivos a besar la mano de sus libertadores. Luego, la multitud imploró su generoso amparo para no ser molestados en el viaje que iban a emprender hacia Málaga, y así se les concedió, aunque señalándoles los límites de su camino. Algunos de los nuestros, sin embargo, que durante el sitio habían sufrido más daño, bien por el deseo de vengar la muerte de sus parientes, bien porque esto les sirviera de pretexto para satisfacer su ansia de rapiña, acometieron fuera de los límites señalados a la desdichada muchedumbre de los fugitivos, degollaron a muchos inermes y les robaron cuanto pudieron traer consigo. Indignado el justísimo rey de la pérfida hazaña, ya que no pudo prender a los culpables por haberse diseminado, mandó tomarles lo robado y restituírselo a los supervivientes de Coín. En la villa no quedó nada que no se repartieran las tropas, y arrasadas la mayor parte de las casas, perdió Coín aquel aspecto de belleza que lo distinguía entre las otras poblaciones del territorio de Málaga.

Bien pronto cundió el espanto entre los habitantes de Cártama, que hicieron saber a los sitiadores su intención de apelar a la clemencia del rey antes de experimentar los rigores del sitio, porque hasta para los enemigos era dechado de virtudes. Marchó don Fernando hacia la villa, y rendidos los moradores, les dio licencia para marchar libremente adonde quisiesen, proporcionándoles mayor seguridad en su camino y mas comodidad para el transporte de sus ajuares, en atención a haber ellos hecho fácil la toma de una villa que, por su situación y reparos, hubiera exigido largo y empeñado sitio. Pasados allí pocos días, mientras se repararon algo más las defensas, y después de dejar encargo al diestro y esforzado comendador de Santiago, Martín Galindo, de entregar la alcaidía de la villa al maestre Cárdenas, el rey se encaminó hacia Málaga con el ejército, con el intento, de resultado seguro casi siempre, de que los montañeses de Ronda, como era caso frecuente, la dejaran desguarnecida por acudir en auxilio de los malagueños.

Días antes había entrado en la ciudad con 700 jinetes y numerosa hueste de infantes el hermano del rey Albuhacén, Muley Abohardillas, de gran prestigio entre los granadinos desde que, nombrado por el hermano gobernador de Málaga, deshizo en la Axarquía a nuestros hombres de armas, pasando a cuchillo a unos, prendiendo a otros y poniendo en fuga a los restantes, según queda referido. Vino a aumentar su autoridad la situación creada por la enfermedad de su hermano Albuhacén, que, antes habilísimo, animoso y frecuentemente afortunado contra nosotros, había tenido que renunciar a toda intervención en el gobierno, a causa de la ceguera y de la gota. Imposibilitado de tomar parte activa en la guerra, había mandado responder el año anterior a los de Ronda necesitados de algún auxilio para los de Setenil que sufrían estrecho cerco y terrible sitio, que no disponía de medio alguno para llevarles el deseado socorro, por cuanto, además de la grave dolencia que le tenía postrado en el lecho, presa de horribles dolores, era notoria la escasez de recursos de los granadinos para rechazar el poder de las tropas enemigas en momentos de una guerra. Y aun en caso de que a los granadinos se les enviasen refuerzos para combates de caballería, convendría, por muchas razones, renunciar a ello, porque nada más peligroso para aquéllos, cercados por mar y tierra, que confiar su seguridad al trance de una batalla campal. Un solo día de éxito desgraciado podría ser causa de perpetua ruina para los moros, por lo cual, debían encomendarse al patrocinio de Mahoma, poderoso con el Omnipotente, y si en aquel aprieto cabía confiar a las fuerzas humanas algún papel contra el apretado cerco puesto a la villa, correspondía a los de Ronda y de su serranía, que pelearían por su vida y por su libertad; a él no le tocaba más que condolerse y aconsejar en sus cartas a los pueblos que no se abatiesen ante el infortunio presente.

Estas razones de Albuhacén, aunque conformes con la necesidad presente, habían confundido a los enviados de Ronda, y hecho meditar nuevas maquinaciones a varios de los más conspicuos, en particular a Yusef Xarif, el principal de aquella embajada.

Reanudando ahora la interrumpida narración, diré que don Fernando se presentó de repente ante las murallas de Málaga, cual si meditara ponerle sitio. Por el contrario, los de la guarnición, mandados por Abohardillas, como, según costumbre de los moros, siempre se hallaban dispuestos a trabar escaramuza, salieron en número de unos trescientos jinetes, los más escogidos y aptos para estas luchas. Estábales prohibido a los nuestros aceptar esta clase de pelea con los granadinos, acostumbrados a conservar fácilmente el orden de los escuadrones, aun en medio de la confusión de la escaramuza; pero como entre los nuestros había muchos dotados de igual destreza, se lanzaron sin vacilar contra la caballería enemiga. Cerca del antemural se trabó terrible pelea, a pesar del reducido número de combatientes, porque, como gente aguerrida, ejecutaban hechos singulares. Un revuelto pelotón de jinetes de ambos campos se desplegaba repentinamente en dos alas que, girando de continuo, se acometían de nuevo con furia, y buscaban con fogosidad suma el punto vulnerable del enemigo. El encuentro fue verdaderamente más funesto para los moros que para nuestros jinetes. Murieron más de treinta de aquéllos, por los de los nuestros, y dada por las trompetas la señal de marcha, la caballería cristiana, precedida de las compañías de infantes, volvió a entrar en el campamento de donde había salido.

Lo que más desconcertó al enemigo fue el que don Fernando pudiera poner sitio a Ronda antes que las tropas enviadas por los de esta ciudad en auxilio de los de Málaga pudiesen reunirse dentro de la ciudad con sus compatriotas. Para mayor celeridad, el marqués, por orden del rey y en unión del adelantado don Pedro Enríquez, caudillo de numerosas fuerzas, se apresuró a ocupar los caminos al contrario con los corredores y patrullas, a fin de que ningún mensajero pudiera llevar aviso a los de Ronda de la vuelta del ejército. Otra desgracia tuvieron éstos, y fue que, creyendo encaminado contra los de Málaga todo el aparato bélico, enviaron a correr los campos de Medina Sidonia y de Alcalá de los Gazules a unos cuantos jinetes y buen golpe de peones, que ya no pudieron volver a entrar en Ronda, cercada por las tropas de don Fernando. Aun sin las obras de defensa, la naturaleza parecía haber puesto a esta ciudad a cubierto de toda tentativa de sitio, porque, por el norte tiene un tajo de inaccesibles rocas que arrancan del profundo álveo del río interpuesto entre ellas y la ciudad. Pero las aguas, en parte, se esconden por aberturas como escondrijos de conejos, para volver a salir rápidamente a corta distancia, y suministran entre la población y el lado opuesto de las rocas fuerza para los molinos de que nadie sino los moradores pueden aprovecharse. Mirando al saliente, se levanta el barrio del Mercadillo, cortado perpendicularmente por una profunda sima o tajo, salvada por un puente. El punto más accesible se halla al Mediodía, y allí habitaba con preferencia, por causa de las ocupaciones agrícolas, la población del arrabal, que también ocupaba la parte del Poniente. Y como se extendía desde el puente hasta el alcázar, para todos los vecinos era más cómoda la puerta contigua a este sitio más llano. De las fuentes que no lejos de la ciudad manaban en abundancia se surtían con más facilidad los vecinos por el lado del arrabal. Si el enemigo se oponía, no resultaba fácil proveerse de agua por aquella parte; mas si la necesidad apretaba, por el lado opuesto lo permitía una mina que venía desde la ciudad hasta la corriente del río, sin que fuesen parte a estorbarlo los sitiadores, aun con grandes fuerzas.

Con arreglo al plan propuesto por el marqués de Cádiz, don Fernando cercó la ciudad, dividiendo el ejército en cinco estancias. Él, con el mayor número de tropas, situó la primera al Poniente, dando cara al Alcázar, por tener más fácil la salida y sospecharse que por allí harían las suyas los rondeños. Entre los grandes que a su lado tenía era el principal el duque de Medina Sidonia, con 700 lanzas y numeroso peonaje. En la estancia de la derecha mandó que estuviesen el conde de Benavente don Rodrigo Pimentel y el maestre de Alcántara don Juan, hijo del conde de Plasencia, con otros cordobeses y las milicias de algunos pueblos. A la izquierda, hacia el Mediodía, por donde se extendían los arrabales, tenían su estancia el marqués de Cádiz y muchas tropas andaluzas. Poco después, y a alguna distancia, en la orilla opuesta del río, fijaron sus tiendas la caballería e infantería de algunas ciudades de la frontera portuguesa. Al Saliente, y a manera de campamento, una fuerza no despreciable custodiaba en las inmediaciones del puente la artillería y las demás máquinas de guerra, y con facilidad podía impedir a los de la ciudad la estrechísima salida por el puente.

Con esta disposición, dejaron encerrados los nuestros en Ronda a un número de enemigos tan escaso como nunca hubo en aquella ciudad, porque, según la dicha confesión de Yusef Xarif, el vecindario de Ronda había quedado reducido a la tercera parte de defensores, y solo parecían dispuestos a defender la ciudad los de la plebe, tratando de pasarse a Albuhacén todos los pudientes desde la toma de Setenil por nuestras tropas. Terrible efecto producía en los cercados, además del cinturón de hierro de las estancias, el batir de las lombardas día y noche por todas partes, y la dificultad de surtirse de agua, porque el marqués, metido en el río hasta la cintura, había hecho tapar las bocas de la mina que con él comunicaba, y dispuesto otras muchas obras para impedir a los cercados la aguada. Por otra parte, el espanto de las mujeres y los llantos de los niños sobrecogía a los cercados. Cada vez que las lombardas derribaban una casa o algún trozo de muralla, aquella multitud inerme redoblaba de tal modo sus gritos, que amilanaban a los escasos defensores, y con ello se facilitaba el propósito de los que la sitiaban, perdiendo así Ronda de repente sus condiciones de inexpugnable.

Los grandes, que al establecer las estancias tachaban de locura el cerco y aseguraban el fracaso, en cuanto vieron a los enemigos aterrorizados y se dieron cuenta de su reducido número, cobraron ya esperanzas de apoderarse de la ciudad. Ninguno de ellos dejaba de reconocer las dotes de valor y de militar pericia del marqués de Cádiz, y todos con su brillante hueste se esforzaban por emular sus hazañas como antes habían trabajado con empeño en otro género de competencias. Ahora, así el maestre de Santiago don Alfonso de Cárdenas, como el comendador de la misma orden, su primo Gutierre, ambos distinguidos por su animoso brío y rivales en otro tiempo;

el duque de Nájera, don Pedro Manrique, y don Rodrigo Pimentel, conde de Benavente, al igual del condestable, don Pedro de Velasco, Pedro Hurtado de Mendoza y el maestre de Alcántara, don Juan; todos, en suma, los grandes de Andalucía y los capitanes de las milicias de los pueblos, todos trabajaban en el sitio de Ronda, a fin de que, abatido aquel baluarte de los infieles de la serranía, quedasen del todo quebrantadas las fuerzas de los demás enemigos. Sobresalía el marqués entre todos, no menos por su valor que por su dignidad. Veíanle todos recorrer las estancias, inspirando y ejecutando las más notables hazañas, y arrostrando los peligros antes que permitir el ajeno, cuando por caso se acometía alguna empresa temeraria. Mas toda esta resolución y esta exquisita solicitud del ejército cristiano difícilmente hubiese podido impedir los ardides de los moros de la serranía para acudir de noche en socorro de los sitiados sin la vigilancia del marqués, que, con maravillosa sagacidad, hizo fracasar todas aquellas astutas tentativas de los enemigos, y suplió el descuido de los capitanes de las patrullas, poniendo en fuga a 1.500 moros que a medianoche habían llegado hasta el pie de las murallas. No escaseó don Fernando los elogios merecidos por la habilidad del ilustre caudillo, pues desde entonces se vio aumentar de día en día el temor de los sitiados, y hasta empezaron a manifestar deseos de entrar en tratos para rendirse, cuando se vieron obligados a desamparar la parte del arrabal, desnuda de toda defensa por las lombardas del enemigo.

Creyendo los nuestros que los moros no habían huido, sino que permanecían callados, preparando alguna repentina salida, un soldado animoso, llamado Fajardo, se atrevió a subir por el muro hasta una brecha por donde pudiese averiguar la causa del silencio, y halló desamparado el arrabal y que la multitud de los que antes le defendían corría a la otra parte de la ciudad, donde el de Benavente tenía su estancia, atraídos por los gritos de las mujeres y de los niños, que falsamente decían que los nuestros habían entrado por otra puerta. Tomados así los arrabales, los sitiados, siguiendo el consejo del alguacil Mahomad el Cordi, primo de Hamete el Cordi, de los más acaudalados vecinos de Ronda, y a quien se había encomendado el absoluto gobierno y la defensa de la ciudad, decidieron rendirse bajo las siguientes condiciones: El rey Fernando les daría por el rescate de los cautivos cristianos 60.000 doblas o ducados; los rendidos podrían llevarse todos sus bienes muebles; se les señalarían tierras fértiles y morada en los lugares libres de guerra; se les aseguraría contra todo ataque y ofensa y se les suministrarían generosamente provisiones. El rey mandó responderles que accedía a todo, pero que necesitaba saber con exactitud el número y la condición de los cautivos; porque si, contra lo que hizo pregonar ante los muros de Ronda el día de su llegada, se habían atrevido a atormentar o a dar muerte a algún cautivo, podían tener por seguro que tomaría venganza de la sangre derramada. Por tanto, si le manifestaban los nombres de los cautivos, podían confiar en el buen éxito de todas las demás peticiones. Inmediatamente contestaron que los cautivos eran 300, y señalaron su condición y sus nombres; y ante la orden del rey de dejarlos salir libremente si querían obtener las otras condiciones, aceptaron y lo proclamaron vencedor el 23 de mayo, día de Pentecostés del año 1485, para alabanza del Omnipotente, que, así como nos redimió con su sangre, así se dignó redimir aquel día de miserable cautiverio a 300 cristianos, y limpiar de la infame secta de Mahoma aquella ciudad, por tanto tiempo funesta a los cristianos.

Al mismo tiempo la guarnición de Montecorto, cerca de Ronda, que por casos diversos, como se dijo, se había apoderado antes del inexpugnable Alcázar, venciendo a la del marqués con gran deshonra del alcaide, resolvió entregársele, porque, tomada Ronda, y desconfiados de poderse sostener allí más tiempo, optaron por encomendarse a la generosidad de tan gran caudillo.

Siguió este ejemplo Cardela, villa también de situación casi inexpugnable y que el marqués había tomado y vuelto a perder, según queda dicho en su lugar. Asimismo se rindieron al marqués el castillo y lugar de Audita. En tanto el rey se ocupaba en la reparación de las defensas y de parte de las murallas de Ronda, con grandes deseos de avistarse con el marqués, porque ya había manifestado su opinión acerca del plan de guerra más acertado para lo futuro, y su parecer en estas materias, como de guerrero tan experimentado, era de gran peso en las resoluciones de don Fernando.

Pareció, pues, lo más acertado dirigirse a Casarabonela a la vuelta del marqués, y hacer llegar al colmo el terror de los vecinos por la rendición de Ronda, con ver al vencedor al frente del victorioso ejército para poner inmediatamente sitio a la villa donde el año anterior sufrió tan gran desastre el conde de Belalcázar.

Vista la decisión de tan poderoso monarca, y aunque las defensas naturales y artificiales de la villa podían ofrecerles alguna esperanza, los vecinos, ya muy descorazonados, no tardaron en manifestar su intención de rendirse.

Hubieran deseado, sin embargo, entregar el Alcázar sin tener que buscar nuevas moradas, como después de la toma de Ronda se había pactado para ciertas poblaciones conquistadas; pero el prudente don Fernando se mostró con los rendidos benigno y generoso en todo, menos en que continuaran habitando en sus casas, porque tanto la privilegiada situación del lugar, como lo numeroso del vecindario y las excelentes disposiciones de aquellos hombres para la guerra, les hacían muy temibles. Por tanto, les mandó trasladarse a Coín, pasando así de un lugar muy fuerte a otro desprovisto de defensas, con facultad de llevarse cuanto pudieran transportar; pero dejando en nuestro poder a los cautivos.

Como complemento de esta resolución, se dio la alcaidía a Sancho de Rojas, hermano del conde de Cabra, y luego se encomendaron todas las villas, aldeas, torres y alquerías de la Serranía de Ronda, amparadas de alguna defensa, a los capitanes cristianos, a quienes por orden de don Fernando habían tocado las fortalezas mas importantes. Fueron éstas: Casares, Gaucín, Burgus; Munda, célebre por la última victoria de César; Cardela, Garciago, Aznalmara, Agrazalema, Villalonga, Azmalaga, Monxaquis, Cortes, Benacotas, Benaxux, Alhalín, Alhaulín Churriana, Clarana, Puplana, Campanillas, Guitarro, Audita, Alcabal, Alhanar, Almarux, Ximera, Alcabatón, Hospita, Archites y Obliques; nombres casi todos bárbaramente alterados por los moros al ocupar los lugares. En adelante, ya todos los moradores de la Serranía de Ronda se sometieron a la obediencia de don Fernando, hasta los de las poblaciones del término de Málaga, situados en áspera e intransitable montaña, como Osuna, Almoxía y Millas, próximas a Marbella, y a la sazón difíciles de sitiar, en opinión de los entendidos en materias militares. En consecuencia, el rey ordenó la marcha por distinto camino hacia Marbella, en la costa del Mediterráneo, resuelto a apoderarse, por fuerza o por pactos, de población tan importante y tan apropiada para las expediciones navales. En virtud del acuerdo, bajaron las tropas desde las escabrosidades y valles de la Serranía, y marchando por estrechos caminos, torcieron la dirección hacia Arcos, población de los Estados del marqués, ribereña del Guadalete, por donde cualquier ejército tenía paso más franco y más seguro, hasta las costas del Mediterráneo y se facilitaba también el transporte de la artillería.

Mientras los de Marbella andaban en negociaciones con el conde de Ribadeo, a quien se había enviado previamente a intimar la rendición, llegó el poderoso ejército de don Fernando y, al verles, creció de tal modo el miedo de los moros que, renunciando a los falsos tratos de futura entrega, pactaron seriamente con el conde la rendición, y prefirieron apelar a la benignidad del rey a sufrir los terribles estragos de un sitio, desesperanzados además de recibir auxilio o refuerzo alguno de los malagueños, tan atemorizados como ellos. Abandonaron, pues, sus casas y sus tierras; pero pidieron permiso para conservar y llevarse los efectos de fácil transporte. Otorgóselo el vencedor, así como los víveres y embarcaciones necesarias para pasar a Marruecos, según se lo habían suplicado. Finalmente, dio su seguro a los moros que habitaban en las aldeas del término de Marbella, a condición de entregar las fortalezas a las guarniciones del vencedor, reconocer perpetuamente por único señor a don Fernando y acatar fielmente todas sus órdenes, si bien no podría obligárseles a tomar las armas contra sus vecinos los de Málaga.

Hecho esto, dejada en la villa fuerte guarnición al mando del conde de Ribadeo y reforzadas en pocos días las defensas, dispuso el rey, fatigado con el excesivo trabajo, llevar el ejército a lugares más seguros. Pero como el camino más corto era muy peligroso para los nuestros si, parapetadas en las escabrosidades y montes de que estaba sembrado, los acometían fuerzas enemigas, el marqués de Cádiz aconsejó al rey que para el regreso se siguiera el mismo camino que para la venida, porque la seguridad de las tropas debía preferirse al peligroso ahorro de tiempo que proporcionara el atajo. Y recordaba al efecto el desastre sufrido dos años antes en aquellas angosturas, donde un puñado de hombres sin armas podía igualmente destrozar a cualquier ejército, por numeroso que fuese. Los demás grandes preferían el camino más corto, alegando el hecho de haber atravesado el rey don Enrique, en otros tiempos, dos o tres veces aquellos puertos, con un ejército menos libre de impedimenta que el de don Fernando; y así, nada podía temerse en aquella ocasión, cuando los de la Serranía no contaban con fuerza alguna, cuando el enemigo estaba amilanado con la derrota sufrida y ninguno se atrevería a salir de los caseríos situados en las cumbres.

El rey, a pesar de su natural prudencia, asintió a este parecer y se decidió por el camino más corto. Bien pronto tuvo que arrepentirse de esta resolución, porque los moros de Osuna, aldea de la Serranía, y los de los lugares vecinos, Almoxía y Millas, no sometidos como los de Ronda al dominio de don Fernando, confiados en la proximidad a Málaga y en lo inexpugnable de aquellos sitios, se adelantaron a ocupar la entrada del puerto, y en aquellos precipicios acosaron de tal modo y con tanta facilidad a la multitud, presa ya de terror al intentar forzar el paso, que faltó poco para exterminarla, porque pocos más de treinta moros de la Serranía, adelantándose valientemente a sus compañeros, tenían en aprieto a los nuestros y habían dado muerte a muchos. De haber empleado igual arrojo y confiado tanto en la victoria los 200 que ocupaban las alturas, el ejército cristiano hubiera tenido que llorar una terrible derrota; pero, mirando por sus vidas y por su honra los nuestros se mantuvieron firmes, obedientes al marqués que, en previsión de aquel apurado trance, había dado orden de no salir de las filas de retaguardia a las 200 lanzas puestas al mando de su hermano Diego. Luego, algunos de nuestros peones, acostumbrados a dominar las asperezas de las montañas, treparon a los riscos más altos, y favorecidos por la resistencia de esforzados compañeros de armas que iban subiendo a las cimas donde estaban los enemigos, se apoderaron de ellas desalojándoles de sus posiciones y abrieron camino al resto del ejército. El apurado trance hizo a don Fernando más cauto para precaverse contra futuros peligros, y en cuanto llegó al llano, formó el ejército, le permitió caminar más libremente y licenció a los soldados procedentes de lejanos pueblos de León y de Castilla.

En Écija hizo reparar la artillería y máquinas de guerra, tan útiles en aquella feliz expedición, y las reforzó con algunas lombardas más de distintos calibres, para el mejor éxito de los futuros sitios. A poco llegó la noticia de haber desamparado los de Málaga una fuerza situada en la costa del mar junto a Marbella, llamada Fuengirola, por la fuente que al pie del castillo mana, única en largo trecho para la aguada de los navegantes. Ocuparon los nuestros la fortaleza con gran alegría, y el rey nombró por su alcaide al esforzado Álvaro de Mesa. Para los malagueños la pérdida de esta posición fue muy sensible, porque en adelante habían de encontrar obstáculos para la libre navegación.

En Córdoba prepararon suntuoso recibimiento a los vencedores; celebráronse juegos y todo el clero salió en solemne procesión entonando himnos sagrados. Al encuentro de don Fernando vino el rey de Granada, Boabdil, refugiado en Córdoba al huir de Almería. Con él iban el príncipe don Juan, el cardenal don Pedro González de Mendoza y los demás prelados del séquito de la reina.

Poco antes había sabido el rey con disgusto cómo el conde don Rodrigo de Lemos se había hecho dueño del castillo de Ponferrada por malas artes, inutilizando de repente, parte por combate y parte por engaños, a la gente puesta por los reyes en guarda del castillo, rompiendo así el acuerdo confirmado por éstos para resolver jurídicamente los pleitos surgidos entre el conde y su hermana, nuera del conde de Benavente, don Rodrigo Pimentel, y evitar los nuevos daños que las disensiones entre dos grandes tan poderosos en Galicia acarrearían a gentes tan inclinadas a semejantes revueltas. El conde, con sus pocos años, se figuró que don Fernando, ocupado en la guerra contra los granadinos, tardaría, por causa de la gran distancia, en proveer a las novedades de Galicia, y así se atrevió a ocupar la fortaleza que se le resistía. Pero la reina, viendo a don Fernando ocupado en la guerra, se propuso refrenar sin demora la osadía del conde de Lemos, y reunió de todas partes fuerzas suficientes para sitiar a don Rodrigo si persistía en retener a Ponferrada. Mas cuando éste tuvo noticia del enojo de la reina, apeló a un recurso que al mismo tiempo satisficiera sus deseos y a él no le hiciera perder sus derechos, y fue dar como explicación verosímil de haber ocupado a Ponferrada la indignación producida por la osadía del alcaide.

No eran menos graves los sucesos ocurridos en este tiempo en Navarra a causa de las discordias entre los aspirantes al trono. La hermana de Febo que, a la muerte de éste, y para conservar su derecho hereditario, se había casado con el hijo del señor de Labrit, su tío, tropezó con la oposición de su tío don Juan, gobernador de Narbona, que, asegurando pertenecerle el reino de Navarra por derecho hereditario, tomó el nombre de rey. Por lo cual, divididos en dos bandos, empezaron a solicitar el auxilio de los grandes franceses, origen de futuras disensiones entre ellos, semejantes a las que agitaban a los navarros, mientras el rey Carlos, aún niño, se veía obligado a entregar, ya a éstos, ya a aquéllos, el gobierno de Francia.

Estas discordias sirvieron de gran alivio a don Fernando, preocupado seriamente a la sazón por las frecuentes noticias de graves tumultos entre los catalanes en armas, resueltos a resolver por la fuerza las cuestiones pendientes entre los nobles y los payeses de remensa.

Nada de ello era bastante, sin embargo, para detenerle en su propósito de hacer la guerra a los granadinos, pues todo lo posponía a este fin. Porque así en arreglar las disensiones de los sicilianos, como en atender a las necesidades de aquella nobilísima isla, amenazada por el poder del Turco, parecían haberse adoptado las providencias que las circunstancias exigían, pues todo pesaba sobre los frágiles hombros de dos solas personas: de Gaspar Despés, natural de Aragón, enviado como virrey a Sicilia desde Sevilla, y de Melchor, sevillano, comisarios del señorío de Siracusa y que en aquellos días habían marchado a Sicilia. Pero el temor de los sicilianos a causa del aviso de la llegada de la armada turquesca se disipó al saber que una mortífera peste que diezmaba a los turcos les había obligado a disolver la armada, ya muy combatida también por las tormentas, además de la noticia de haber intentado pasarse al emperador de Rusia, abandonando a Bayaceto, los habitantes de Caphesio. Igualmente el arreglo de las discordias entre los italianos, en cierto modo apaciguadas por aquellos días, contribuía a disminuir algo el temor de los sicilianos de que, conocida aquella tranquilidad, el Turco acometiese a los príncipes de Italia.

Hallándose los reyes en Córdoba descansando algún tanto de las fatigas pasadas, vino a entristecerles la noticia del descalabro sufrido por algunos caballeros principales destinados a la guarnición de Alhama, y como el suceso alteró bastante la marcha de las cosas, creo necesario referir cómo pasó el hecho. El furor popular iba haciendo de día en día más terribles los tumultos en Granada, porque, unánime y públicamente, achacaban las derrotas sufridas a la incapacidad del rey. Los alfaquíes, que con sus predicaciones sabían perfectamente apaciguar o excitar los tumultos, habían acalorado los ánimos del pueblo para que, al menos, por medio de ruidosas protestas, buscasen algún remedio al daño común que exigiese la intervención eficaz de un monarca, ya que Albuhacén, en otro tiempo esforzado guerrero, se hallaba postrado por larga enfermedad en ocasión en que se necesitaba un hombre dotado de enérgica resolución. Un defensor de estas condiciones y de regia estirpe solo podía encontrarse en Abohardillas, hermano de Albuhacén, una vez que Boabdil, o por fuerza o por maldad, se había desentendido del gobierno de Granada.

Temeroso Albuhacén de los escándalos que originarían los alborotos del pueblo, se refugió en Almuñécar con sus tesoros y objetos de valor, sin dar cuenta a nadie de su fuga, excepto a su nueva mujer y a unos cuantos de sus más íntimos. A los dos días los granadinos, en gran número, con sus alfaquíes a la cabeza, se dirigieron al palacio a consultar al rey acerca de las urgencias presentes. Recibiólos en el vestíbulo la reina, acompañada de algunos de la corte, y les preguntó qué pedía aquella multitud alborotada. Contestaron a grandes voces que querían ver a su rey Albuhacén, para que pusiese algún remedio a las angustias por que estaban atravesando sus vasallos. Respondió la reina que era imposible acceder a su demanda, porque la gravísima enfermedad que padecía le hacía algunas veces penosa hasta la presencia de los de su cámara. Por esta causa la había facultado para contestar en su nombre. Los alfaquíes replicaron que no les satisfaría ninguna excusa hasta que el rey les oyera, pues ni las circunstancias ni el gran número de ciudadanos permitían otra solución. Entonces la reina, precisada a confesar la verdad, dijo:

—El rey no está aquí; se retiró a Almuñécar a fin de buscar algún alivio a su pertinaz dolencia en sitio más tranquilo. Y obró así, no por abandonar el gobierno de nuestro pueblo, a quien siempre ha amado, y por el que, como todos sabéis, ha sacrificado constantemente su propia salud, sino porque su gravísima enfermedad no le permitía atender al remedio de las comunes desgracias. No pudiendo, por otra parte, comunicar al pueblo alborotado su resolución de ausentarse, le pareció conveniente dejarnos aquí a mí y a mi hijo, para enterarnos de las disposiciones que creáis deber proponernos.

Todos a una voz contestaron que lo que se necesitaba era la presencia del rey, y que los granadinos querían a toda costa tener uno. La reina replicó:

—Aquí tenéis al hijo del rey, de todos vosotros bien quisto, adornado con numerosos trofeos, y que hizo más por la gloria y por la extensión de nuestro pueblo que ningún otro monarca granadino; mas si para las gravísimas urgencias de la actual guerra consideráis la misma cosa estar enfermo que haber muerto, proclamad rey al joven con el asentimiento del padre.

A esto respondieron los alfaquíes por el pueblo que, ni un rey enfermo ni un rey niño era lo que exigían las presentes circunstancias, en que apenas bastaría para atender a los aprietos que por todas partes se presentaban la energía de un guerrero esforzado y de gran experiencia militar; así que procurase llamar a Abohardillas, hermano de Albuhacén, y ella y su hijo marcharan a reunirse con el enfermo, si deseaban librarse de la furia popular. Obedeció la reina, bien a su pesar, a las intimaciones del pueblo.

Mientras esto pasaba en Granada, Muley Abohardillas, hermano del rey, que no era ajeno del todo a aquellos planes, y contaba con el asentimiento de Reduán Venegas y de otros amigos de Albuhacén, salió de Málaga con 350 jinetes y 700 infantes en dirección a Granada. Quiso la casualidad que por aquellos días 170 de a caballo, de la guarnición de Alhama, al saber que no quedaba caballería en Granada, se lanzaran a correr los campos hasta la sierra, cubierta de nieves perpetuas, que domina la ciudad, y saquearon los pueblos, muy desprevenidos, llevándose un botín mayor del que imaginaran. Ya cerca de Alhama, los noventa de la vanguardia hicieron adelantarse a los ochenta que venían con el botín, porque, muertos de sueño y de fatiga, deseaban tomar algún descanso en el camino, y así dispuestos, centinelas de ellos quedaron en un sitio bajo junto al arroyo, con menos precauciones de las que fuera menester, porque para que pacieran los caballos se les quitaron los frenos, y los soldados se entregaron al sueño como si disfrutaran de completa seguridad. Hasta se dijo que algunos se dedicaron a la caza de conejos mientras los demás dormían. Este descuido fue causa naturalmente del desastre.

Las descubiertas enviadas por Abohardillas a explorar por los alcores el terreno para no caer en las celadas que pudieran hallarse en el camino, descubrieron el pelotón de los nuestros tan descuidado, e inmediatamente volvieron a dar cuenta de ello. Abohardillas formó al punto sus escuadrones y acometió a nuestra desparramada y reducida tropa, que en su apuro y no pudiendo enfrenar los caballos para escapar de la embestida de los enemigos, pereció toda a sus manos, a excepción de once que quedaron cautivos por orden del capitán de los moros, a quien lo rico de las armaduras hizo pensar que serían más ventajosos, para crecido rescate que para saciar la furia de los soldados dándoles muerte. Mucho y muy oportunamente contribuyó este descalabro de los nuestros a exaltar más y más en favor de Abohardillas los ánimos de los granadinos, tan deseosos de su llegada, y que al ver entrar por la ciudad en larga fila los noventa caballos, el sangriento trofeo de las cabezas de cerca de ochenta caballeros cristianos y los once cautivos, aclamaron a grandes voces por rey a Abohardillas, el afortunado, presagio de futuro remedio y garantía de prósperos sucesos en pasados combates como el de la Axarquía y el de junto a Almería. Todos los agarenos, por natural inclinación, van en pos del éxito y encomian tanto los triunfos presentes que parecen olvidados totalmente de los pasados. Así, en aquellas críticas circunstancias, estos sentimientos hicieron concebir ideas de mayor engrandecimiento a los granadinos, deseosos de tener un rey valiente y afortunado.

La noticia del descalabro de nuestros hombres de armas causó grave disgusto a don Fernando, recién llegado a Córdoba, y no tanto por el número de hombres como por lo abandonado de su proceder, porque aunque por casualidad hubiesen escapado de manos del enemigo, de ningún modo se hubiesen librado de su enojo.

Entre todas las noticias desagradables que se iban recibiendo, ninguna lo fue tanto como la obstinación del conde de Lemos, don Rodrigo, al pretender continuar ocupando Ponferrada, además de mostrarse hostil a la gente de caballería enviada por la reina, de la que se decía haber inutilizado 200 por astutos medios. Pero ninguno de los sucesos ocurridos en las demás provincias fue parte para distraer la atención de don Fernando de la empresa comenzada, antes se consagró a ella con todo interés, pensando con razón que todo el que posee vastos dominios choca de continuo con multitud de contrariedades, de que alguna vez ha de prescindir para emplear mayor energía en los planes de más empeño. Por tal consideración no se dio gran importancia a las revueltas provocadas por el conde de Lemos en los confines de Galicia, y pareció bastante remedio enviar contra él a Alfonso de Quintanilla con fuerzas de la hermandad.

En cuanto a los asuntos de Navarra, se creyó lo más ventajoso dejar que los franceses continuaran divididos en sus opiniones. A Cataluña despachaba frecuentes enviados para procurar arreglar sus disensiones, o, al menos, para hacerlos desistir de devastaciones y guerras. Pero como su principal propósito era la de Granada, este era el tema de sus frecuentes discusiones con los grandes, que aprobaban su intento, pero que, como suele suceder, tenían diferentes pareceres en cuanto al plan de campaña. Querían unos aplazarla hasta la primavera próxima, alegando la penuria de recursos de los andaluces, que aconsejaba concederles algún descanso en los trabajos y algún reparo en los gastos, a fin de que tras las fatigas del guerrear lograsen cierta tranquilidad y esparcimiento y recobrasen nuevos bríos así los cuerpos como los ánimos. No estaban conformes con los que aconsejaban echar todo el peso de la guerra sobre los hombros de los andaluces, por necesitarse mayores preparativos si se pretendía emprender algo serio contra el enemigo, porque si se acordaba llevar el ejército a la vista de Granada, el propósito encontraría muchos obstáculos.

La grande y general escasez de víveres en una otoñada estéril, que todavía no prometía mejor cosecha; el entusiasmo de los granadinos por su nuevo rey, y la confianza en la multitud de sus soldados, amenazaban con nuevo desastre a los que incautamente acometiesen la temeraria empresa, como aseguraban haber acaecido tantas veces.

Lo contrario afirmaban los que querían convencer a don Fernando de las ventajas de invadir inmediatamente los campos de los granadinos, aprovechando el abatimiento en que los había sumido la reciente pérdida de Ronda, para aniquilarlos con continuados trabajos, con el hambre y con el espanto.

Más inclinados los reyes a esta opinión, creyeron necesario participárselo por cartas al marqués de Cádiz, muy opuesto a diferir la guerra hasta la primavera próxima, y convencido de que, si decidían emprender algo contra los moros, debía ser en puntos distantes de Granada, parecer que reforzaba con razones de gran peso. Pero resuelto ya el rey a la campaña, insistió en sus planes y mandó que las tropas llamadas de las poblaciones andaluzas estuviesen apercibidas en lugar y plazo señalados.

Por este tiempo cuatro galeras venecianas salieron del puerto de Cádiz con rumbo a Flandes, y se dirigieron a velas desplegadas hacia el mar del Norte; mas al llegar al cabo de San Vicente, el cruel pirata, hijo de Colón, capitán de siete grandes navíos, las atacó con viento favorable, y hallándolas desprevenidas, después de una inútil resistencia, las apresó. Ocurrió este atentado el 21 de agosto de 1485 y como contrariaba mucho a don Fernando por el tráfico existente entre Sicilia y Flandes, envió un mensajero a protestar del atropello.

El 1.º de septiembre marchó el rey a Córdoba y mandó que le siguiese el ejército reunido de todas partes y que en Alcalá la Real se dispusiera a ejecutar lo que se le ordenase. Obedecieron todos al punto, aunque muy a disgusto, lo mismo los grandes que los pueblos de Andalucía. El rey dio el mando de las tropas y la orden de sitiar ante todo a Moclín, villa próxima a Granada y muy fuerte por su situación y defensas, al conde de Cabra, don Diego Fernández de Córdoba, afortunado vencedor de Boabdil, según referí, y a Martín Alfonso de Montemayor, por ser estos dos capitanes los más próximos a los lugares adonde debían encaminarse. Había adoptado este plan don Fernando por consejo del citado conde y de sus amigos, creyendo que la toma de la villa procuraría mayor facilidad para obligar a rendirse a los moros de Granada, si querían librarse de un seguro desastre. Mas el conde don Diego, que por orden del rey debía conducir con gran cautela una hueste de 700 caballos y unos 3.000 peones, en su afán de alcanzar renombre, excitó a su gente a provocar al enemigo antes de lo que convenía, acaso por creer equivocadamente, o que todo el ejército acudiría también al punto, o que el rey de Granada Abohardillas, que tenía en Moclín numerosas fuerzas, acometido de súbito terror, apelaría a la fuga en cuanto sintiese a los nuestros aproximarse en las tinieblas de la noche. Movido por tan erróneo cálculo, y confiando en la claridad de la Luna, hizo caminar a prisa a sus peones por estrecho sendero, obstruido por malezas y peñascos.

Abohardillas, aunque tenía a sus órdenes 1.500 jinetes y más de 20.000 infantes, en cuanto supo que los nuestros se aproximaban, mudó el campo desde el llano a una eminencia en espera de la claridad del día. Apenas le permitió distinguir las escasas fuerzas enemigas, excitó al combate a los granadinos, ansiosos de pelea, que con poca dificultad deshicieron nuestra caballería y derrotaron a los desdichados peones, muertos de cansancio en su mayor parte en aquellas angosturas. El conde, sin saber qué partido tomar, tarde ya para arrepentirse del adoptado, resistió enérgicamente mientras pudo el empuje de los moros; pero muerta mucha de su gente, y entre otros nobles su mismo hermano Gonzalo, herido él mismo, se dio prisa a retirarse con el resto de sus soldados al amparo de las fuerzas auxiliares que esperaba llegarían al momento. No cesó la furia enemiga hasta que el maestre de Calatrava, García de Padilla, con sus tropas y las cordobesas, contuvo la desbandada de los que iban llegando desesperados de poder continuar la fuga. El nobilísimo maestre, siempre animoso y enérgico, a pesar de su avanzada edad, demostró aquel esfuerzo propio de los valientes, y obligó al enemigo, hasta entonces vencedor, a retirarse a Moclín para evitar el combate con los nuestros recién llegados. Luego mandó Abohardillas cortar las cabezas a los cadáveres de los cristianos que iba encontrando a su vuelta y llevarlas como trofeos para proporcionar un espectáculo más interesante a los moradores de Granada y hacerles ver qué rey habían elegido. Y para mayor alarde de pujanza, permaneció en Moclín dos días con el ejército, jactándose de estar dispuesto a pelear con don Fernando, si éste aceptaba el reto.

Cuando el rey, acampado cerca de Alcalá, y sin tener completo el contingente de tropas que de todas partes iban acudiendo, recibió la noticia del descalabro del 3 de septiembre, se mostró muy apenado, principalmente por haberse hecho la expedición contra sus órdenes. Por esto reprendió severamente al conde que, desobedeciéndolas, había creído temerariamente poder derrotar con sus escasas fuerzas a las enemigas, tan superiores en número, como si siempre la fortuna favoreciese tales audacias, cual lo hizo cuando él venció y prendió a Boabdil, con ayuda del poderoso brazo del alcaide de los donceles, partícipe de la victoria. Las circunstancias, sin embargo, habían sido en los dos hechos de armas muy diversas, porque Boabdil, lleno de espanto, en tierra enemiga y sin poder contener a sus tropas, se vio forzado a pelear con los nuestros en lugar muy desventajoso; al paso que en Moclín el conde no había tenido en cuenta ni la superior pujanza del enemigo, ni la desventaja del terreno, sino que, olvidando el encargo que recibiera, había corrido a un desastre seguro. Aquel día, en efecto, murieron más de 1.000 cristianos y quedaron prisioneros más de cien, salvados del furor de los vencedores porque las resplandecientes armaduras les incitaban a conservarlos cautivos como prenda de cuantioso rescate.

Don Fernando, desoyendo los consejos de los que consideraban bastante resultado de aquella expedición si con la hueste allí reunida se llevaban provisiones a la guarnición de Alhama, a fin de hacer olvidar en cierto modo el descalabro pasado con una victoria, después de hacer enterrar los cadáveres de los cristianos, torció el camino hacia Jaén, muy confiado en apoderarse de la fortaleza de Cambil, tan fuerte por su posición como bien defendida, porque los granadinos, a fin de molestar a los de Jaén con diarias incursiones, la tenían muy custodiada con escogida guarnición.

La doble fortaleza de Cambil se levanta a orillas de impetuoso torrente, cuyo profundo cauce y acantiladas márgenes no permiten vadearle en un largo trayecto, siendo forzoso atravesarle por el puente contiguo a la fortaleza, que tiene a un lado la de Cambil y al otro la vasta construcción de Alhabar. A favor de estas posiciones, los granadinos atacaban a menudo a los de Jaén, distantes 70 estadios del puente, y además de la presa de ganados, se llevaban muchos cautivos, dando cruel muerte a los cristianos cuando se apercibían de que les llegaba socorro. Por esto, así los de Jaén como otros muchos pueblos, víctimas de tan repetidas desgracias, suplicaron encarecidamente a don Fernando que combatiese aquellas fortalezas que tanto daño habían causado a los cristianos en un extenso radio. Para ello se ofrecían a contribuir con buen contingente de tropas, asoldadas a su costa y con abundantes provisiones. Como el plan contra Moclín había fracasado, el rey se decidió por llevar el ejército y todas las máquinas de batir allí donde esperaba poder aprovechar mucho a los suyos y granjearse no poca honra.

Dividióse el ejército en tres campamentos al sitiar las fortalezas. El mayor, el del rey, se asentó del lado allá del torrente; los otros dos, a la orilla opuesta, amenazaban a Cambil. La tardanza de la artillería, retrasada por las dificultades de los caminos, hizo esperar a los soldados granadinos de las dos fortalezas que el plan de don Fernando fracasaría. Lo mismo pensaba él y cuantos con él estaban, peritos en la ciencia militar, porque, de no contar con el terrible batir de las lombardas gruesas, nada eficaz podía hacerse para rendir los castillos. Estos cuidados traían angustiado el ánimo de don Fernando, a cuya mente acudía el recuerdo del desastre de Moclín. Porque si al cabo había que abandonar vergonzosamente la empresa, toda la gloria en otras adquirida quedaría eclipsada, pues se atribuiría más bien a la mala suerte y a las discordias de los granadinos que al valor de los cristianos, y Abohardillas, ya afortunado, conseguiría, después de subir al trono, universal reputación de vencedor.

A todos estos cuidados dio milagrosa resolución la misericordia divina. Cuando más perplejos se hallaban los que conducían la artillería, se les presentó un hombre montado en un pollinejo a manera de pastor de ovejas, y se ofreció a enseñarles un camino a propósito para el paso de los carros. Cumplida inmediatamente su promesa, desapareció, sin que pudiera luego encontrársele, a pesar de haber mandado el rey a voz de pregón que se presentara a recibir el premio debido a su servicio. Por consiguiente, el católico don Fernando atribuyó el feliz suceso exclusivamente a intervención divina, y en el mismo día emplazó todas las terribles máquinas de guerra contra las fortalezas. El estruendo de los disparos y la densa humareda de la pólvora impedían ver y oír a sitiados y a sitiadores, hasta que, una fuerte ráfaga de viento permitió a los nuestros divisar el Sol, e hizo que los enemigos, al ver el destrozo de sus murallas, entraran en consejo y se resolvieran a la entrega de ambas fortalezas, lo que se verificó el día 23 de septiembre, para alabanza de Dios y singular honor del rey don Fernando. Luego volvió con el ejército a Jaén, donde le esperaba la reina, y pudo, con la fausta noticia, descargar su real ánimo de algunos cuidados.

Por este tiempo unos 500 jerezanos y del Puerto arribaron en sus carabelas a las costas de Marruecos, y asaltaron tan repentinamente las aldeas de moros que sabían se hallaban sin el menor reparo ni defensa, que después de degollar a todos los varones, se llevaron cautivos cerca de 400 mujeres y niños, y regresaron incólumes a sus casas.

En algunas partes de Europa ocurrieron por aquel tiempo graves trastornos, cuyo relato no parece ajeno de esta historia, así por la importancia que tuvieron para los asuntos de España como para recordar a los humanos los varios procedimientos de que la inconstante Fortuna se valió siempre para sublimar o abatir a los poderosos. Así, en un momento y con maravilloso cambio, deshizo de repente lo que parecía había de permanecer largo tiempo.

A la muerte del rey Eduardo de Inglaterra, su hermano Ricardo, por la ambición de reinar, cometió horrendos crímenes, con los que creyó asegurarse la posesión de la corona. Hizo dar cruel muerte a sus dos sobrinos y exterminó a todos aquellos nobles de quienes le parecía tener que temer alguna oposición. Pero cuando ya se vio en el trono de Inglaterra, asentado sobre la sangre de innumerables víctimas, y cuando con el favor popular que por mil medios había procurado granjearse, se creía a cubierto de toda contrariedad, supo que en la Bretaña francesa se aprestaba una poderosa armada para llevar a Inglaterra a Enrique de Richmond, nieto legítimo del difunto rey Enrique y que, después de la muerte de éste, había sido llevado siendo niño a Bretaña, para librarle de la crueldad de Ricardo. Con los años fueron aumentando sus buenas cualidades, y ellas y su indiscutible derecho a la corona le ganaron las simpatías y el apoyo de todos los buenos, principalmente en aquellos días en que la cruel tiranía de Ricardo iba exterminando toda la nobleza de Inglaterra. Reunió éste un numeroso ejército y se dispuso a luchar con todas sus fuerzas para verse de una vez libre de los fundados temores que le asaltaban. Por su parte el ilustre joven, conocido el sentir del pueblo inglés, muy diferente del que se le suponía, se aseguró en secretas conferencias de sus leales de que podía contar para la próxima batalla con la inmensa mayoría de las poblaciones de las costas más próximas a Francia, como las de Kent y de Dorset, y con este apoyo, aunque encubierto, el joven se decidió a desembarcar en Inglaterra al frente de 10.000 hombres, a los que se unieron igual número de ingleses en el primer combate. Ricardo, que contaba con un ejército de 60.000 soldados, voló al encuentro de su adversario, cual si tuviese seguro el triunfo. Trabada al punto la batalla, la victoria se pronunció completa en favor de Enrique, porque, antes de que se empeñase más recia la pelea, los más adictos a Ricardo le dieron muerte, y allí mismo fue unánimemente aclamado por rey Enrique. Luego, en las más remotas provincias de Inglaterra, y para daño duradero, algunos sediciosos proclamaron también por rey a un noble joven, hijo del difunto duque de Clarence, a quien su hermano, el rey Eduardo, hizo ahogar en un tonel de vino. Es esta nación tan inclinada a la crueldad, que parece no saciarse jamás de ver derramar sangre. Especialmente entre la nobleza hace tantos estragos esta fiebre, que el que se reputa más feliz entre los ingleses, al punto se expone a la muerte más atroz.

 Casi por este mismo tiempo, mientras el rey desde Jaén proveía a las necesidades de la guarnición de Alhama, los nuestros se apoderaron del lugar de Zalea, próximo a dicha villa, por industria e ingenioso ardid de un hombre que poco tiempo antes se había pasado de nuestro campo al de los de Málaga, de donde era originario. El rey envió primero algunos hombres de a caballo con suficientes víveres para el aprovisionamiento del castillo de Zalea, y luego otros con más abundantes provisiones para la guarnición de Alhama. Cuando estuvieron ciertos de la ejecución de estas medidas, los reyes marcharon a Castilla la Nueva para pasar el invierno en Alcalá, como punto más a propósito para el mejor despacho de los asuntos que fueran ocurriendo en el reino.

Al marchar recibieron la noticia de la rebelión de los nobles napolitanos contra don Fernando, rey de Nápoles, de cuyas causas creo necesario hacer aquí alguna mención, por exigirlo así el mismo asunto. Había consumido el rey grandes sumas en cuatro importantes campañas en el corto espacio de tiempo que medió desde la repentina ocupación de Otranto hasta el regreso de su primogénito, el duque de Calabria, de la defensa de Ferrara contra los venecianos. Éstos, sin olvidar nunca, a lo que se cree, las antiguas enemistades, aunque después de la restitución de Galípoli pareció que aceptaban la unánime reconciliación de todos los príncipes de Italia, conseguida por la habilidad del papa Inocencio, le instigaron a más funestas novedades, que dieron doble ocasión al incendio, porque los intentos bélicos de los genoveses para apoderarse de Liorna habían encontrado serio obstáculo en la armada auxiliar del rey de Nápoles, más inclinado a la causa de los florentinos en días en que Génova parecía enteramente a devoción del papa.

Tal vez esto fue causa de la inquietud que le sobrecogió, y de que fue indicio el verle preferir de buen grado a la naciente pacificación, la conjura de los venecianos contra el rey de Nápoles, favoreciéndola a escondidas por medio de agentes astutos y secretos, cuando en público se proclamaba contrario a toda hostilidad y aceptaba el papel de mediador de toda amistad y universal concordia. Reunido el poder de los venecianos con el de Génova, el papado podría sofocar prontamente cualquier rebeldía de los príncipes de Italia, y sobre todo, someter al citado rey, que había ofrecido excelente ocasión para este propósito cuando, agotados los recursos pecuniarios en las referidas campañas, pretendía procurarse otros mayores a costa de sus vasallos, a pesar de la crítica situación de los señores, temerosos de la miseria que causarían las exacciones contra sus pueblos. El rey, acostumbrado a hacerse obedecer de todos, llevó muy a mal la tardanza en acatar sus órdenes, y trató de apoderarse de algunos de los grandes. Éstos, comprendiendo de lo que se trataba y la caprichosa voluntad del rey don Fernando, influida por la innata dureza de su primogénito don Alfonso, desde antiguo determinada a la opresión general, tramaron vasta conjura y provocaron al pueblo a novedades, para poner en repentino aprieto al rey, que en aquellos días recelaba verlas surgir por todas partes.

Grande fue la vacilación de su ánimo al hacerse pública la audacia de los de Aquila, que buscaban nuevo señor, y más aún cuando se descubrió el funesto favor del papa Inocencio a la causa de los rebeldes, a quienes dio inmediatamente, y muy de grado, auxilio y recursos, tan en contra de lo que esperaba el rey don Fernando, a quien tantos servicios debía. Porque, desde la primera infancia, Juan Bautista Cibo se había criado en el palacio del rey don Alfonso; había disfrutado el cariño del sucesor don Fernando, y cuando eligió el estado sacerdotal, obtuvo la Sede de Mafeta, por intervención de don Fernando. Luego, por el mismo poderoso influjo, consiguió el galero, y al cabo también la tiara pontificia. Nadie, por consiguiente, conocedor de estos favores, hubiera creído que el papa había de suscitar dificultades al rey, ni hostilizarlo o consentir de ningún modo en las contrariedades que otros le creasen.

Llevan consigo estos rápidos encumbramientos el olvido de los beneficios; el poder engendra cierto deseo de ver aniquilados a los que en los días de la propia modestia se contemplaba prepotente, y de esta perversión del corazón humano nace el odio hacia todos aquéllos a quienes se está obligado por repetidos favores recibidos, fundamento para que el deudor alcance el más alto grado de su insolente poderío.

El rey, que desde su exaltación al trono estaba acostumbrado a los frecuentes cambios de la fortuna, hubiera debido penetrarse más de que la fuerza de los soberanos tiene más firme base en el amor de los súbditos que en las exacciones excesivas. Este vicio de la avaricia produjo tan considerable cambio en el ánimo del citado rey, que parecía más ansioso de quietud que antes lo había sido de riquezas. En su vejez cayeron sobre él graves infortunios, causados por aquéllos que más obligados estaban a librarle de ellos. Además de tener que sufrir las insolencias de algunos amigos antiguos, en su misma familia encontró abrigo la conspiración contra su persona, pues Federico, tenido por hijo suyo, enemistado con el primogénito, su hermano, no solo no trató de librar a su padre de contrariedades, sino que se puso a la cabeza de los conjurados.

La noticia de estos hechos fue, indudablemente, muy triste para el rey de Castilla, don Fernando, cuyas preocupaciones venía a aumentar esta rebelión en gran número. Añadíase a esto la angustia llena de cuidados de su hermana doña Juana, mujer del rey de Nápoles, cuya suerte había de seguir, y que con razón consideraba desdichada si el rey llegaba a perder su poderío, como madrastra sujeta al trato de hijastros rebeldes a su padre.

Por estos días murió el esforzado don Alfonso de Aragón en el camino desde Andalucía a Alcalá de Henares, cuando el rey don Fernando se dirigía a la misma ciudad. Fue don Alfonso afortunado en los combates con los enemigos; salvó a su padre y a su hermano de trances muy difíciles y supo triunfar de muchos peligros. Fue tenido por guerrero esforzado. Le abatió mucho la desenvoltura y loca fatuidad de su mujer, ya anciana. Ejemplo elocuente para que los ilustres capitanes cuiden de conservar su buena fama hasta el último día de su vida, porque sus hechos han de andar en boca de todos.

En los días que los reyes se detuvieron en Alcalá no les faltaron asuntos difíciles en que entender, porque, además del firme propósito de combatir a los moros, trataban de buscar por todos los medios la pacificación de las sediciones de Nápoles. Al efecto, dieron instrucciones a los embajadores, ya de antes nombrados para prestar obediencia al papa Inocencio, a fin de que procuraran con sagacidad arreglar a toda costa las diferencias entre el papa y el rey de Nápoles, amenaza de grandes daños para todo el orbe católico mientras no cesasen las hostilidades, porque solo la concordia entre todos los cristianos podía darles el esfuerzo necesario para vencer a los enemigos de la cruz. Eran los embajadores el conde de Tendilla, don Íñigo de Mendoza, el protonotario Antonino Geraldino, natural de la Emilia, de vasta ilustración, y Juan de Mesina, ilustre doctor en cánones, los cuales emprendieron el camino en aquel invierno, acompañados además del noble sujeto Juan Gayán, valenciano, a quien nuestros reyes comisionaron especialmente para que en el acto de prestar obediencia al papa se concediese el acostumbrado lugar a los aragoneses, catalanes y valencianos.

Sabía don Fernando con qué astuta asiduidad trabajaban los venecianos por inducir al iluso pontífice a echar sobre sus hombros todo el peso de la guerra contra aquel monarca, a cuyos grandes favores estaba tan obligado a corresponder. Muy al contrario sucedía. Era pública voz en Roma que allí se le cerraban todas las puertas al rey de Nápoles. El que se creía poderle ser más favorable, su hijo, el cardenal don Juan de Aragón, había muerto, no, como se dijo, de la peste, sino, según la opinión común, envenenado. Muertos en aquellos días por vejez o enfermedad algunos cardenales, a los pocos sobrevivientes se les concedía escasísima autoridad en los consejos, porque, aunque era reconocida su prudencia, se les tenía por contrarios a fomentar la comenzada guerra, y todo el favor del papa recaía sobre aquellos otros que aspiraban a funestas novedades, en particular el cardenal de San Pedro Advíncula, Julián de Rovere, uno de los más empeñados en la ruina del rey don Fernando. El crédito de este prelado con el pontífice era grande, así por lo que en su elección había trabajado, como, principalmente, por su abierta hostilidad contra el citado monarca y por no dejar que se realizasen los planes de los venecianos, de que en secreto se había enterado. Por astuto acuerdo de éstos se atrajo cautelosamente a Roberto Sanseverino, veterano caudillo, a cuya pericia debían mucho varios príncipes, y que en aquellos días parecía estar unido a los venecianos. Éstos fingieron que Roberto no percibía estipendio alguno militar de la señoría. Bajo este supuesto en el mes de octubre llegó a Roma Roberto al frente de tropas veteranas y de escogida y numerosa caballería, haciendo así concebir al papa fundadas esperanzas de librarle del peligro.

Era a la sazón grave e inminente, a causa del formidable ejército alojado en las poblaciones próximas a la campiña romana, sujetas a los Ursinos, naturalmente en favor de su padre, y acaudillado por el aguerrido y experto general don Alfonso, primogénito del rey don Fernando. El principal de la facción de los Ursinos era Virgilio Ursino, a quien era seguro habría de seguir la mayor parte de los romanos, y en Roma, sobre el recelo que inspiraban los partidarios de Virgilio, la pobreza y escasez de mantenimientos iban haciendo más intolerable la situación de día en día. Las continuas incursiones de los enemigos en torno de la ciudad privaban tan por completo de toda libertad para sus comodidades a los cortesanos, que ninguno podía salir ni ir en busca de mantenimientos sin exponerse a quedar herido, muerto o prisionero.

El rey de Hungría, Matías, yerno de don Fernando, amenazaba en sus cartas con vengarse de la ingratitud y dureza del papa, aunque fuese preciso apelar a inusitados recursos enteramente contrarios a sus intenciones. De los principales de Milán y Florencia también temía el papa Inocencio algo perjudicial a su causa, si bien disminuía su trascendencia el apoyo de venecianos y genoveses, a los que confiaba ver unidos en este punto concreto, por más que la antigua rivalidad hubiese hecho enemigos a estos dos pueblos en todas las demás cuestiones.

En uno y en otro se mantenía igual el odio contra el rey de Nápoles, y ambos fundaban idénticas esperanzas de engrandecimiento en que la fortuna continuase siéndole contraria, cosa que consideraban facilísima si a la autoridad pontificia se juntaba el antiguo derecho. Tampoco los principales de Venecia y de Génova juzgaban temible el poder del rey de Castilla, Aragón y Sicilia, don Fernando, y en sus entrevistas con el papa procuraban rebajarle, asegurando que, ya por temor, ya por precisión, quedaría anulado, y en la imposibilidad de acudir a los asuntos de Sicilia, si había de atender a la guerra de Granada y evitar el enojo del papa, que negaría su apoyo al trono de aquella isla, si don Fernando intentaba auxiliar a su primo.

Entretanto, y con pretexto de embajada, los venecianos enviaron a España al patricio Pedro Soranzo, con la aparente comisión de reclamar la devolución de la galera apresada, pero con el secreto encargo de enterarse de los verdaderos recursos de España. Por su parte, el papa envió con igual objeto a un teólogo, español de nacimiento, pero por su astucia y por su larga residencia en el país, italiano, llamado Bernardino Carvajal, sobrino del difunto cardenal de San Angelo. A su habilidad diplomática quedó encomendado el dejar entrever al rey de España perspectivas de engrandecimiento si en todo se acataba la voluntad del pontífice, y temores de futuros males si se contrariaban sus propósitos.

Mientras los venecianos se ocupaban en estas negociaciones su comercio sufrió grave percance. El cruel pirata Colón, hijo del difunto capitán del mismo nombre, apresó, como dije, en las costas de occidente cuatro galeras cargadas de mercancías de gran valor, destinadas a Flandes, y de los tripulantes, a unos dio muerte y despojó a otros reduciéndolos a extrema miseria.

Por esta causa tuvo que detenerse más tiempo en Alcalá el embajador Soranzo, hasta conseguir de los reyes cartas de recomendación para los demás príncipes de las naciones occidentales, a fin de que, negando todo favor y seguro al feroz pirata, se viese obligado a devolver la presa. Pero ni para esto aprovechó nada toda la diligencia de Soranzo, ni los venecianos encontraron la ventaja que esperaban de la nueva guerra contra el rey de Nápoles. En primer lugar, el emperador de los turcos, falsamente favorable a la causa de la señoría, vio en esta noticia oportunidad para redoblar su vigilancia y ayudarse de tales tumultos para volver a combatir a los cristianos. Para ello, aparentó haberle pesado el cambio de conducta del pontífice para con el rey de Nápoles, tan ajeno de los deberes de la gratitud, y más cuando no se veía otro motivo para tal mudanza sino la soberbia creencia de los venecianos de que con la ruina de muchos príncipes lograrían ensanchar su poderío. Tal propósito había de ser severamente juzgado por todos los buenos, y más por él, que a nadie tenía por más benemérito de todos los príncipes de Italia como al rey don Fernando, con quien no había pactado alianza, pero de quien era amigo. Así, pues, y como prenda de futuro auxilio, el sultán Bayaceto se ofreció a enviar desde Salona a las costas de la Pulla ochenta galeras con escogidas tropas, a las órdenes del rey de Nápoles, mientras continuara la hostilidad de los venecianos.

Mientras iban sembrándose estos gérmenes de guerra, murió de peste el dux de Venecia Juan Mozenigo, a quien sucedió Marco Barberigo. La novedad obligó a Pedro Soranzo a regresar a Venecia cuando ya se le conocía más como espía que como embajador cerca de los reyes.

Por estos días una terrible inundación devastó las provincias del sur de la Península. En diciembre del mismo año de 1485 la reina doña Isabel dio a luz en Alcalá a doña Catalina. Mayor alegría hubiera causado a los reyes el nacimiento de un varón, porque la sucesión de un hijo único inspiraba no pocos temores, y la fecundidad de las hijas prometía dificultades para los futuros enlaces.

En aquellos mismos días el gran temor del papa Inocencio se cambió en excesiva confianza al ver acudir en el mismo mes de diciembre al remedio de la crítica situación de Roma al ejército que introdujo en la ciudad el hijo de Roberto Sanseverino desde los próximos confines de la Romaña, y que amenazó con nuevos peligros a los partidarios de don Fernando, como referiré en el libro siguiente.

Libro VI

(1486)

Funestos prodigios con que comenzó el año. Sucesos de Roma y guerras en Italia. El duque de Borgoña y los franceses. Bandos de Navarra. Rebelión del conde de Lemos. Aprueban los reyes las medidas del arzobispo Fonseca contra los leguleyos. Tentativas inútiles para reducir a la obediencia al conde de Lemos. Intervención de los reyes en las cuestiones entre los duques de Plasencia y de Alba, y entre éste y el conde de Miranda. Visitan al segundo, enfermo en su palacio de Alba de Tormes. Van a Guadalupe y a Córdoba. Preparativos en Andalucía para la guerra. Llegada a España del duque Eduardo de Woodville para combatir a los moros y mención de los sucesos de Inglaterra. Envíale la reina valiosos presentes. Luchas entre Abdallah el Zagal (el Abohardillas, de Palencia) y su sobrino Boabdil, y arreglo propuesto por los faquíes. Sitio de Loja. Cae herido el duque Eduardo. Rendición de la ciudad. Sitio y toma de Illora, Moclín, Colomera y Montefrío. Tala de los campos granadinos. Mención de los sucesos de Galicia y de Italia. Viajes de los reyes y de sus hijos. Con la entrada de los reyes en Ponferrada abandonan los gallegos al rebelde conde de Lemos, que se somete a la corona. Costumbres de los gallegos. Visitan los reyes a Compostela. Condiciones que impusieron a la sumisión de los señores gallegos. Sucesos de Italia. Embajada del conde de Tendilla. El papa y los Estados italianos. Auxilios prestados por nuestros reyes al de Nápoles. Don Fadrique de Toledo es nombrado generalísimo de Andalucía. Luchas en Granada entre los dos reyes moros. Proyecto contra Málaga. Sabias medidas de gobierno adoptadas en Salamanca por los reyes. Reforma de la chancillería. Preparativos bélicos contra Granada

Este año de 1486 se anunció funesto, así con pestes, tempestades y movimientos de guerra como con otros tristes sucesos que sobrecogieron a todas las gentes, y que el eclipse de Sol había pronosticado. Los habitantes de Roma y de la Pulla habían visto poco antes en los cometas de cabellera amenazas de variadas calamidades y de discordias entre los pueblos, y los frecuentes eclipses de Luna habían convencido a los moros de Occidente de que la soberbia de los granadinos, por tanto tiempo funesta a los pueblos fieles, iba a verse pronto fuertemente quebrantada.

Ahora creo necesario insertar en estos anales el relato de los sucesos ocurridos en las cercanías de Roma, cuando la guerra del papa Inocencio y de los pueblos que le seguían contra el rey de Nápoles excitaron vivamente así a muchos principales romanos como al rey de Castilla, Aragón y Sicilia, don Fernando, a llevar socorro a su primo. Antes, sin embargo, quiso intentar medios más suaves, viniendo en aquello que se había propuesto obedecer, y con mejor voluntad si el papa ponía término a la guerra empezada, cual cumplía al vicario de Jesucristo, que tanto recomendó la paz. Por esto, a la instrucción dada a los embajadores añadió ciertas restricciones, y les mandó caminar despacio, sin entrar en Roma hasta que desde alguna población próxima y libre se conocieran los planes de guerra del papa. Esta dilación podía ofrecer varias ventajas, principalmente para conseguir conveniente provisión de muchas sedes vacantes en España, como sucedió. En tanto, el papa, confiando en sus tropas y deseoso de mayor independencia, recomendó a Roberto San Severino, a principio de este año, que no difiriese el aprovisionamiento del ejército. Ejecutólo al punto el general, y batió enérgicamente a las tropas de don Fernando, que habían fortificado el puente Nomentano. El triunfo lo animó a acometer mayor empresa, y empezó a amenazar con sitio a la guarnición de Monterotondo. Desde este pueblo, cercano a la ciudad, los romanos habían tenido que sufrir muchos e intolerables daños; pero ocupado el puente, la toma de Monterotondo parecía ya fácil. El cardenal Ursino y el arzobispo, ambos hermanos de Virgilio Ursino, suplicaron al papa que desistiese de aquel propósito, prometiéndole seriamente amansar la furia de su hermano y convertirle en sumiso vasallo de la Sede apostólica.

Cuando el duque de Calabria, don Alfonso, tuvo noticia de estos gérmenes de funestas novedades, dejó sus tropas encomendadas a Virgilio, y en estancias lejanas, con la mayor seguridad que le permitió la premura del tiempo, y a escondidas y con algunos compañeros de armas, marchó a tierra de Sena, y de allí, por acuerdo de la señoría de Florencia, a las poblaciones próximas a esta ciudad, para que con la rápida resistencia a la descarada maldad de venecianos y genoveses y del papa Inocencio (de conducta tan opuesta a su nombre), seducido por ellos, pudieran alejarse los males que amenazaban a ambas potestades y al territorio milanés. El mismo duque don Alfonso puso al cabo de manifiesto la astucia del papa, aconsejado por sus amigos, por haber empezado poco antes a tratar alianza tan perjudicial para los florentinos como ventajosa para los genoveses. Con esto se proponían que, mientras aparentemente los asuntos de Florencia quedaban en paz, sus amigos fuesen exterminados, y así se facilitase a los genoveses el propósito, de antiguo tan acariciado, de dominar a los florentinos, y a los venecianos la ocupación de toda la Lombardía, con gravísimo quebranto del poderío de Milán.

Nada de esto había escapado a la penetración de los florentinos. Así no necesitaron otras explicaciones para reducir a sus gobernantes a más saludables consejos, y sin demora procuraron inclinar el ánimo de los amigos, sujetos a igual apuro, a acudir con rápidos remedios a la repentina invasión de males. Inmediatamente se reunieron tropas, y llamando de Milán a toda prisa escogida caballería, se la agregó al ejército de Florencia. Luego se intentó que el lugar de Braccano, de los Estados de Virgilio Ursino, quedase cuanto antes libre del estrecho cerco con que procuraba rodearle el enemigo, a fin de inutilizar al Virgilio que se resistía a abandonar el partido de don Fernando y acusaba de cobardía a sus hermanos, olvidados del antiguo valor de sus mayores por la molicie de los cargos eclesiásticos. Otra vez cobraron ánimos con esta expedición los partidarios de don Fernando, y después de consumirse en el pago de las tropas grandes sumas tomadas a préstamo por el papa de los genoveses y de sus aliados, nuevamente se vieron los romanos rodeados de angustiosos apuros, y dentro de la ciudad los de la curia eclesiástica sujetos a sufrir mil insolencias de los soldados a quienes el papa permitía toda clase de desafueros.

Mientras en Italia iban acumulándose desdichas sobre desdichas, en Flandes el duque de Borgoña Maximiliano logró dominar la pertinacia de los habitantes; quebrantó sus fuerzas con prolongada guerra y con ligeros combates; consiguió ver a sus pies a los que antes lo combatían; obtuvo el gobierno por pacífico asentimiento de los naturales y se constituyó en tutor de su hijo. La menor edad del rey de Francia había proporcionado no poca ocasión a varias discordias entre los grandes por las competencias acerca de la administración de tan extensos territorios. Mas el senado de París, con mayor acuerdo y apoyado en la autoridad real, redujo el número de la caballería asoldada tiempo antes por el rey Luis y abolió el pecho de la cuarta parte de las haciendas que por orden del mismo monarca y por antigua costumbre se destinaba al sostenimiento del ejército; además restituyó a los pueblos su prístina libertad. Difirieron, sin embargo, la devolución de Perpiñán y del Rosellón, resuelta en el testamento del rey.

En Navarra, los cabezas de los encarnizados batidos de Lussa y de Agramont, el conde de Lerín, don Luis de Beaumont, y el Mariscal..., intervenían en los asuntos del reino siguiendo cada uno la encontrada tendencia de sus ánimos. El primero contrariaba la influencia francesa favorable a la reina, y ponía todo empeño en que no entrase en posesión de la corona. Por el contrario, el segundo, valiéndose acaso de este pretexto para tomar venganza de la muerte de su padre, suscitaba innumerables revueltas, favoreciendo los deseos de los franceses. Al fin encontró la muerte en uno de aquellos tumultos, y con ello crecieron los enconados odios, tan funestos para los navarros.

Don Fernando, rey de Castilla y de Aragón y señor de Cataluña, apenas logró apaciguar algún tanto las turbulencias que, como dije, se habían recrudecido entre los señores catalanes y los payeses de remensa, volvió a ocuparse en preparar rápidamente la expedición contra los granadinos. Ayudado por la inteligente actividad de la reina, merecedora de los mayores elogios, procuró reunir fondos de todas partes para el pago de las tropas y para los gastos de la numerosa artillería, seguro de que la principal condición para vencer a los enemigos consistía en acometerlos rápidamente.

Una de las mayores dificultades que había que resolver era la de reprimir la osadía del conde de Lemos, que, violando los pactos, había ocupado por fuerza de armas a Ponferrada. Este hecho, merecedor de toda reprobación, por haber faltado a tantos deberes, había infundido sospechas de alguna novedad tramada por los magnates gallegos, la que, como suele suceder, no tardarían en secundar los demás grandes del reino. Por esta causa creyeron los reyes que debían combatirse en sus principios las arrogantes empresas del conde que, confiado en que la atención del rey estaba fija preferentemente en los preparativos de la guerra de Granada, había cometido graves desafueros y llegado hasta exterminar a las tropas enviadas a Galicia por orden de don Fernando. Desde Alcalá se trasladaron los reyes a Madrid, y después de adoptar varias resoluciones, el rey se adelantó a Segovia, adonde le siguieron la reina y su hija.

Allí trataron con más detenimiento de las medidas convenientes para extirpar la herejía de los judaizantes, y resuelta la marcha a Medina del Campo, se ocuparon en esta población en proveer a lo necesario para la tranquilidad de todo el territorio. De ella esperaban los reyes favorables consecuencias para reprimir los tumultos suscitados por el temerario joven en las fronteras de Galicia, y creían que el solo anuncio de la llegada del rey airado le impondría temor y bastaría para sofocar las revueltas. Pero, para conocer mejor los propósitos del joven, y para traerle a caminos de paz y de obediencia, enviaron los reyes a Galicia a don Enrique Enríquez, pariente del conde don Rodrigo Osorio, y muy de su intimidad, a fin de que, valiéndose de su prestigio, pudiera enterarse de todo y reducir al joven, con sus amistosos consejos, a sentimientos de mayor obediencia. Este camino pareció más práctico que el rigor de los castigos, porque el tropiezo de cualquiera novedad retardaría seguramente el triunfo que se aguardaba de la guerra de Granada.

En espera del resultado de la comisión dada a don Enrique Enríquez, los reyes proveían con gran celo a los demás asuntos de aquellos pueblos. Porque habían levantado gran escándalo los fallos dados en varias cuestiones por el arzobispo compostelano, don Alfonso de Fonseca, que había demostrado cómo debían atajarse los dilatorios, enredos de leguleyos de mala fe, ejercitados en las polémicas y azote de las repúblicas, acortando los trámites de los litigios, con gran utilidad de las partes. Su profundo conocimiento del Derecho le había permitido destruir la plaga de abogados, y con las facultades de que para este fin le había investido el rey, había logrado arrojar de la tierra a los astutos enredadores de pleitos, para que en adelante no padeciesen los fueros de la justicia. Algunos de sus fallos habían recaído en causas inicuas entre grandes; y como algunos de ellos resistieran el cumplimiento de las justísimas sentencias pronunciadas, el arzobispo se trasladó de Valladolid a Medina para reclamar contra la maldad de los desobedientes. La acertada conducta del prelado mereció la entera aprobación de los reyes, que prometieron adoptar resoluciones en consonancia con ella. Luego le encargaron, juntamente con el condestable don Pedro de Velasco, del gobierno de estas provincias, para que, el uno con su ilustración y el otro con su poderío, refrenasen cualquier intento sedicioso en tanto que los reyes permanecían en los confines del reino de Granada.

Poco después don Enrique Enríquez, tío del rey, le escribió el ningún resultado que con sus consejos había obtenido cerca del conde de Lemos, y cuán necesario era apelar a la fuerza, visto el ningún pesar que manifestaba el joven de los desafueros cometidos. Inmediatamente don Fernando, siempre ocupado en preparar el término de la guerra contra los moros, puso al frente de 200 caballos y de 1.000 infantes a don Fernando de Acuña, nobilísimo capitán de antiguo conocido de los gallegos, y a Diego López de Haro, tan noble como activo; pero como estas fuerzas parecían insuficientes para tener a raya los desafueros de don Rodrigo Osorio, se encargó de esta empresa a don Rodrigo Pimentel, conde de Benavente, acérrimo rival del citado conde de Lemos (que precisamente en aquellos días se había apoderado de la joven nuera desposada con el hijo del de Benavente), a fin de que, como principal fautor y fomentador de aquellas luchas y turbulencias de los gallegos, se opusiese a los planes del rebelde conde hasta reducirle a prisión; pero, visto el afecto con que contaba entre los gallegos y la necesidad de fuerzas mucho mayores para luchar contra quien estaba apoyado por sus compatriotas, desistió por entonces del empeño.

Dispuestas por todas partes éstas y otras expediciones análogas, los reyes consagraron su atención a los asuntos que exigían urgente remedio. Había muerto en aquellos días en Plasencia la duquesa de este título, doña Leonor Pimentel, que durante su vida había manejado a su capricho al duque, antes integérrimo, hasta reducirle a una vergonzosa dependencia. Muerta la duquesa, el anciano, cual si despertara de un sueño, recobró todas sus energías, por tanto tiempo anuladas. Su nieto Álvaro de Estúñiga, hijo del primogénito Pedro de Estúñiga, vino a visitarle, a lo que se había negado mientras vivió la cruel madrastra que, a fin de dejar a sus hijos la total herencia del Estado, había tratado de exterminar al citado nieto, legítimo heredero, y a toda la progenie del hijastro.

La muerte de la duquesa Leonor obligó a los reyes a dejar otros viajes por el de Alba de Tormes para visitar allí al duque de Alba, don García de Toledo, enfermo a la sazón, porque en él tenía puesta toda su confianza la duquesa doña Leonor, desde que, a causa del nuevo parentesco, el noble y magnánimo don García había convertido en estrecha alianza las antiguas discordias. Estaba casada la hija del duque de Plasencia, don Álvaro de Estúñiga, con el primogénito del de Alba, don Fadrique, y éste guardaba grandes consideraciones a la suegra, doña Leonor, como a mujer varonil, dueña absoluta de la voluntad del anciano consorte para disponer a su antojo del gobierno de sus vastos Estados.

También influyó en la determinación de este viaje el deseo de poner término a las disensiones entre el citado don García y el conde de Miranda, don Pedro de Estúñiga, cuya causa defendía con tesón el condestable, su suegro, y no parecía deberse amparar con el derecho cuando iba degenerando en facción funesta para los intentos de ambas partes. Eran tantos los gérmenes de futuros males sembrados por unos u otros entre aquellos grandes, que la cuestión parecía debía zanjarse por la espada mejor que por las decisiones de la justicia, y como todos ellos estuviesen afiliados a uno o a otro partido, los reyes resolvieron, antes de pasar a Andalucía, obtener alguna concesión del de Alba en aquella visita. Sus amigos le encontraron tan afectado por la enfermedad como por la cólera, principalmente por creer que don Fernando había hecho poco caso de sus muchos servicios y preferido el favor del condestable hacia su yerno.

La visita de los reyes fue para el duque grandemente beneficiosa, porque, costándole trabajo subir sostenido por dos pajes a recibir a los regios visitantes a las habitaciones del piso alto, al punto pareció haber recobrado su vigor, y el condestable don Pedro de Velasco, allí presente, con deliberado propósito, dirigió al duque afectuosas palabras. Así terminaron las pasadas rivalidades, quedando, por la prudencia de los reyes, completamente extinguidos en la primera entrevista todos los gérmenes de malquerencia. Dos días permanecieron los reyes en Alba, admirando y elogiando el suntuoso aparato que el duque desplegó en los banquetes.

Luego enviaron mensajeros a dar al duque de Plasencia, residente en Béjar, el pésame de la reciente desgracia que, más que a causarle pesadumbre, había venido a devolverle la libertad de que el capricho de su mujer le había tenido privado. También le recomendaron eficazmente la causa de su nieto, don Álvaro. Continuaron luego el viaje al monasterio de Guadalupe, y cumplidas las devociones, el 28 de abril entraron en Córdoba.

Tenía ya preparadas para día señalado el comendador de León, don Gutierre de Cárdenas, numerosas fuerzas de caballería e infantería, pedidas a los pueblos de Andalucía, juntamente con las provisiones necesarias. En Écija se trabajaba furiosamente en la construcción de toda suerte de máquinas de guerra, y estaban preparados numerosos carros para el transporte. Infundían éstas gran terror a los moros que, acostumbrados a toda clase de guerra, nada les causaba en los pasados años mayor espanto que el repentino estrago de murallas y baluartes.

Por estos días arribó a las costas de San Lúcar de Barrameda, procedente de Inglaterra, el duque Eduardo, señor de Villascalessi, que había logrado escapar de la crueldad de Ricardo, usurpador del trono de Inglaterra, y que en su ansia de reinar, había hecho dar muerte al hermano del duque y al sobrino, hijo del rey Eduardo. Pero aquel noble, de ánimo esforzado, se refugió en la Bretaña francesa; permaneció algún tiempo al lado del legítimo heredero de la corona de Inglaterra, Enrique de Richmond, nieto del difunto rey Enrique, y luego se ofreció a acompañarle en la afortunada expedición a aquel reino. Poco después, en la batalla entre el invasor Enrique y el soberbio Ricardo, pereció éste y fue proclamado rey el vencedor por aclamación de la nobleza y de los pueblos. Inmediatamente marchó a España Eduardo de Woodville, de la ilustre prosapia de Luxemburgo, por su madre, con intención, a lo que se cree, de pelear con los enemigos de la cruz, empleando sus energías, antes gastadas en sangrientas luchas sediciosas, en favor de la justa causa de la guerra.

Embarcóse con rumbo a Sevilla en compañía de 300 caballeros principales, movidos todos de igual impulso, por confiar los ingleses, cansados, de luchas intestinas, en obtener el perdón de todos sus pecados si peleaban contra los moros granadinos, acérrimos enemigos de la religión cristiana. La fortuna se les mostró favorable, pues fue tan oportuna la llegada de Eduardo con sus compañeros de armas cual la de ningún otro soldado español. Detúvose algunos días en Sevilla, ocupado en prevenir el armamento y comprar caballos, y fue a encontrar a don Fernando a los términos de Loja, donde le recibieron con gran honra el rey y los grandes. Cuando la reina supo el propósito y la llegada de Eduardo, le envió desde Córdoba doce magníficos caballos con hermosos arreos y paramentos; tiendas, provisiones abundantes y todo lo demás necesario para un gran príncipe. La memoria de su abuela, doña Catalina, madre de don Juan II de Castilla, había bastado para que doña Isabel, nieta del rey de Inglaterra, usase de su innata liberalidad, honrando con cartas y con mercedes a este insigne príncipe, y procurando, según se dijo, que se le diese el primer lugar entre los demás caballeros extranjeros que a esta guerra acudieron, porque sus hazañas eran dignas de los mayores premios.

Visitó Eduardo al rey; admiró el más numeroso y excelente ejército que jamás había visto, así como el bélico aparato y la innumerable artillería y máquinas de guerra, y comprendió que no tendría que esperar mucho para habérselas con el enemigo, pues a poca distancia se divisaban las murallas de Loja, blanco de los ataques que se aguardaban. Pero con exquisita astucia procuró evitar el sitio de esta plaza el destronado rey de Granada Boabdil, sujeto, como se dijo, a la voluntad de don Fernando, en virtud de los pactos, y que le había ocultado la fingida reconciliación con su tío Abohardillas. Éste, odiado de la mayor parte de los moradores de Granada, luchaba a la sazón con grandes dificultades para conservar el mando de la ciudad, y se esforzaba por tener a raya a los partidarios de Boabdil, casi todos vecinos del Albaicín, barrio habitado por los moros más belicosos, porque en los otros vivía la multitud dedicada a vulgares trabajos manuales, y se ocupaban menos de asuntos militares.

Los del Albaicín, aunque inferiores en número, siempre fueron reconocidos superiores en valor por su destreza en el manejo del arco y por su odio a la molicie. Llegaba a 20.000 el número de estos valientes guerreros, adictos a Boabdil y contrarios a Aborhadillas. En sus diarias luchas y revueltas con los demás habitantes de Granada proclamaban por su rey a Boabdil. Aquellas frecuentes contiendas y terribles ataques del bando contrario tenían a Abohardillas encerrado en la Alhambra, donde el terror solo le permitía atender a acabar por cualquier medio con las sediciones. Pero los faquíes y los ancianos convocados a consejo no hallaron medio más conveniente que pactar entre Abohardillas y Boabdil una alianza por la que se diese a arribos el título de rey; que el tío conservara bajo su dominio a Granada, Málaga, Almería, Almuñécar y Vélez-Málaga, y el sobrino Boabdil tuviese el señorío de Cartagena, cuya mayor parte había recuperado, y que se le daba muy de grado a fin de que evitara el riesgo de la guerra. Con intencionada previsión el tío encargó al sobrino de la defensa de Loja, que los granadinos temían había de combatir don Fernando, si bien por consideración a Boabdil esperaban verla libre del ataque, ya que se había confiado recientemente el mando de la plaza a un príncipe sometido de antes a su dominio.

No se escapó esta añagaza a la penetración de don Fernando. Salió de Córdoba y emprendió la marcha por caminos en que podía amenazar muchos poblados de los moros, dejándolos en la duda de si caería con todas sus fuerzas sobre Málaga, Vélez-Málaga o Loja. Cuando por fin sus vecinos y el régulo Boabdil comprendieron que todo aquel bélico aparato se destinaba al sitio de la ciudad, enviaron embajadores a don Fernando para rogarle de parte de Boabdil que desistiese de hostilizar a un príncipe y a unos ciudadanos tan a su devoción. Suplicábanselo, decían, con justicia, y con justicia también debía concedérselo un rey a quien estaba Boabdil obligado a obedecer, y mucho más cuando se le ofrecían mayores facilidades de sitiar otros pueblos con tener asegurado por allí el paso las tropas de don Fernando enviadas contra Málaga o Vélez-Málaga.

Contestó don Fernando que no estaba obligado por los pactos a renunciar a la oportunidad de combatir a los de Loja porque el rey Boabdil hubiese aceptado la defensa de la ciudad, por cuanto desde el principio de los pactos siempre el mismo Boabdil la había exceptuado del número de las ciudades aseguradas de todo ataque, aun cuando por accidente o por otra cualquier causa los de Loja le proclamaran rey.

Mientras esto se trataba, alguna caballería de don Fernando, enviada a recorrer las encrucijadas contra los granadinos, se apoderó de unos cuantos y les obligó por la fuerza a confesar que Boabdil había convenido con Abohardillas en emplear toda clase de medios para hostilizar a los cristianos y sostener a toda costa la secta de Mahoma.

Inmediatamente se preparó el sitio de Loja, y con igual diligencia, acaso para librarse de toda sospecha de los ciudadanos, Boabdil mandó a sus tropas que atacaran a las nuestras, ya poco distantes del arrabal. Al punto se trabó terrible combate. Los de don Fernando acometieron con furia a los confiados enemigos, en su ansia de vengar la derrota que los de Loja les habían hecho sufrir cuando un puñado de ellos puso en fuga a nuestras numerosas tropas y cayó sin vida el maestre de Calatrava, don Rodrigo Téllez Girón. Los 4.000 peones y cerca de 500 jinetes moros que con tanto arrojo salieron contra los nuestros, se figuraron poder empeñar escaramuza con más seguridad de la que luego encontraron entre los muros de los arrabales, donde las piedras y conocidas angosturas les ofrecían tanto amparo como a los nuestros peligro. Vana resultó su esperanza, porque muchos de los nuestros treparon a una altura, y otros valientes, sin hacer caso de la desventaja del terreno, se lanzaron a través de peñascos y hondonadas contra los moros y les obligaron a retroceder con pérdida de muchos de los suyos y a refugiarse en las defensas de los arrabales. Un fuerte pelotón de los nuestros, al perseguirlos, se encontró en la misma entrada del arrabal revuelto con el enemigo aterrorizado.

El conde inglés Eduardo, confiado en el valor de su gente, fue al encuentro de unos moros apostados en una estrechura. Al punto, una piedra arrojada desde allí destrozó al esforzado capitán la quijada y las muelas. Los suyos, a ejemplo del jefe, peleaban con ardor; derribaban cuantos moros se oponían a su paso, y cada uno de los cuatro que sucumbieron a sus golpes había enviado a los infiernos antes de morir a cinco, seis o más agarenos, de modo que por todas las calles del arrabal encontraban los ingleses montones de cadáveres de los granadinos. Igualmente los españoles iban acuchillando a los eternos enemigos de la cruz hasta el antemural de la ciudad y puerta de entrada, insuficiente para dar paso a la muchedumbre de fugitivos aterrorizados. No quedó con vida uno solo de los que no lograron franquearla, y ni a los niños y demás seres indefensos perdonaron las tropas, de modo que por todas las calles se veían correr arroyos de sangre. Costó a los nuestros su arrojo cerca de 400 muertos y más de 500 heridos, la mayor parte de los que ocuparon la colina que domina la ciudad. Faltos de armaduras, sus pechos sirvieron de blanco a los ballesteros situados en el llano. Entre los moros que pelearon aquel día fue reconocido Abrahím de Robledo, intérprete muy querido de Boabdil. En el primer encuentro nuestros jinetes le echaron en cara su perfidia diciéndole:

—«Parece, Abrahím, que te se olvidaron los favores recibidos.»

A lo que contestó él:

—«Ahora vais a sufrir otra derrota semejante a la que en este mismo sitio sufristeis no ha mucho.»

Corrió entonces la voz de haber tomado Boabdil parte en el combate y retirádose herido al alcázar. Pero en este día, en otros muchos y hasta el fin, los hechos demostraron cosa bien diferente.

El noble duque del infantado don Íñigo de Mendoza, que había traído desde lejanas provincias 600 lanzas escogidas y cerca de 2.000 peones, cumplió cual correspondía a su honor y a la reputación de su gente. Como todo parecía ir preparando la victoria del rey, estableciéronse sin tardanza tres campamentos en situación de poder acabar con el enemigo. Había demostrado la experiencia a don Fernando que se necesitaban puentes para el rápido paso de las tropas por el río Genil, que lame las murallas de Loja, porque no era vadeable. Inmediatamente mandó construir dos puentes de madera a uno y otro lado de la ciudad y cortar el que utilizaban sus moradores. A un tiempo quedaron echados los primeros y destruido con admirable celeridad el último.

Maravillosa fue también la destreza del marqués de Cádiz, que jamás faltaba a nada de lo que a un ilustre caudillo competía. Primero siempre en acometer arriesgados lances, persistía tenazmente hasta darles remate: encontrábasele siempre allí donde hubiese enemigos que combatir, y su invencible esfuerzo y su extremada pericia le habían granjeado especial favor y afecto por parte de don Fernando. Él se encargó de destruir el puente de que usaban los de Loja, operación que costó la vida a algunos valientes que en ella se ocuparon. Cuando ya los nuestros tuvieron paso libre por los dos puentes y a los de Loja se les privó de toda salida, se establecieron y fortificaron los campamentos, dando cara a Granada. Otros dos se situaron en la opuesta orilla del río, asegurados por todas partes con trincheras, de modo que nadie podía salir de la ciudad sin exponerse a muerte segura. Empezó enseguida la artillería a batir las murallas, que pronto quedaron cuarteadas a los tiros de lombardas y trabucos. Dentro de la población se derrumbaron gran número de casas, y los que antes habían acusado de cobardía a los de Ronda y a los demás defensores de poblaciones por haberse rendido aterrorizados por el estrépito de las lombardas, ya poseídos de igual espanto, solo pensaban en salvarse y salvar a sus mujeres e hijos. Dícese que contribuyó a aumentar el terror de los de Loja el haber oído asegurar a Boabdil en los consejos que el poderoso don Fernando, acérrimo enemigo de todos los mahometanos, quería principalmente descargar su cólera contra los de Loja, haciéndolos perecer entre crueles tormentos. Su ingratitud, añadía Boabdil, había redoblado la furia del rey, porque sobre olvidar tantos favores recibidos después de alcanzada la libertad, había roto todos los pactos jurados, por el anhelo de conservar la posesión de la ciudad. Era, pues, locura esperar auxilio alguno para los habitantes, cuando ya los de Granada tenían perdida hasta la esperanza de la propia salvación. Y si el tenaz don Fernando, como se estaba viendo, derruidas las murallas, penetraba en la ciudad a la cabeza de las enfurecidas tropas, no quedaría género de suplicio ni crueldad que no emplease contra los vencidos.

Estas razones de Boabdil, de tal manera aumentaron el miedo de los moradores, que dejaron a su arbitrio el impetrar algún amparo en aquel trance. A los nueve días de la entrada de nuestra gente en el arrabal se rindió la ciudad con estas condiciones: Los habitantes podrían marchar libremente y bajo seguro adonde quisieren, y llevar consigo y en sus acémilas cuanto pudiesen transportar de sus haciendas.

Desfiló aquella multitud antes tan soberbia ante el rey don Fernando, después que por su orden quedaron en libertad más de cien cautivos cristianos. Luego salió a caballo Boabdil, último rey de los vencidos de Loja, y como avergonzado de su ingratitud, bajó la cabeza, y echando pie a tierra, besó los pies a don Fernando. Hízole éste montar de nuevo, y el vencido monarca marchó a Priego para dirigirse luego a las poblaciones de cuya obediencia le constaba, y cual heraldo del vencedor, dar seguridades en su nombre de que disfrutarían vida más segura todos los moros que guardasen fidelidad a Boabdil.

Los restantes moradores de Loja quedaron confiados al marqués de Cádiz, que los condujo en toda seguridad hasta el lugar señalado por el camino de Illora. Al volver al campamento divisó a lo lejos unos 200 jinetes ocupados en el inicuo despojo de los moros. A pesar de su diligencia no pudo evitar el robo de algunos ajuares; pero en su justa indignación alanceó a algunos y apresó a los últimos fugitivos, que por orden de don Fernando fueron condenados a muerte.

La alegre noticia de la rendición de Loja, antes intentada con desgracia, fue de gran consuelo para la reina, que, intranquila por la suerte del amadísimo consorte, había pasado días y noches en oraciones y ayunos. En cuanto llegó el aviso de la deseada entrega de Loja, mandó llevar allá todos los ornamentos sagrados que encontró a mano, y que las mezquitas, por tanto tiempo dedicadas a las execrables prácticas de la religión mahometana, se consagrasen al culto y exaltación de la santísima cruz y a honor de la reina de los cielos. Y esto con tal devoción, que para todos los fieles fue inconcuso que en el feliz resultado influyeron no poco las virtudes de la reina, sus ardientes súplicas al Altísimo y su innata caridad hacia los que formaban en el ejército cristiano. Para curar a los heridos y enfermos había dispuesto en los campamentos cuanto pudieran tener preparado en su casa las personas más opulentas, y con tal abundancia y cuidado, que ningún enfermo pudiese echar nada de menos.

Unánimes los dos regios cónyuges en el propósito de proseguir la victoria, y encargada la guarnición de Loja al alcaide Álvaro de Luna, se dio orden al ejército y a gran parte de la artillería y máquinas de guerra de marchar contra Illora, villa que da frente a Granada, en tan excelente situación y tan bien defendida, que los granadinos la llamaban su ojo derecho, y creían que debía estar casi ciego el que pretendiera despojarlos de él.

No quiso por entonces don Fernando poner sitio a Montefrío, aunque más próximo a Granada, porque, si bien situado a la falda de las montañas entre Loja e Illora, las rocas que le servían de antemural habían de prolongar mucho el sitio y apenas quedaba espacio para el fuego de las lombardas. Otro motivo para no intentarle fue que Illora podía proteger a Montefrío, pero no éste a Illora, y una vez tomada esta villa, la guarnición de la otra quedaría sin defensa. Fundado en estas razones, el belicoso rey don Fernando puso al punto cerco a Illora, y emplazada rápidamente la artillería, con gran sorpresa de sus enemigos, apoderóse de sus ánimos el terror que poco antes habían experimentado los de Loja. Como no abrigaban esperanza alguna del socorro de los granadinos, el 8 de junio se rindieron bajo condiciones algo más duras que las impuestas a Loja, puesto que solo a los inermes se permitió dirigirse libremente adonde quisiesen, llevando de su hacienda lo que cada uno pudiese transportar.

Turbó la alegría del triunfo un tumulto provocado en los reales por la soberbia indisciplina de los asturianos, contra los de Sevilla. Pero no escapó sin terrible castigo ninguno de los sediciosos, para que no olvidaran los demás la obligación de mantenerse pacíficos en los campamentos y guardar la legítima bravura para pelear con el enemigo.

Por aquellos días se entregaron a don Fernando algunas aldeas de moros entre Loja y Alhama y otras más cercanas a la primera, hacia el término de Mora, llamadas Zagra, Salar, Çagadix y Baños. El rey se dirigió a la fortísima villa de Moclín. La reina, que entre otros cuidados atendía a recoger por todas partes dinero para la paga de los soldados le enviaba con frecuencia a los reales cuanto podía reunir. A ninguno de los caballeros que habían acudido a Córdoba a la guerra contra los infieles dejaba sin recompensa, y mereció calurosos elogios el noble y esforzado señor de Pregi, por haber acudido desde lejanas tierras con escogidos compañeros de armas a la guerra de Granada. Sintió mucho este caballero no haber llegado antes a los reales, para alcanzar para los franceses igual lauro que los ingleses, que tal es la emulación que el espíritu guerrero despierta en los pechos de los valientes. La presencia de extranjeros en las operaciones de la guerra obligó a la reina a visitar con más solicitud las poblaciones tomadas por don Fernando.

Salió, pues, de Córdoba y se dirigió a Moclín, sitiada por el rey. Esta villa, muy fuerte por su posición, se consideraba como el baluarte de Granada, porque asentada sobre una escarpada altura, dificultaba extraordinariamente el tránsito por las estrechas sendas a nuestras tropas, destinadas a la tala de los campos granadinos. Las revueltas del terreno que rodeaba la falda de la eminencia y los peñascos y espesos manchones de bosque que borraban los senderos eran otro peligro para los nuestros, como había demostrado el año anterior el descalabro sufrido por el conde de Cabra, don Diego Fernández de Córdoba, si bien hasta entonces más se achacaba a su temeridad que a la naturaleza del sitio.

Luego que el rey, en su anhelo por apoderarse de la villa, la sitió con todo el ejército, tropezó con más obstáculos de los que esperaba. Una sola y muy difícil entrada se le ofrecía para el ataque, porque aquella cima era inaccesible para los nuestros por todas partes, excepto por el frente, donde se quería emplazar la artillería; y se necesitaba trabajar mucho para dejar libre de rocas a las máquinas de guerra la subida a los puntos más altos. Los escogidos soldados granadinos tenían por inexpugnable la posición que se les había encomendado, y esta confianza enardecía sus ánimos para proponerse obstinada defensa. Los habitantes, por su parte, acostumbrados de toda la vida a los peligros de la guerra, y dispuestos a defender su libertad, su religión, sus moradas y sus haciendas, habían resuelto resistir hasta el último extremo. Así, pues, el rey estaba convencido de que, o había de desistir de la empresa, o había de emplear largo tiempo en llevarla a cabo.

Lo primero, hacía temer para en adelante muchos inconvenientes; lo segundo, amenazaba con gastos intolerables y acaso brindaría ocasión a la multitud de los granadinos para invadir los reales. Pero ninguna de estas consideraciones prevaleció ante el magnánimo anhelo de don Fernando por apoderarse de la villa, y con la mayor celeridad posible hizo que desapareciesen del camino las rocas para que los carros y artillería pudiesen aproximarse al antemural de la población.

Por loca tenían los moros la empresa, seguros de que el diario disparar de miles de tiros de piedra de las lombardas no bastarían para destruir aquel baluarte natural de rocas. Además, tenían por seguro los de Moclín que disponían de medios para anular los efectos del fuego encerrado en aquellas pelotas que, volando por los aires durante las noches y estallando por todas partes, habían llenado de excesivo terror a los defensores de otras villas. Pero la divina omnipotencia proporcionó de repente un medio que facilitó la empresa. Uno de los morteros lanzó a los aires durante la noche una bomba que, pasando por cima del cerro, fue a caer casualmente en la parte del alcázar considerada por los de Moclín como inexpugnable y donde habían almacenado la pólvora, el azufre, el nitro y las provisiones. Prendida la pólvora, todo lo demás lo consumió el fuego en un instante, y cundiendo entre los moros el terror y la desconfianza de poder continuar la defensa, al día siguiente ya se hablaba de rendición, porque, además de la falta de alimentos, sin pólvora era inútil la artillería con que antes hacían tanto daño a los nuestros. Especialmente los ribadoquines cogidos al conde de Cabra habían hecho muchas bajas entre los cristianos.

Rindióse Moclín a don Fernando el 17 de junio, y la reina fue a Loja a felicitar a don Fernando por el triunfo de que con tanta alegría había sido testigo. Luego se ocupó en preparar el sitio de Montefrío, mientras el rey disponía la tala del campo granadino, a fin de obligar a la multitud de moros ensoberbecidos durante tanto tiempo a sucumbir por causa de su mismo número ante la escasez de víveres.

Cayó entretanto Colomera en manos del vencedor, que había enviado a sitiarla regular número de tropas, y con la rendición desmayó la confianza de los defensores de Montefrío, perdida la esperanza de recibir socorro alguno. Hízose la entrega bajo las mismas condiciones que la de Illora.

En tanto el rey daba prisa a los preparativos de la tala; pero como la marcha se iba difiriendo, los granadinos apelaron a la astucia para detener el daño que les amenazaba, ofreciendo a don Fernando la libertad de mil cautivos si desistía de la tala de los campos. El piadoso corazón del rey católico se compadeció de aquellos infelices cristianos y accedió a lo propuesto, aunque con la condición de que había de elegir los cautivos él mismo entre los más nobles.

La sagacidad de don Fernando tardó poco en descubrir el ardid de los granadinos, encaminado a salvar la recolección de los frutos más que a cumplir las condiciones de lo tratado, y así adelantó la marcha con la mayor parte de las tropas, dejando fuerza muy suficiente y la artillería y máquinas más poderosas para el ataque de Montefrío. Los moros tenían dentro de Granada unos 2.000 jinetes y 60.000 peones, espiando la oportunidad de caer sobre los nuestros en cuanto los sorprendieran en algún descuido. Conocido el plan de don Fernando, y siguiendo el parecer de su rey Abohardilles, hicieron marchar a su encuentro el núcleo de su ejército a fin de trabar escaramuza con los nuestros al paso del puente de Pinos o en los vados del Genil, porque en esta clase de combates se consideraban siempre superiores. Si se ofrecía ocasión de empeñar batalla campal, entonces acudiría rápidamente el resto del ejército, y el esfuerzo de un solo día les ahorraría larga serie de trabajos. Y no parecía difícil encontrar la ocasión durante la marcha del enemigo por caminos estrechos y en muchas partes obstruidos, o en la vega de Granada, cortada por tantas acequias. Pero el rey caminaba siempre con las batallas ordenadas para cualquier encuentro. Vieron los granadinos que observaban la marcha de nuestro ejército, que no se les ofrecía otra oportunidad de pelear sino atacando a la retaguardia, compuesta de unas 500 lanzas y capitaneada por don Íñigo de Mendoza, y así la acometieron con furia por el flanco, saliendo de repente y según su costumbre, con espantoso vocerío de las espesas arboledas que cubren aquel terreno.

El valiente caudillo resistió la embestida con esfuerzo superior a lo que permitía el corto número de su gente; pero la multitud enemiga, compuesta de cerca de 1.500 jinetes y más de 10.000 infantes, la iba estrechando de tal modo que la hubiera aniquilado en aquella angostura a no haber visto volar a su socorro antes de lo que imaginaba al ejército entero de don Fernando. Mientras atendían prudentemente a la defensa, fueron acudiendo, primero el marqués de Cádiz y enseguida otros y otros de los más esforzados capitanes, con lo que muchos de los granadinos abandonaron el campo, y aquella primera acometida de los enemigos se convirtió en vergonzosa fuga. Los conocedores de las sendas lograron escapar de la muerte; pero aunque de la gente de don Íñigo sucumbieron unos veinte y quedaron heridos otros muchos, la matanza de los moros fue mucho mayor. Llegaron los nuestros en persecución de los fugitivos hasta los olivares próximos a la ciudad, donde nuevamente se trabó escaramuza, en que iba sucesivamente tomando parte gran muchedumbre de granadinos.

A uno de los nuestros, cubierto de resplandecientes armas, don Juan de Aragón, hijo legítimo del arrojado capitán difunto don Alfonso de Aragón, y nieto del rey don Juan de Navarra, le metió su caballo emparamentado entre los enemigos, en los que hizo gran estrago, y le hubiera hecho mayor, a no atravesar una lanza enemiga el cuello del corcel. El ejemplo de este caudillo excitó de tal modo el ardor de los nuestros, que los moros se refugiaron a todo galope en la ciudad y los dejaron en libertad para la tala de los campos, tan rigurosa, que en dos días hizo perder a los granadinos todas las esperanzas de recoger alguna cosecha. No quedó en pie, en una gran extensión, fruto alguno en la tierra que no destruyesen nuestros soldados con el fuego o el hierro, y aunque don Fernando quería extender más lejos el estrago, tuvo en cuenta el cansancio de los caballos, el abatimiento de los soldados, muertos de fatiga y abrasados por el Sol, y la falta de dinero para el abono de las pagas atrasadas.

Sabiendo, por otra parte, que el enemigo, confiado en su numeroso ejército de más de 2.000 jinetes y 60.000 peones, acechaba una ocasión para caer de repente sobre nuestros fatigados soldados, no quiso detenerse más, y sacándolos de allí, los permitió regresar a sus casas. De la defensa de las poblaciones conquistadas en aquella entrada encargó a hombres de tan acreditado valor como don Álvaro de Luna, nieto del difunto condestable, y al que, como dije, dio la tenencia de Loja; la de Illora, al noble y esforzado Gonzalo de Aguilar; la de Ribera, la de Montefrío, y la de Colomera, a Fernando Álvarez de Alcalá, conocido antes por Gadea. Tomadas estas disposiciones, regresó con la reina a Córdoba a los cincuenta días de su salida para la guerra.

De todas partes llegaban avisos de novedades que exigían consideración, y a que durante el fragor de la guerra de Granada no había sido posible atender cual era debido.

El conde de Lemos, don Rodrigo, en una repentina salida, había derrotado a las tropas del de Benavente enviadas al cerco de Ponferrada, destruyendo así todas las fuerzas acumuladas contra él, como ya dije.

Al rey de Nápoles, don Fernando, lo preocupaba más cada día el cuidado de rechazar a sus enemigos, porque, si bien él y su primogénito, don Alfonso, con las fuerzas auxiliares, les habían opuesto seria resistencia y hecho perder al papa Inocencio la confianza en la rebelión de algunos grandes, sin embargo, había surgido motivo para más extensa guerra; que la ambición del pontífice trabajaba por que rompiesen los franceses, aconsejado por el cardenal Julián. Éste había ido a Génova y allí solicitado con instancia la presencia del duque de Lorena, y con el cebo de concesiones suficientes para alcanzar la corona de Nápoles, el papa había encauzado los soberbios pensamientos del príncipe francés. Era seguro que de aquí surgirían numerosos riesgos para el rey de Nápoles don Fernando, porque con esta lucha despertarían las enemistades, encarnadas en los corazones, y sin el aniquilamiento de una de las partes sería imposible acallarlas.

Queriendo el rey don Fernando de Castilla cortar estos males en su principio, había enviado varios embajadores al papa; mas, convencido de la mayor eficacia de la fuerza que de la razón en estas cuestiones, trató de enviar oportunamente en auxilio de su primo una armada, tanto por el parentesco y alianza que entre los dos mediaban, como para quitar la esperanza de invadir la Sicilia al papa, a los franceses, venecianos y genoveses. Porque a todos estos se los consideraba ansiosos de apoderarse del señorío de las islas poseídas por los aragoneses si lograban vencer al rey de Nápoles, primo hermano de don Fernando. Así supo éste con alegría la noticia de que se reunían fuerzas en favor de su primo; trabajó por robustecer su poderío y se quejó de los genoveses, que en aquellos días recorrían hostilmente las costas de Cataluña, tal vez buscando oportunidad para nuevos trastornos. Mandó apostar en el puerto de Cádiz cuatro galeras al mando del conde de Trivento, don Galcerán de Requeséns, y preparó lo necesario para equipar mayor armada.

Dispuestas con gran diligencia estas cosas en Córdoba, los reyes resolvieron salir de Andalucía y marchar a Castilla, no sin reforzar antes las guarniciones fronterizas a los granadinos. Con amables frases animaron al noble joven francés, señor de Cruil, que llegó tarde a Andalucía a causa de la larga navegación, y procuraron demostrarle con algunos obsequios cuánto le agradecían su actividad y el no haber reparado en trabajos ni gastos por su anhelo de combatir con los infieles.

Resueltos a reprimir los tumultos de Galicia, provocados por la osadía juvenil del conde de Lemos, juzgaron conveniente prolongar la estancia en Jaén del príncipe don Juan, que residía allí a la sazón, porque su tierna edad no era a propósito para las fatigas y trabajos de una larga marcha. A su lado quedaron también sus hermanas, menores que él, mientras los reyes y su primogénita doña Isabel, ya en edad núbil, se disponían a marchar a Galicia. A poco, y por consejo de los médicos, se trasladó el príncipe con sus hermanas a Almagro, para huir de la peste que decían infestaba toda aquella parte de Andalucía.

Entretanto los reyes, continuando sus largas jornadas, llegaron a Segovia y visitaron otras ciudades y villas, adoptando en todas prudentes medidas de gobierno. Su principal objeto era, sin embargo, el extinguir las revueltas de los gallegos, y así aceleraron la marcha hacia Ponferrada para quebrantar la feroz resistencia que el audaz conde de Lemos oponía a los que combatían la villa. La repentina presencia de los reyes, temible siempre en todas partes, infundió tal terror entre los principales gallegos partidarios del temerario joven, que don Fernando y doña Isabel penetraron en la villa sitiada y casi todos los gallegos declararon haber sido engañados en aquella empresa por el conde de Lemos con la especie de que la defensa de Ponferrada se hacía con inteligencia de los reyes, a fin de burlar al falaz conde de Benavente, ansioso del dominio de Galicia, como se le había hecho desistir del frustrado sitio de la Coruña.

Perdido el apoyo de todos los gallegos, el conde de Lemos tuvo que pedir excusas de su proceder y enviar mensajeros a dar seguridades de haber obrado en interés de la corona. Aunque no espontáneamente, al punto confirmó con hechos sus afirmaciones, poniéndose incondicionalmente al servicio de los reyes, entregándoles el alcázar de Ponferrada, considerado por todos inexpugnable, y prometiéndoles darles los demás castillos de sus Estados, sin pretender su propia libertad hasta el completo cumplimiento de sus promesas.

Realizado todo en brevísimo tiempo, se acordó la marcha a Santiago de Galicia, ya más fácil y más alegre, una vez desaparecido el pesar que sentían los reyes por la reconocida maldad de los gallegos, arraigada en sus costumbres por larga práctica de desafueros y siempre en busca de males y subterfugios para prolongar de siglo en siglo sus desenfrenados hábitos de vida, como gente hecha a la lucha sangrienta de encarnizados bandos, quebrantadora de toda fe y juramentos y entregada al lujo, a la glotonería y a las demás disoluciones. Connaturalizados con ello los gallegos, rechazaban todo remedio equitativo, y no solo los más poderosos, sitio hasta los que sufrían las violencias de la tiranía, y que alternativamente y por mucho tiempo hacían a otros víctimas de sus atropellos. Cuando carecían de recursos, despojaban de los suyos a sus convecinos o atentaban contra su vida entre el encarnizado fragor de las facciones, huyendo luego a esconderse en la espesura de las selvas llenas de malezas y breñales. Pero a estos hombres, que de intento caminaban descalzos, poco les importaban las asperezas, encallecidos sus pies con el hábito de pisar los abrojos de los matorrales, y no les infundía el menor temor el formidable acoso de la caballería, a pesar de que los principales de aquella región eran muy diestros en el cabalgar.

No lo son tanto los asturianos, sus vecinos, y desconocen casi en absoluto semejante ejercicio los vascongados, moradores de la Cantabria en aquellas montañas limítrofes de Gascuña. Éstos son mucho más aptos que los gallegos para la navegación, y arrostran con más destreza y esfuerzo los riesgos del mar. En los combates por tierra, sin embargo, los generales romanos encontraron igual resistencia en todos estos pueblos, porque los gallegos, algunas veces, y los cántabros a menudo, sostuvieron con aquellos invasores encarnizada lucha, resueltos a arrostrarlo todo por su libertad. Por inveterada costumbre son los gallegos inclinados a maleficios y hechicerías, y estos detestables procedimientos podían haber retraído en gran manera a los reyes de visitar una región tan infestada; mas las singulares dotes de don Fernando y de doña Isabel rompieron toda dilación y supieron alcanzar el fin que se proponían. Porque los pueblos que habían conseguido antes cierto favor de la hermandad popular, de tal modo se apresuraron a rendir homenaje a la majestad real, que, como contra su voluntad, los más poderosos caballeros entregaron prontamente los pueblos y castillos más fuertes a las guarniciones enviadas por el rey.

Con esta seguridad, los ilustres cónyuges fueron a visitar devotamente la santa iglesia de Compostela, ciudad celebérrima en todo el mundo a causa de las venerandas reliquias de Santiago el Zebedeo. En el camino entraron a orar en una célebre capilla adornada con reliquias de santos, y la enriquecieron con generosos donativos. Ya llevaban algunos días en la iglesia de Compostela impetrando del cielo con sus votos la victoria del nombre cristiano por la intercesión del Apóstol patrono, cuando acudieron de todas partes los mas principales gallegos, que no habían podido adoptar otra resolución que la de humillar al punto ante la real majestad sus cervices durante largo tiempo tan soberbias. Entre otras excusas, prometieron, para en adelante, diligentes servicios, perpetua fidelidad y humilde acatamiento. Los reyes aceptaron con ánimo sereno así las excusas como las promesas; pero para llevar en lo sucesivo las cosas por vías de paz, desconocidas en todas partes por los gallegos, les indicaron la conveniencia de que los principales, por tanto tiempo divididos en banderías y verdadero azote de los pueblos, siguiesen a la corte, aceptando de buen grado los procedimientos de la justicia, a fin de que apareciese claramente lo que había sido consecuencia de la maldad de los tiempos y lo tramado por la perversidad de los culpables. Aseguráronlos que en los decretos futuros siempre se inclinarían más a la misericordia que al castigo. Manifestaron los caballeros gallegos cuán alegremente recibían estas promesas, y acompañaron a los reyes en su regreso.

Llegaban, entretanto, así por cartas como por mensajeros, frecuentes noticias de los sucesos ocurridos en Italia, a los que concedían nuestros reyes tanta importancia como si sus intereses estuviesen a merced de ellos. Cada día se congratulaban más los reyes de Nápoles de la buena marcha de sus asuntos. Desde luego habían empezado a observarse notables efectos de la comisión encomendada a la experiencia del conde de Tendilla, don Íñigo de Mendoza, asesorado, como dije, por los protonotarios que le acompañaban. De común acuerdo habíase resuelto aguardar en Florencia mientras el papa Inocencio continuase sometido a los siniestros consejos de hombres facciosos, y como la crueldad de la guerra da origen cada día a nuevos incidentes, diariamente el conde y los protonotarios iban observando en su residencia los reiterados cambios de fortuna, de modo que más bien parecía que estaban desempeñando el cargo de espías que el de embajadores. Mas el papa, impulsado por la misma experiencia de los sucesos, empezó a despertar de su engaño y a despreciar los dañosos consejos, apresurándose a aceptar los más útiles. Escribió en secreto al conde, llamándole a Roma para conferenciar con él privadamente. Obedeció al punto don Íñigo, y como el camino ofrecía algún peligro a causa de los frecuentes encuentros entre tropas de ambos partidos, eligió el viaje por mar y fue a besar los pies al pontífice en tiempo oportuno. Conocidas las intenciones del pontífice, para lo que lo ayudaron los consejos del cardenal Ascanio Sforza, favorable al partido del rey don Fernando, el conde fue a visitar al duque de Calabria, don Alfonso de Aragón, que, no lejos de la ciudad, en el camino de Ostia, tenía considerables fuerzas muy hostiles al papa. Tarde había éste conocido los astutos procedimientos del capitán de sus tropas auxiliares Roberto San Severino, más atentas a sacar dineros que dispuestas a resistir al enemigo. También le traía indignado el desenfreno de los soldados de la guarnición de Roma, que no retrocedían ante ningún crimen y públicamente cometían robos, homicidios y todo género de violencias con que tenían oprimidos así al pueblo como a los de la corte pontificia. A esto se añadía la escasez de víveres, el temor de las conjuras intestinas entre las facciones que se destrozaban, y el mal resultado del combate en la ciudad para el gobernador, seguro de llevar socorro a los principales napolitanos que combatían en Salerno al rey don Fernando, pues derrotadas las tropas pontificias, decayó la fama del esforzado Bautista

Campofragoso, y muy pocos de sus compañeros de armas escaparon a la ferocidad del vencedor ejército de don Fernando.

Habíase, además, disipado la vana esperanza de la venida de Renato, duque de Lorena, detenido por el nuevo temor de la guerra emprendida por Maximiliano contra los franceses, y cada día era menor la confianza del papa en el auxilio de los venecianos. Y esto y el haber conocido la habilidad de don Íñigo de Mendoza para el arreglo de los asuntos, lo obligó a descubrirle sus íntimos pensamientos. El duque de Calabria, por su parte, tuvo por buen augurio el que se encomendasen a leal medianero las primeras negociaciones de paz.

Estos sucesos, favorables a ambos partidos, llenaron de alegría a don Alfonso de Aragón, quien, por medio de frecuentes emisarios, tenía al corriente a su padre, ya muy deseoso de tranquilidad, de cuanto se trataba a diario en Roma y en los campamentos. Fueron tan rápidos los resultados en pro de la concordia, que para llegar más francamente al término de las negociaciones, don Íñigo de Mendoza volvió a Florencia a fin de poder allí en público, más solemnemente y en unión con sus colegas, como es la costumbre, dar conocimiento de las instrucciones del rey y de la reina. Pasados pocos días, con gran pompa y con mayor expectación del papa, de los cortesanos y de toda la ciudad de Roma, el conde don Íñigo de Mendoza y los dos sabios y experimentados protonotarios Juan de Medina, profundo conocedor del derecho canónico, y el laureado poeta Antonio Geraldino, se presentaron a la señoría, y en un elocuente discurso que pronunció el último, explicó los motivos de la dilación en prestar obediencia al pontífice. Luego en privado se trató más detenidamente de confirmar la alianza que había de poner fin a la guerra y a todas las discordias. Las negociaciones de esta paz, tan satisfactoria para todo católico, se publicaron el 12 de agosto, para tranquilidad del papa y del rey de Nápoles y elogio del poder de Florencia y de Milán que, recordando la alianza pactada con el rey, no le habían faltado en los trances más críticos.

De muy distinta manera recibió la noticia de la paz concertada el duque de Lorena, Renato, que persuadido por las cartas de los genoveses, había preferido la marcha a Italia, según ellos, más ventajosa que la conservación de los dominios que retenía, e impulsado por el vivo deseo de alcanzar el reino, había llegado hasta repartir dinero ajeno para poder llevar tropas desde

Francia a Génova. Cuando se enteró en Lyon de lo ocurrido, viendo frustradas sus esperanzas, regresó a Lorena.

Todo esto causó gran pesar a los genoveses, por más que el papa, entre otras condiciones de la paz concertada con el rey, había tomado con empeño el arreglo de las diferencias entre Génova y Florencia. Publicada la paz, Roberto Sanseverino, ya en desgracia con el papa, volvió con sus tropas a Romagnola. Cercado en su marcha, y reducido al último aprieto, abandonó sus tropas en los campos de Rávena y se refugió con unos cuantos en Venecia, buscando oportunidad para recobrar su perdida fortuna en caso que los venecianos perseverasen en sus intentos hostiles contra el rey de Nápoles. Luego el papa descubrió las falacias de algunos que, con apariencias de fidelísimos embajadores, habían sido muy desleales al rey don Fernando, inducidores de todas las discordias, pérfidamente intencionados para tergiversar los informes y deseosos de la ruina de ambos partidos para acrecentar sus riquezas con el desastre general. Muy pronto estas maldades se volvieron en daño de sus autores, que perdieron los bienes antes mal adquiridos juntamente con la vida. Estos cinco consejeros del rey don Fernando fueron: el secretario Antonello y su hijo; Agnelo, durante largo tiempo principal consejero; Francisco Cópula, agraciado por el rey con el título de conde de Esernia, y cierto catalán de Menorca, llamado Polo, encargado por el rey de las causas criminales, y que con su propio crimen se acarreó el castigo.

En cuanto se aplicó el correctivo a esta pestífera traición, la rebelde ciudad de Aquila volvió al dominio de su señor, no sin castigo de los rebeldes y muerte de algunos de los que la habían ocupado. Así recobraron su primitivo vigor cuantos resortes de gobierno se habían quebrantado, una vez perdido el temor de los grandes desleales a su rey. El papa trabajó por reintegrarles cuanto antes en su gracia, o, a lo menos, por librarlos de todo riesgo. Todo esto llenó de satisfacción a nuestros reyes, siempre constantes en su propósito de favorecer la causa de su amadísimo primo don Fernando, rey de Nápoles. En su auxilio habían enviado a Sicilia, cuanto antes les fue posible, una armada que de día en día había de reforzarse oportunamente, además de las tropas de socorro destinadas, al estallar los tumultos, a la misma isla, según la voluntad del monarca.

Fija la mente en la campaña contra los granadinos, los reyes resolvieron reforzar las guarniciones de los pueblos conquistados y nombrar para la Andalucía un capitán general que hiciera desaparecer las rivalidades de aquellos grandes, algunos de los cuales estaban reputados como los primeros entre los de Andalucía para los asuntos de guerra, y era probable que unos se negasen a ir al mando de los otros. Para aquel cargo, los reyes, durante su viaje a Galicia, eligieron al noble joven don Fadrique de Toledo, hijo del duque de Alba. A su lealtad y a su destreza podía seguramente encomendarse semejante empresa; pero para los demás cargos de la guerra hubiérase requerido mayor experiencia. Quedó, sin embargo, el joven encomendado a los consejos de los veteranos caballeros andaluces, que se habían granjeado gran autoridad para la organización de las expediciones guerreras. Don Fadrique eligió a Loja, como capaz de más numerosa guarnición, para cuartel general contra los de Granada, principalmente en tiempos en que la ciudad ardía en discordias, causadas por el diario choque del joven rey Boabdil con su tío Abohardillas. Disputándose ambos la corona, trabajaban con empeño por conciliarse el favor de los numerosos bandos en que los ciudadanos estaban divididos, y para ello se valían de variados recursos y hacían servir a su causa las contrarias predicaciones de los faquíes, con lo que el furor de la morisma, acostumbrada a engolfarse en semejantes tumultos, tomaba pie para trabar diarias peleas. La noticia de estas continuas contiendas incitaba a don Fadrique de Toledo a no desperdiciar la ocasión que se le ofrecía de destruir fácilmente un reino dividido en facciones. Pero desconocía las costumbres de los infieles moros, que cuando se ven atacados por los cristianos, dan de mano completamente a todas sus divisiones y se unen para resistirlos.

Boabdil, dueño del Albaicín, arrabal de Granada en que vivían los moros más aguerridos, envió primero a don Fadrique y después al rey don Fernando frecuentes mensajes, en que le aseguraba que el término de la guerra podría acelerarse si cuanto antes se le enviaban tropas auxiliares de cristianos. Entre los nuestros todos eran partidarios de la dilación, excepto don Fadrique de Toledo, en su excesivo deseo de prestar inmediato auxilio a Boabdil; mas como nuestros veteranos lo considerasen, no solo inútil, sino perjudicial, desistió de su propósito. Entretanto en la ciudad eran diarios los combates;

ensañábanse los de un bando con el contrario, y el de Boabdil acusaba de locura a los partidarios de Abohardillas, diciendo que por no haber querido ellos jamás aceptar la paz que don Fernando hubiera concedido por consideración a Boabdil, se encontraba la ciudad en tal aprieto. A esto replicaban los tenaces sectarios de Abohardillas que la causa de todo era el afán de Boabdil por alcanzar el trono, ambición que le había hecho descuidar en absoluto la religión de sus mayores. De aquí el nombre que le daban de esclavo del rey don Fernando y, amigo de la secta cristiana.

Recibían los reyes éstas y otras semejantes noticias, y pesando con su prudencia cuanto ocurría en Granada y atento el oído a todo lo que se les comunicaba, así en favor como en contra, del auxilio pedido por Boabdil, iban dejando pasar intencionadamente el tiempo, reputando por buen augurio el que los moros con sus luchas intestinas fuesen destruyéndose más de día en día. Inclinábanse a la opinión de los que les insinuaban en secreto cuán importante sería apoderarse con repentina escalada de uno de los castillos de Málaga. El que primero se lo había asegurado era cierto Rodrigo López, toledano, encargado a la sazón de muchos negocios, principalmente de la Tesorería. Éste, obtenida por suerte la Orden de la caballería, y casado con doña Luisa de Guzmán, hermosa, noble y virtuosa señora, estaba ansioso de encumbrarse, y como era conocida su condición de advenedizo, se esforzaba por imitar las hazañas de los guerreros. Acogió don Fernando con entusiasmo la proposición, y en compañía de doña Isabel y de la infanta, su hija, salió de Galicia y se encaminó a Salamanca. Desde Valladolid, donde antes residía, se trasladó también a Salamanca el arzobispo de Santiago, Presidente de la chancillería de justicia, acompañado de los más eminentes jurisconsultos. Era el prelado don Alfonso de Fonseca o de Acevedo, varón justo y doctísimo, mal sufrido para las argucias y falacias empleadas por los abogados para fomentar y alargar los pleitos, y con celosa resolución sabía poner término escrupulosa y milagrosamente a las causas que siniestras influencias tendían a hacer interminables. Tan relevantes cualidades le habían granjeado todo el afecto de los reyes.

Considerada Salamanca entre los españoles centro general de los estudios, pareció conveniente detenerse allí y adoptar resoluciones de gobierno para enviar a las diversas partes del reino personas de reputación reconocida, encargadas de su cumplimiento. La chancillería quedó dividida en tres secciones. A Galicia se enviaron algunos doctores con facultades para dirimir con arreglo a derecho las quejas del clero y pueblo, víctimas de la antigua tiranía de los grandes. El arzobispo de Santiago quedó en Valladolid revestido de su prístina jurisdicción. A cargo de la chancillería habían de correr los asuntos de Andalucía, asesorando al rey en su empresa contra los granadinos. Otras muchas disposiciones muy útiles para el gobierno de la nación se adoptaron por aquellos días en Salamanca. Además se enviaron cartas a las provincias y ciudades a fin de que contribuyesen con mayor contingente que nunca para la expedición contra Granada. Era resolución de los reyes romper contra los moros con más poderoso ejército, ya que el miedo y las luchas intestinas les imposibilitaban de resistir por más tiempo las superiores fuerzas de los cristianos. En disponer estas cosas para la expedición futura y en la celebración de algunas fiestas muy en armonía con el regocijo general, se invirtieron los últimos días de este año.

Continuaré la narración de lo ocurrido en la guerra de Granada en el siguiente de 1487.

Libro VII

(1487)

Tentativas desgraciadas de don Fadrique de Toledo contra Piños y Málaga. Combates en Granada entre los dos reyes moros, y triunfo de Boabdil el Joven sobre su tío. Auxilio que le prestaron nuestros reyes por intermedio del alcaide de Colomera, Fernán Álvarez de Alcalá. Reunión del ejército cristiano en Córdoba. Armada del Turco. Sucesos de Italia. Cuestiones entre el rey de Francia y el duque de Borgoña. Proyectos de matrimonio de la infanta doña Isabel con Maximiliano y con Carlos de Francia. Sitio y toma de Vélez-Málaga. Pactos para la entrega. Preparativos para el cerco de Málaga. Importancia de esta ciudad. Combates parciales entre sitiados y sitiadores. Muerte de Ortega de Prado. Pide Boabdil el Joven socorro a don Fernando contra los partidarios de su rival y se le envía al mando de Gonzalo Fernández de Aguilar. Sucesos de Italia. Furiosa salida de los malagueños rechazada por el marqués de Cádiz. Piden auxilio a Boabdil el Joven, que les aconseja la rendición. Angustiosa situación de los sitiados. Hazaña de los gallegos. Frustrada tentativa del fanático Ibrahim Alguerbí para matar a los reyes. Castigo del moro y represalias de los malagueños. Correrías de Boabdil el Viejo contra los de Vélez-Málaga. Refuerzos que logra introducir un santón moro en Málaga. Nobilísimo hecho de Ibrahim Zenete. Eficaz, interesada y astuta intervención de Alí Dordux para reducir a los sitiados a rendirse. Otros sucesos ocurridos durante el sitio. Llegada de doña Isabel a los reales. Terrible hambre en la ciudad. Tratos de Alí Dordux para la rendición. Carta de los malagueños al rey y su respuesta. Capitulaciones para la entrega. Cautiverio de los vecinos de Osunilla y Mijas. Entrada triunfal de los reyes en Málaga. Peste en la ciudad. Embajada del rey de Túnez a don Fernando. Resoluciones adoptadas por los reyes en Córdoba en los asuntos de Aragón, Valencia y Cataluña. Provisión de la Sede malacense. Viaje del rey a Zaragoza para reprimir los excesos causados por el abuso del derecho de manifestación. Establece don Fernando en Aragón la hermandad popular. Sucesos de Italia, Inglaterra, Francia y Flandes. Pásanse los de Baza al partido de Boabdil el Joven. Terremotos en Andalucía

Vacilaba el animoso rey don Fernando entre el temor y la esperanza en su propósito de acometer la secreta empresa contra Málaga. Don Fadrique de Toledo estaba encargado de reunir para ella tropas en el territorio de Andalucía y, por tanto, a él se le confió en secreto la dirección principal de la campaña. Con más ardor del que conviniera trabajaba por llevarla a cabo según la había concebido, sin que le detuviese la consideración de las dificultades que pudieran ofrecerse, resuelto a triunfar hasta de las más insuperables. Confiado en las divisiones de los granadinos, obedientes unos a Abohardillas y otros a su sobrino Boabdil, creyó cosa facilísima arrimar las escalas a medianoche al castillo rodeado de defensas, en cuyos calabozos subterráneos gemían nuestros compatriotas cautivos. Tenía por seguro que ante el terror de la facción contraria, ninguno entre los granadinos se atrevería a pelear en las tinieblas, aun teniendo aviso de la novedad. Con esta confianza envió unos 600 caballos a intentar la empresa. Al salir de Loja, los aguaceros de una tormenta y el desbordamiento de los ríos atajaron la marcha de tal modo, que perdieron alguna gente, y a los restantes, calados hasta los huesos, les costó no poco trabajo regresar a la ciudad en ocasión en que don Fadrique, después de citar para día señalado a los contingentes de los grandes y de las ciudades de Andalucía, había salido de Loja con dirección a Málaga. Pero las grandes lluvias produjeron terribles inundaciones, y las tropas que de diversos puntos iban acudiendo, más bien a un desastre que a un triunfo, se veían reducidas a lanzar imprecaciones ante la imposibilidad de cruzar la desbordada corriente del Saduca o Guadalquivirejo.

Bien pronto la intervención de la Providencia apareció patente a los ojos de los nuestros, a excepción de don Fadrique, que, cegado por el anhelo de realizar hazaña tan famosa cual la de apoderarse repentinamente de Málaga, increpó duramente a cuantos no habían acudido tan pronto al llamamiento y a los que se habían detenido a causa de las lluvias, como si la única causa del fracaso de la expedición hubiese dependido de haberse mermado el número del contingente. Aumentaba el enojo del virrey don Fadrique el mal resultado de su intento contra la fortísima villa de Pina, que poco antes había querido escalar. El fracaso de estas tres tentativas le hacía bramar de coraje, y descargaba su furia sobre los otros. Ni los grandes ni los pueblos de Andalucía podían sufrirlo con paciencia, y para evitar que extremase su cólera, apelaron al rey, ante quien se defendieron de las acusaciones en que don Fadrique insistía.

No cesaba un momento en el interior de Granada la lucha entre los dos competidores del trono, Abohardillas y Boabdil, y diariamente combatían las fuerzas del primero, confiadas en su superioridad numérica, con las de Boabdil, esperanzadas del pronto auxilio de nuestras guarniciones. Entre otras maquinaciones del tío encaminadas a la ruina del sobrino, imaginó con singular astucia la siguiente: hizo venir de Guadix y de Baza algunos jinetes de reserva y otros peones muy escogidos, cuya superioridad consistía, más que en el número, en su reconocido valor. Los tuvo escondidos durante la noche, y al alba los envió a caracolear alrededor de las murallas del Albaicín. Salióles resueltamente al encuentro Boabdil con fuerzas inferiores en número, pero superiores en esfuerzo. Su tío, que había logrado hacer tomar las armas a la multitud de sus partidarios, cosa a que antes se habían resistido, penetró repentinamente en el recinto del Albaicín, y a favor del increíble avance de los zapadores y del batir de la artillería, abrió cuatro brechas en los muros y ocupó la plaza antes que Boabdil, en el calor de la primera embestida, se enterase de la novedad; mas al oír los lamentos de los que sucumbían en el Albaicín, voló al socorro de los suyos.

Divididos en cuatro escuadrones los dos bandos, se acometieron con gran furia en las estrechas callejuelas; pero delante de la mezquita principal, donde el espacio era mayor, los dos reyes peleaban con tan feroz encono, que parecían dominados por inextinguible sed de sangre. Al cabo se declaró la victoria por el sobrino, que logró arrojar a su tío de sus posiciones, y en la persecución apoderarse del alcázar contiguo al Albaicín, de que antes era dueño Abohardillas.

Este suceso no influyó nada en la pertinacia de los granadinos, porque Abohardillas o Audelí el Viejo, apoyado por las predicaciones de los faquíes, acriminó al joven Mahomad Boabdil por su notoria inclinación al cristianismo. Esta acusación es de gran efecto entre los moros contra el acusado, y así, forzados por la necesidad, trataban de sacudir el temor con las armas cuantos al principio se habían agrupado en torno de Boabdil, seguros de la atroz muerte que les aguardaba si llegaban a ser vencidos por la multitud enemiga. Veían ya al viejo rey enemigo estrechar el ataque y, sin hacer caso alguno de sus religiosas supersticiones, ir acercando más y más la artillería a los más robustos edificios de la mezquita mayor, la parte mejor fortificada y que los soldados en aquel aprieto conservaban como su baluarte. Los encerrados oponían ya resueltamente el pecho a los tiros enemigos, y trabajaban más por salir a pelear fuera de las murallas que por resistir dentro a los invasores, y así el furor de la lucha les hacía pelear revueltos.

Mientras iban acumulándose en Granada éstos y otros peligros semejantes, el rey don Fernando y la reina doña Isabel acudieron solícitos a Córdoba desde remotas provincias, a fin de proveer a las urgencias que por todas partes se presentaban. Entre otras, enviaron cautelosamente fuerzas de la guarnición a Boabdil, ya en situación muy crítica, con el fin de no dar pie a Abohardillas para acusar con tantos visos de verdad a su sobrino ante la multitud granadina, sino que el refuerzo apareciese más bien con carácter de amistad que con el de religión. Para este efecto fue de gran auxilio el valor de cierto egregio cristiano, en muy gran predicamento también con los moros, Fernando Álvarez de Alcalá, o de Gadea, alcaide de Colomera, cuyo gran ánimo y cuya lealtad en las promesas tenían de antiguo bien conocidas los granadinos, y que hasta tal punto se había captado las simpatías de todos, que uno de los alcaides más estimados de Abohardillas había confesado que el abandonar a éste, a quien en aquellas luchas profesaba más afecto, para pasarse al partido de Boabdil, reconocía por causa el haber peleado por el último en el Albaicín hombre de tanta valía como Fernando Álvarez, cuyas esclarecidas dotes habían de granjearle el concurso de todos los buenos.

Con admirable habilidad y rápida ejecución auxilió en aquellos difíciles trances al rey Mohamed, y luego obligó a Abohardillas, su tío, a declarar públicamente que desistiría de la encarnizada competencia y abandonaría la posesión de la ciudad, siempre que Boabdil mostrara al menos cartas de los reyes don Fernando y doña Isabel en que confirmasen lo que aquél afirmaba engañosamente, a saber: que concedían a los granadinos paz por tres años. Al punto marchó Fernán Álvarez a Córdoba, y dada cuenta de las cosas, trajo dos cartas conformes con lo solicitado. De ellas se valió Boabdil ante la multitud como argumento de las falaces intenciones de su tío; pero éste, preferido por los faquíes, encontró nuevas trazas para persistir en su tesón, y así se buscaron ocasiones para diarios tumultos a fin de combatir más ferozmente a Boabdil. El joven príncipe, acostumbrado a los trabajos de la guerra y endurecido en la diaria defensa de su causa, mandó construir una estacada protegida por un malecón, a fin de hacer imposible a los granadinos el acceso por aquella parte sin venir a las manos.

Allí el constante batallar de los dos bandos causaba numerosas víctimas, y el luto y los lamentos de las mujeres angustiaban al vecindario, porque, además de aquella matanza de ciudadanos, lloraban el próximo exterminio. Principalmente, la feroz lucha entre los dos reyes enemigos, más recrudecida en el ataque y defensa de las nuevas trincheras, dio ocasión para mayor ansia de derramar sangre. En las incesantes peleas perecía gran número de moros de ambas partes, y cuando aquella multitud, enardecida por las excitaciones de los faquíes; y arrostrando los mayores peligros, logró incendiar los maderos que defendían la trinchera, tuvo Abohardillas por segura la ruina de su contrario. Las sombras de la noche y el cansancio de los combatientes hizo aplazar para el siguiente día la continuación de la pelea, y aprovechando el plazo algunos soldados singulares de Boabdil, repararon las defensas. Este inesperado resultado de su admirable actividad quebrantó de tal modo la ferocidad de su tío Abohardillas, que dio manifiestas señales de próxima partida.

Mientras éstos y otros muchos sucesos semejantes ocurrían en Granada, el ilustre rey don Fernando, reuniendo en Córdoba los contingentes que de todas partes le llegaban, disponía numerosa hueste a que no pudiera resistir el enemigo, y mientras iban llegando incesantes refuerzos de caballería e infantería, nada se omitía de cuanto juzgaba necesario para el mejor acierto en la expedición. Entre otras medidas, mandó llamar a los caballeros andaluces que, por su larga práctica de la guerra de Granada, eran tenidos por de gran experiencia, y les consultó sobre si convendría más sitiar a Málaga y las demás poblaciones de la costa, o si sería más ventajoso dirigir la numerosa hueste a tierras de Granada y combatir a Guadix y Baza, ciudades importantes que la auxiliaban poderosamente con víveres y refuerzos, y cuya pérdida acarrearía seguramente la de Granada. Prevaleció el parecer de los que preferían invadir y expugnar las costas contiguas a lugares ya de antes rendidos. El marqués de Cádiz, principal sostenedor de esta opinión, se mostró muy conforme con la voluntad del rey.

Cuando en Córdoba se tomaban estas disposiciones para la empresa de Granada, los frecuentes avisos que iban llegando de la numerosa armada reunida en aquellos días por el Turco traían desasosegados, no solo a los príncipes italianos, sino a nuestros celosísimos reyes, así por el interés que juntamente les inspiraban los fieles todos, como por la contingencia de que el enemigo creyese más oportuno invadir la Sicilia como muy a propósito para ensanchar sus dominios, y también más fácil de dominar en ocasión en que su rey andaba ocupado en lejanas guerras, dejando el reino menos defendido de lo que fuera menester. Llegó, sin embargo, aviso de haberse deshecho la armada después que el Turco, poco antes derrotado por el soldán, logró dar mejor arreglo a las causas de la contienda.

Corrían también por aquellos días rumores bastante fundados de alianzas reanudadas facciosamente entre varios Estados de Italia, de modo que parecía no haberse extinguido el antiguo rencor de los genoveses contra los florentinos, antes habían admitido de buen grado a los enviados de Renato y algunas tropas, cual chispa de futuro incendio de guerra. El papa, prefiriendo el prestigio de sus Estados, venía a echar de nuevo el gran peso de su intervención en los asuntos comenzados. Y de renacer las luchas, la continuación de la guerra de Granada había de tropezar con grandes inconvenientes.

Por el mismo tiempo tuvieron noticia los reyes, residentes en Córdoba, de una grave conjura tramada, según se decía, por algunos grandes franceses contra el rey Carlos VIII, todavía sujeto a tutela, según las leyes del reino. No se averiguó, sin embargo, ni los nombres de los conjurados ni las causas que los movieron a echar sobre su patria esta nueva mancha de traición. Lo cierto es que por aquellos días, y en muchas y diversas partes de Europa, se apoderó el espíritu de rebelión de hombres resueltos a no sufrir más las violencias o los caprichos tiránicos de algunos reyes.

Por disposición del difunto rey Luis, estaba desposado su sucesor Carlos con la ilustre doncella hija del duque Maximiliano y nieta del belicoso duque Carlos de Borgoña. Uno y otro la consideraron como prenda de paz futura entre el rey Luis de Francia y el duque de Borgoña Maximiliano. De aquí el nombre de Señora de la Paz con que fue conocida. A la muerte del rey Luis, su tutor, la desigualdad de las edades, ofrecía serio obstáculo, porque la niña contaba unos cinco años, mientras su prometido el rey Carlos se aproximaba ya a los quince, y el aplazamiento del matrimonio podía ser origen de graves peligros. Bien pronto Maximiliano buscó medio de recobrar las tierras de Borgoña perdidas después de la muerte del suegro, y con repentina entrada se apoderó de cierta ciudad de aquel territorio. Inmediatamente la sitiaron los franceses; pero venció el superior ejército de Maximiliano, ya abiertamente auxiliado por su padre el emperador Federico, que, entre otras muestras de favor, trabajó por que se le diese el título de rey de romanos. Se dice que para acrecentar su prestigio y honra pretendió casarle con doña Isabel, hija de nuestros reyes.

Era anhelo general de todos los buenos que esta ilustre doncella, como la primera entre sus iguales de aquella época, casara, con preferencia a los demás príncipes, con el rey Carlos, mancebo de su edad, y se creía que tal era también el deseo de sus padres. Así lo dejaron conocer enviando a Francia al prudente y virtuoso fray de la Orden de San Jerónimo, para que con digna sagacidad dejase entender lo que parecía más conveniente para la utilidad y engrandecimiento de ambos reinos y tratase de reanudar la antigua alianza, algunas veces quebrantada por el rey Luis. Pudo penetrar el religioso varón los secretos pensamientos del francés sobre estos extremos, y negoció el que inmediatamente marchase a Andalucía cierto catalán, a la sazón muy en relaciones con el rey Carlos. Llamábase Juan de Cardona, conocido por Franco, y era uno de los que, después de ocupado el Rosellón por los franceses, se habían visto obligados a transmigrar a Francia. Éste, con otro sujeto oriundo de Guipúzcoa, muy conocido de ambos reyes, y el citado religioso, llegaron a Córdoba antes que don Fernando moviese el ejército hacia las fronteras de Granada.

Recibieron los reyes con alegre semblante a Juan de Cardona; leyeron las cartas del rey Carlos y se dignaron oír lo que de palabra añadió habérsele encomendado, más bien con pretexto de la común amistad que como asunto particular. Con igual cautela se negoció de palabra y por cartas, por cuanto el sondeo de la voluntad de una y otra parte empezaba a descubrir el camino que había que elegir con preferencia para ulteriores resoluciones. Así el rey como la reina estaban dotados de suma prudencia, realzada con otras singulares condiciones, y como se aproximaba el tiempo de conducir las tropas a la guerra, después de colmarle de regalos y de dirigirle amables frases de despedida que lo llenaron de satisfacción, dieron permiso al Cardona para regresar a Francia, donde había de comunicar cuanto antes al rey Carlos las cartas y el pensamiento de nuestros reyes.

Inmediatamente después marchó don Fernando a Antequera, y como en aquellos días se conmemoraba la Pasión del Redentor, hubo de detenerse en las cercanías de Archidona para asistir a los divinos oficios que se celebraron en una tienda de campaña. En el sitio que ocupó mandó edificar un templo. De allí se dirigió a Vélez-Málaga, antes llamada Vescis, ciudad rica y de notables defensas. Teníanla los moros por igual en muchas cosas a la ilustre ciudad de Málaga y por muy superior en cuanto a seguridad, así por más remota y de más difícil acceso para las armadas, como principalmente por hacerla inaccesible para tropas enemigas su situación entre estrechos desfiladeros y abruptas montañas. En particular, no había vecino que temiese ver la artillería y máquinas de guerra franquear por ningún artificio humano los montes que le servían de barrera. Cierto que en poco tiempo podían transportarse por mar, pero el arrastre después por tierra sabían muy bien cuán difícil resultaba para los carros. Si, pues, el rey don Fernando fracasaba otra vez en aquel empeño y adoptaba otro plan, no dudaban que la dilación y los gastos contribuirían en gran manera al quebranto de sus fuerzas.

Nada causa a los moros mayor terror que el batir de la artillería; y como aquel retraso parecía infundir cierta confianza a los habitantes de Vélez-Málaga, dejó don Fernando algunas tropas en guarda de la artillería, y él con 12.000 caballos y más de 40.000 infantes, atravesó las escabrosidades de los montes, y adoptó grandes precauciones para que los que a diario habían de conducir los víveres atravesando los desfiladeros no cayesen en manos de los moros que iban y venían por las cumbres de las montañas próximas a la ciudad. También había dispuesto cuidadosamente que junto a las costas de Vélez-Málaga descargasen abundantes vituallas muchas embarcaciones de diversas clases, porque la distancia de la orilla del mar hasta los reales en derredor de la ciudad era de un tercio de legua y podían recogerse todas fácil y seguramente. Seguía además al ejército gran número de acémilas con víveres suficientes para algunos días. Las grandes tormentas y copiosos aguaceros echaron a perder gran parte de las provisiones, y mientras el rey sentaba los reales y disponía el estrecho cerco de la ciudad, las tropas que en tierra enemiga hacían gran consumo de ellas, empezaron antes de lo que se creía a sentir escasez.

Había enviado antes don Fernando con algunas tropas al maestre de Santiago, don Alonso de Cárdenas, y al marqués de Cádiz para que repentinamente dejasen encerrados dentro de las murallas a los habitantes, y saliesen al encuentro de cualquier socorro que pudiera enviárseles. A poco llegó el rey; hizo alto junto al río contiguo a la ciudad y dio orden a las tropas ligeras de estar prontas a rechazar las acometidas del enemigo mientras se fortificaba el campamento. Porque fuerzas escogidas de las gentes circunvecinas que de todas partes se iban reuniendo y un contingente aún más singular de los granadinos tenían tal confianza en poder proteger la ciudad, que, no solo creían bastarse para la defensa, sino para rechazar cualquier intentona de los nuestros.

No tardó en empeñarse combate entre numerosas fuerzas, por haber salido al encuentro de un nutrido pelotón de los muchos moros que había en los arrabales, otro muy escogido de gallegos y asturianos ansiosos de pelea. Los primeros, ocupados en años anteriores en sus discusiones domésticas, nunca habían tomado parte en la guerra de Granada; mas, en cuanto a los nuestros, como dije, el rey consideró castigo menos duro para los crímenes de gente tan corrompida y rebelde el obligarla a tomar parte en la guerra a su propia costa. En gran número, y con ánimo alegre, aun viniendo de tan lejanas tierras, tomaron estos gallegos las armas, y en cuanto apercibieron al enemigo se lanzaron desordenadamente contra él, como si su acometida fuera irresistible para los moros. Pero los numerosos que ocupaban el arrabal, y que, auxiliados por unos 4.000 soldados escogidos, aguardaban el ataque, al ver la extraordinaria muchedumbre de enemigos, se dispusieron valientemente a recibirlos.

Bien pronto y cara pagaron los gallegos su temeridad. Por todas partes caían atravesados por los tiros de las saetas, y aún más de las espingardas. Acudían inmediatamente otras y otras fuerzas de asturianos, vascongados y otros peones asalariados por la hermandad popular, y con igual valor eran rechazados. Vista la temeridad de su gente, el rey, lleno de ira, mandó a algunos grandes que pusiesen término al irregular combate. Así lo hizo el marqués de Cádiz; pero ya el enemigo, envalentonado con el triunfo, iba oponiendo caballería a la cristiana que llegaba, y fuera del arrabal y en la misma entrada, cayeron sin vida algunos caballeros de los nuestros, y además de los peones, salieron heridos del encuentro varios de a caballo. Allí quedó herido el noble portugués Álvaro. Allí murió Nuño del Águila, caballero abulense, con algunos de sus compañeros de armas.

Con esto el enemigo se iba atreviendo a avanzar más, y tal ira causó al rey, que corriendo en pos del marqués y de otros grandes que había enviado antes al sitio del combate, hizo morder el polvo al primer granadino que soberbiamente salió a su encuentro. Oída la voz del rey, todos aquellos peones deshechos por el enemigo volvieron contra él con irresistible empuje, y no solo rechazaron a los de Vélez-Málaga, sino que los obligaron a meterse en la ciudad y se apoderaron del arrabal. Inmediatamente se colocaron estancias junto a las murallas, y para evitar las salidas de los moros, se levantaron trincheras con cantos rodados, de modo que quedaran en la imposibilidad de salir de la población.

Cuando hubo aviso del aprieto en que los cercados se hallaban, Muley Abohardillas, que continuaba peleando diariamente en Granada contra el rey Boabdil, se vio obligado por los faquíes y por el pueblo a volar en socorro de Vélez-Málaga. Juzgóse, sin embargo, necesario, enviar delante a una autoridad de segundo orden a quien los granadinos llaman alguacil. Tenía este cargo Reduán Venegas, el cual, con 300 jinetes y 1.000 peones escogidos, acudió al socorro, creyendo, según demostraron los hechos, que a la medianoche y desde la cumbre de la montaña, más seguro para los moros, podría atajar el paso a los que don Fernando había apostado en varias estancias para sostén de los cristianos conductores de las provisiones. Además, a poco que los enemigos flaquearan o se acobardaran, el agareno podría con más facilidad destruir la artillería y máquinas de guerra detenidas en las gargantas próximas, y así libraría a sus amigos de la única cosa que les infundía espanto, porque a los de Vélez-Málaga ninguna otra cosa era capaz de amedrentarlos.

Sucedió muy diferentemente de lo que el moro suponía, porque, sabida su llegada, el rey, para mayor defensa de la artillería, reforzó las escoltas, y todos nuestros puestos a una acometieron al enemigo que creía poder estacionar más en seguro en las escabrosidades de las montañas. No tardaron los nuestros en poner en precipitada fuga a 400 espingarderos granadinos enviados de avanzada contra las asechanzas nocturnas, y el horrible estampido de las espingardas y ribadoquines les hizo desparramarse sobrecogidos de terror por aquellas rocas, asperezas y espesos bosques.

Al saber Abohardillas la fuga de los suyos, a fin de acallar algún tanto los clamores de los granadinos y las increpaciones de los faquíes, mandó que se aprestasen inmediatamente 1.000 jinetes y unos 20.000 peones para intentar con ellos un golpe afortunado. Pudo reunir tal número de tropas y dejar otro mucho mayor de peones contra su tenaz adversario Boabdil, porque en aquel apuro había hecho venir de Baza, Guadix y Almería contingentes muy considerables, y se atrevió a acampar en una montaña próxima a Vélez-Málaga con un propósito que descubrió en el tormento un desertor cogido por los soldados de don Fernando.

Antes había concebido Reduán Venegas el mismo plan; pero el rey lo puso en ejecución con éxito más desgraciado. Porque después que don Fernando conoció desde muy lejos que se aproximaba la caballería enemiga, dio a don Gutierre de Cárdenas, comendador mayor de Santiago, escogido escuadrón de caballos y peones con orden de no pelear sino en la falda del monte con la vanguardia de los moros que fuesen bajándola. En la oscuridad de la noche, en sitio elevado y que aseguraba el regreso, sin que ninguno de los enemigos los hostigara, tuvo que ver Abohardillas a los suyos desmayar por completo, él tan acostumbrado a pelear y educado en la guerra desde tu infancia. Un espanto a nada semejante los puso en completa dispersión, y juntamente con su rey Audelí, y sin ningún motivo para terror tan extremado, volvieron en confuso tropel a las cumbres de las montañas. Fue tan rápida la fuga, que, no solo abandonaron en sus reales estandartes, corazas, cascos, lanzas y alfanjes, sino que al día siguiente nuestras descubiertas encontraron muchos puñales y turbantes.

Aunque no podía imputarse a Audelí aquel espanto de los moros, sin embargo, los granadinos se negaron a darle entrada en la ciudad, y por unánime aclamación de los que seguían a Boabdil y de los que antes le combatían, fue éste aclamado por único rey.

Los de Vélez-Málaga, sabida la fuga del rey viejo, y viendo cerca la artillería, perdida toda esperanza de defensa, comprendieron que no les quedaba otro medio de salvación que acogerse a la clemencia de don Fernando. El alguacil Reduán, que había tenido cautivo en su poder tiempo hacía al conde de Cifuentes, don Juan de Silva, confiado en este conocimiento, y atendiendo al trato que había dado a su prisionero, mucho más humano que el que acostumbran a dar los moros a los cautivos cristianos, puso gran empeño en tener una entrevista con el conde, por haber sabido que se hallaba en el campamento de don Fernando.

Concedido el permiso del rey, hablaron a solas fuera de las murallas, y fue la sustancia de las palabras del moro, la siguiente: Que en medio de su desgracia le había servido de gran consuelo la presencia de tan esclarecido sujeto, a quien, para lograr su salvación y la de sus conciudadanos de Vélez-Málaga, hubiera deseado tener más propicio, si le hubiese hecho más humano y llevadero el cautiverio en que le tuvo en aquella ciudad. Sin embargo, esperaba que la noble condición del conde no habría olvidado que en aquella ocasión, y contra la costumbre de sus compatriotas, había hecho cuanto había podido en favor suyo. Como quiera que fuese, le suplicaba encarecidamente que le alcanzara con sus eficaces ruegos clemencia del poderosísimo rey, nunca por él negada a otras ciudades y villas que habían extremado la resistencia, y al cabo reducidas por la fuerza. Aun en ocasiones como la de Loja, donde sufrió grave quebranto en el primer ataque, el natural bondadosísimo del vencedor también perdonó a los sometidos. Por esto abrigaban él y todos los vecinos de Vélez-Málaga un resto de esperanza de conseguir del invictísimo monarca, por intercesión de tan excelente abogado, por lo menos condiciones menos duras de lo que en aquel momento temían, principalmente porque los desdichados habitantes no se habían mostrado pertinaces tránsfugas o rebeldes. Solo habían tomado las armas contra los cristianos por la protección de sus lares; por la conservación de la tierra tantos años poseída; por la defensa de sus mujeres, hijos y bienes, y por el libre ejercicio de su religión en las mezquitas. Mas ante el temor del terrible estrago de la inmediata expugnación, no se resistían a someterse al yugo de una esclavitud humana; pagarían mayores tributos que los granadinos y se mantendrían tan leales al rey y a la reina como lo habían sido a los reyes de Granada, con tal que se les permitiera vivir en su ciudad.

A éstas y a otras razones análogas del alguacil contestó en breves palabras el prudente conde: Que no había olvidado el humano trato recibido, y que se proponía corresponder, hasta donde fuera posible, a tales beneficios con otros mayores. Pero que la feroz crueldad de los moros iba contrariando cada día más las inclinaciones del rey a la clemencia, porque hasta en los mismos momentos de rendirse algunas ciudades y villas poco antes conquistadas, no habían dejado de perpetrarse más crímenes que los que el poder de los vencedores había impedido cometer hasta con los enfermos, con los inermes y con los que se había permitido residir en el interior del reino. Siempre y por todos los medios, la obstinada secta mahometana se había resistido a prestar obediencia a Cristo, desde que en lo antiguo trocaron la verdadera fe por la inicua infidelidad. Era su ánimo, sin embargo, dar cuenta de todo al clementísimo monarca y descubrir el fondo de sus propósitos.

Más tarde el conde declaró las condiciones que el rey le había comunicado. Los moros abandonarían sus viviendas para ser entregadas a sus legítimos poseedores cristianos. En lo demás se concedería a los despojados cuanto creyeran conveniente para su salvación en el concepto más humano. Pero que tuviesen entendido los de Vélez-Málaga que habían de dar libertad a los cautivos cristianos, puesto que Cristo había concedido la victoria a los suyos. Por tanto, si cualquiera de aquéllos hubiera enviado a otras tierras de moros a alguno de sus cautivos, debería traerle a su costa.

Al fin quedó pactado que los habitantes de Vélez-Málaga pudiesen marchar libremente adonde quisiesen, o permanecer en los pueblos de las cercanías con las mismas condiciones impuestas a los demás vencidos en guerra. Los cautivos habían de entregarse dentro de los treinta días transcurridos desde que se asentaron los reales. De todos los bienes muebles podrían disponer, bien para llevárselos, bien para venderlos dentro de los seis días, a contar desde la rendición de la ciudad.

Rendida Vélez-Málaga, se entregaron a don Fernando doce villas fortísimas con cerca de cincuenta fortalezas y aldeas, con la condición de trasladarse a lugares indefensos cuantos habitaban en sitios bien defendidos; pagar tributo al vencedor y entregar las mejores poblaciones a las guarniciones cristianas. Devolvieron los moros cien cautivos en un estado lastimoso a causa del largo cautiverio. Por orden de don Fernando fueron desfilando en larga hilera ante un altar erigido en el campamento, y su vista y los cánticos en alabanza del Sumo Redentor inspiraban honda compasión a los cristianos presentes. Todos dirigieron sus manos al cielo y luego besaron humildemente la derecha a don Fernando. Para que participasen de la alegría algunos nobles que tenían sus hijos cautivos en otras tierras de granadinos antes de estos pactos, mandó rescatarlos a su costa. Y tal diligencia empleó, que antes de levantar los reales ya estaban los hijos al lado de sus padres.

Con arreglo a las disposiciones de la reina, a la sazón ausente, no decayó un punto el más exquisito celo y la más laudable caridad en el cuidado de más de 1.200 soldados enfermos y heridos. Ninguno de los enfermos hubiera podido encontrar en su propia casa trato más esmerado que el que aquí recibía.

Durante estos sucesos el alcaide de Málaga, Aben Comixa, que seguía el partido del joven Boabdil contra su tío Abohardillas o Audelí, como para congratularse de la libertad de Juan de Robles, cautivo en Málaga tiempo hacía, lo llevó al campamento. Sobre su canje por el riquísimo alcaide de Alora, cogido por los nuestros, había habido largas negociaciones, y al fin éste había quedado libre mediante la entrega de trece rehenes. La victoria de don Fernando acabó con estas dilaciones, y los malagueños prometieron mayores servicios al poderoso monarca, con tal que con pretexto de amistad los recibiese por aliados, como obedientes que eran al joven rey Mahomad. Para demostración de esta voluntad, cierta o fingida, tenían buen cuidado de llevar diariamente a los reales abundantes mantenimientos. Tomaron esto muy a mal los moros gomeres de la guarnición de Málaga, hombres feroces y refractarios a todo sentimiento razonable o de humanidad, y se apoderaron de la Alcazaba, que había quedado encomendada a la guarda del hermano de Aben Comixa; dieron muerte a los guardianes y amenazaron con igual suerte a cuantos malagueños se inclinasen a la amistad del rey don Fernando.

Cuando el rey lo supo resolvió sitiar inmediatamente a Málaga, y al efecto mandó traer la artillería gruesa que estaba en Antequera, y embarcar las piezas más ligeras, y dejando en guarda de Vélez-Málaga al esforzado don Bernal Francés con 200 caballos y 500 infantes, estableció el cerco de Málaga el

7 de mayo de 1487. Venían con el rey el maestre de Santiago, don Alonso de Cárdenas; el duque de Nájera, don Pedro Manrique; don Rodrigo Pimentel, conde de Benavente; el maestre de Alcántara, don Juan de Estúñiga; Gómez Suárez de Figueroa, conde de Feria; don Fadrique de Toledo, primogénito del duque de Alba; el almirante don Fadrique Enríquez; don Diego Pacheco, marqués de Villena; el conde de Ureña, don Juan Téllez Girón, y don Andrés de Cabrera, marqués de Moya. De los grandes andaluces se hallaron presentes: don Rodrigo Ponce de León, marqués de Cádiz; el adelantado de Andalucía, don Pedro Enríquez, tío del rey; don Diego de Córdoba, conde de Cabra; don Alfonso de Aguilar y don Diego Fernández de Córdoba, alcaide de los donceles. Además, el clavero de Calatrava, don Fernando de Padilla; don Luis Portocarrero; don Lope de Acuña, conde de Buendía, adelantado de Cazorla, y don Juan Chacón, adelantado de Murcia. De los nobles de Aragón, Valencia y Cataluña acudieron muchos, en particular el maestre de Montesa, don Felipe de Aragón; don Luis de Borja, duque de Gandía; el conde de Cocentaina, Corella, y don Diego de Sandoval, marqués de Denia. De los castellanos, el conde de Castro don Alonso de Mendoza; don Rodrigo Portocarrero, conde de Medellín; don Juan de Silva, conde de Cifuentes; don Fernando Álvarez (de Toledo), conde de Oropesa; el de Oliva, Centellas; el conde de Venca y otros grandes españoles con muchas tropas enviadas por otros, y las que habían acudido con los pendones de las ciudades. Llegaba su número a 12.000 caballos ligeros y 50.000 infantes, sin contar la mucha gente ocupada en las guarniciones de las ciudades, villas y castillos conquistados. En la costa de Málaga, y para el transporte de provisiones, se apostó una armada de embarcaciones menores, que diariamente iba aumentando con la llegada de carabelas. En el mismo sitio, y al mando del noble catalán Galcerán de Requeséns, conde de Trivento, seis galeras estaban prontas a rechazar cualquier intentona de los moros malagueños. Al frente de las naves de espolón venían Martín Díaz de Mena y Garci López Riavano, naturales de Vizcaya y de Guipúzcoa. En cuanto a pericia marítima era reconocida ha superioridad del conde catalán.

Hubo particular empeño, así en el ataque como en la defensa de Málaga; en los nuestros, por apoderarse de una ciudad de cuya rendición dependía el término de la guerra de Granada, y en los enemigos, por comprender muy bien que, tomada aquella ciudad, situada en el Mediterráneo y en las costas de Europa, y considerada por los moros como garantía de ulteriores conquistas, ya nada podrían oponer contra el poderío de don Fernando. La costa de Málaga era una puerta abierta para todos los granadinos, aun no siendo puerto tranquilo para las naves, porque si bien cuenta con fondo suficiente, en épocas borrascosas no ofrece seguro fondeadero. Mas la grandeza de la ciudad, la opulencia de sus moradores, la mayor seguridad ofrecida por sus costas y el considerable y variado tráfico de mercancías, hacían de ella un magnífico emporio para ganancia de todas las naves que allí arribaban y el principal socorro para los granadinos. Allí fondeaban embarcaciones de egipcios, tunecinos, númidas o sitifenses, y hasta de árabes de la próxima costa frontera, y llevaban a los granadinos, hombres, caballos y numerario. Particularmente traían un socorro en dinero recogido en las diversas regiones del África, bastante para el pago de los soldados de las guarniciones. A esto había que añadir las considerables rentas que en la provincia de Granada percibía su rey y distribuía en su reino. También cobraba el diezmo a los colonos, y además otras muchas gabelas impuestas sobre los bienes relictos por testamento, por la hijuela de los herederos y por los rescates de los muchos cristianos que anualmente cautivaban.

    Era, por tanto, para los granadinos el sitio de Málaga amenaza de completo desastre, y para don Fernando mayor esperanza de hacerse dueño de Granada. Los ciudadanos de Málaga, aleccionados por el ejemplo de otras ciudades conquistadas por el mismo rey, y confiados en la clemencia que había usado con los vencidos, hubieran preferido acogerse a ella antes que defenderse con las armas, en cuyo ejercicio, por sus decididas inclinaciones comerciales, eran considerados muy inferiores a los demás granadinos. Deseaban vivamente permanecer en aquélla su fértil tierra natal; pero temían la cólera que contra ellos había concebido el poderosísimo rey don Fernando a causa de la crueldad de los renegados, berberiscos, y otros bárbaros del África que, como referí, habían asesinado al gobernador de la Alcazaba, y más enfurecidos después de cometido el crimen y desesperados del perdón del rey, solo confiaban en continuar la defensa de la ciudad. Los apáticos ciudadanos no se atrevían a más empresas que a las que la multitud africana se lanzaba, y para librarse de su crueldad creían necesario secundar su energía. A los arrojados gomeres se unieron varios renegados y conversos, condenados por apóstatas en Sevilla y en otras partes de Andalucía, hombres criminales que temían más crueles castigos si el rey llegaba a apoderarse de la ciudad. Así, los que siempre habían sido extremadamente tímidos, veían menor castigo en cualquier otro género de muerte.

Además, se encerraron en Málaga muchos monfíes que habían cometido crímenes en la Serranía de Ronda, después del plazo en que debieron someterse a don Fernando; pero no habiéndolo hecho así, antes continuado sus fechorías pública y escondidamente contra los cristianos, se acogieron al amparo de los malagueños.

La situación de la ciudad daba también alguna confianza a los habitantes, porque si lograban conservar la cumbre en que se asienta el castillo de Gibralfaro, éste podía ser, pensaban, su refugio en caso de un desastre. Mas si el sitio puesto por los de don Fernando se prolongaba, creían poder causar constantes daños a los nuestros desde aquella altura, mucho más cuando cada día había de serles más difícil la aguada, por no ofrecerla suficiente más que el Saduca o Guadalquivirejo, que lejos de la ciudad desagua en el mar.

El valor y la destreza de los de don Fernando dieron al traste con estas esperanzas de los enemigos, porque apenas llegados, y mientras se asentaban los reales, un pelotón de infantes escogidos trepó al cerro defendido por fuerte escuadra de gomeres. Trabóse al punto combate más ventajoso para los defensores que para los nuestros, pero triunfó de todas las dificultades su tenaz esfuerzo, y los que se habían figurado poderlos vencer fácilmente se vieron forzados a combatir a la desesperada. Muertos unos 150 moros, y empujados los demás hacia la ciudad, quedó el cerro por nosotros con sola la pérdida de diez hombres. En cuanto al agua, muchos pozos de las huertas vecinas, que los moros creían poder cegar, o, por lo menos, impedir a los nuestros utilizarlos, surtieron abundantemente al ejército, que la acarreaba por un sendero pegado a las murallas. Junto a ellas también se establecieron tres campamentos, a contar desde los primeros más distantes de la ciudad, y de seguida las piezas menores empezaron a batir el trozo más cercano a la playa.

A los gomeres y a la demás multitud de las aldeas circunvecinas acogida en Málaga, les daban facilidad para frecuentes salidas contra los nuestros las frondosas arboledas de frutales de los numerosos huertos inmediatos a las murallas. Desde allí, de repente y muy a mansalva, acribillaban con los tiros de culebrinas y espingardas a los nuestros, imposibilitados de defenderse, porque pegado a las murallas y en medio de un vergel, se levantaba un torreón bien fortificado y muy guarnecido, como que solía servir de seguro retiro al rey moro para estar a cubierto de las frecuentes algaradas de las gentes granadinas, en que a veces habían perdido la vida los reyes. A fin de disfrutar allí en completa seguridad de la amenidad del sitio y gozar a sus anchas de sus voluptuosos placeres, habían hecho construir una torre a modo de alcazaba, defendida por otras contiguas de menor elevación. Contra ella mandó disparar sin tregua la artillería don Fernando, que atendía a todo con exquisita diligencia.

Resistía intacta los tiros la fortísima mole y parecía empeño inútil continuar batiéndola y aumentar con ello las esperanzas de los defensores al par que el daño de nuestras tropas. Comprendiéndolo así los sevillanos que se hallaban más próximos, pidieron licencia a su capitán el conde de Cifuentes, don Juan de Silva, para escalar el torreón cuando, a la madrugada, se encontrasen los guardianes más desprevenidos. El valiente y audaz escalador Ortega de Prado, que desde el comienzo de esta guerra había llevado a cabo con felicidad notables hechos de armas, escogió entre los sevillanos los compañeros que habían de ayudarle en su empresa, y pasada medianoche, trepó a lo alto, seguro de encontrar todavía centinelas en vela; pero no hallando más hombres que los que le habían seguido en la escalada, a saber: Alonso de Medina, Pedro Fernández de Saavedra, Diego García de Henestrosa y varios caballeros sevillanos, llamó a otros compañeros.

Cuando los moros sintieron desde abajo que los cristianos habían ocupado la plataforma, prorrumpieron en grandes gritos de alarma; acudió volando multitud de gomeres y malagueños, e inútilmente trataron de desalojar, entre la humareda de la pólvora al puñado de asaltantes, inferiores en número, pero tan superiores en valor, que tras de encarnizada lucha lograron rechazar a más de 6.000 agarenos decididos a resistir tenazmente por las sendas de los huertos que tenían tan conocidas. Al alborear el día, el torreón del huerto quedaba ya en poder de nuestros soldados. Pero uno de los ángulos estaba agrietado por efecto de las llamas de azufre que lanzaban los testudos, y animados por este hecho, los sevillanos se apoderaron de las torres contiguas, sin temor alguno a la lluvia de flechas venecianas y a los tiros de las lombardas que los defensores habían colocado en las almenas, desde las cuales cierto converso renegado, maestro en el manejo de aquellas armas, hacía mucho daño en nuestras filas.

El entusiasmo por ocupar las torres no dejaba lugar al temor en los cristianos, ni les detenía tampoco la pérdida de sus compañeros.

Al día siguiente subió a la cumbre del cerro en que tenía su estancia el marqués de Cádiz un escuadrón de sevillanos, y con Ortega de Prado a la cabeza quiso escalar antes del alba el muro contiguo a Gibralfaro, por parecerle que aquella parte de las murallas estaba desmantelada a causa de que el batir de las lombardas iba diariamente destruyendo el estrecho sendero que corre desde la Alcazaba baja hasta Gibralfaro y frontero a la estancia del marqués. Se adelantó Ortega de Prado para reconocer el punto más fácil para la escalada, y pronto conoció que sería inútil el intento, por cuanto los enemigos vigilaban cuidadosamente; pero antes de que pudiera hacer la señal convenida a los compañeros, cayó mortalmente herido de un saetazo. Con gran trabajo pudo llevársele cierto Coronel, valiente soldado de la escuadra, porque en la confusión causada por la nube de flechazos disparados por los moros no pudieron darse cuenta sus compañeros de la desgracia del excelente adalid, ni replegarse con bastante prisa para evitar que muchos recibieran heridas. Los reyes y todos los demás capitanes sintieron honda pena por la muerte de Ortega de Prado, y con razón, porque además de su valerosa actividad para todos los menesteres de la guerra, eran notorias sus relevantes prendas de carácter.

Los sentimientos humanitarios del rey lo obligaron a dar orden al arrojado conde de Cifuentes, caudillo de los sevillanos, de que en adelante se guardase bien de comprometer a los caballeros de más renombre en semejantes temerarias empresas.

Poco antes don Fernando había mandado traer artillería gruesa de Écija y de otras ciudades de Andalucía, para batir con más eficacia las murallas de Málaga. En el interior de la ciudad ya no quedaba edificio a que no hubiesen alcanzado los terribles efectos de las balas de piedra disparadas por los morteros desde las primeras horas de la noche hasta el amanecer, con muerte de muchos habitantes. Nadie creía que pudiera diferirse mucho tiempo la rendición de la ciudad.

Juzgaron los grandes preciso acordar detenidamente en consejo lo que hubiera de hacerse, y librar a la reina con su venida a Cártama de la zozobra de las contrarias noticias que recibía, pero el rey solo la hizo detenerse allí cuatro días y luego la trajo a los reales.

Mientras esto pasaba en Málaga, el joven Mahomed Boabdil, vencedor ya de su tío en la lucha por el trono, hizo saber a don Fernando que todavía había en Granada muchos partidarios del vencido enemigo, a los que no podría arrojar de la ciudad si no le enviaba mayores refuerzos. El rey, a fin de auxiliar con oportunidad a su aliado de Granada, envió allá a Gonzalo Fernández de Aguilar, noble y esforzado adalid, al frente de 1.000 soldados y 2.000 peones para socorro y guarda del rey Mahomed. Con estas fuerzas, Boabdil redujo pronto a cuantos se le mostraban rebeldes y logrado esto, despidió a Gonzalo colmándole de presentes y se confesó más y más deudor a don Fernando por este nuevo y poderoso auxilio.

Llegaron a poco avisos de que entre los príncipes italianos se agitaban nuevos gérmenes de guerra. Los florentinos, conociendo la confianza de los genoveses de apoderarse del castillo de Cerezanola, sitiado por Juan de Flisco, enviaron contra el enemigo tropas mucho más numerosas de lo que podían imaginarse éstos, y el 15 de abril cayeron repentinamente sobre los asaltantes. En la lucha quedaron vencidos los genoveses; su general Juan Ludovico y algunos nobles fueron enviados prisioneros a Florencia, y el vencedor ejército florentino, atravesando el Macra, y entregando a las llamas las poblaciones genovesas hasta el puerto de Luna, sembró la devastación a su paso, y a la vuelta sitió a Cerezana. Luego recibieron los florentinos refuerzos considerables de caballería, enviados por el rey de Nápoles, por el duque de Milán y por los boloñeses, y tras ellos una armada de galeras y de otras naves de carga. Con estas novedades volvieron a renacer entre los príncipes de Italia las antiguas enemistades y las facciones.

Los reyes don Fernando y doña Isabel, después de atender hasta donde les fue posible a los asuntos de Sicilia, por su deseo del triunfo del rey de Nápoles, proseguían el sitio de Málaga con tanto más empeño cuanto con más tesón, y contra lo que se creía, se sostenía la defensa. Viendo los sitiados estrecharse cada vez más el cerco, pues las estancias del marqués se habían aproximado ya a las murallas de Gibralfaro, unos 3.000 moros escogidos hicieron una salida el 29 de mayo, cuando por el calor de las primeras horas de la tarde sabían que los nuestros tenían más descuidada la vigilancia. En su repentina embestida fácil les fue destrozar a la gente que defendía aquel puesto más cercano, poner en fuga a algunos heridos y degollar a los que les resistieron. Y hubiesen llevado más adelante su furioso empuje a no haber acudido con algunas fuerzas el marqués de Cádiz. En la encarnizada pelea sufrieron los nuestros sensibles pérdidas, porque los tiros de las espingardas eran tan certeros, que hasta al mismo marqués le traspasaron la adarga y lo hirieron levemente. Otros de sus más queridos compañeros de armas salieron heridos, y la muchedumbre de gomeres y bárbaros malagueños se ensañaron ferozmente con los que iban acudiendo desde los reales. Al cabo, el esfuerzo del marqués, y de los demás nobles logró reprimir la rabia de los enemigos. Gran número de ellos quedó allí sin vida, y no se hubiera salvado ninguno, a no haber contado con el refugio del próximo castillo de Gibralfaro. Murieron de los nuestros unos treinta, y más de cien salieron heridos de la refriega.

El esforzado monarca, ardiendo en ira contra los moros, desplegó la mayor actividad para rechazarlos y no omitió nada de cuanto se creyó oportuno para la más pronta toma de la ciudad. Reforzó la artillería con nuevas piezas y mandó que se trabajase activamente para llegar con las minas al centro de Málaga. Dispuso que las lombardas gruesas, preparadas ya para batir las murallas, suspendiesen el fuego hasta que se abriesen las bocas de las minas en el interior de la ciudad, a fin de que pelotones de nuestros soldados, dueños de las plazas, pudiesen rodear a los enemigos cuando estuviesen más enfrascados en las urgencias de la defensa. Por su parte ellos no aflojaban en la resistencia, ni daban señal alguna de decaimiento o de desmayo. Mas, como luego se supo, habían enviado emisarios a Boabdil, a la sazón dueño de Granada, a suplicarle que, dando de mano a la lucha de las facciones, impidiera toda mengua de la religión mahometana, y acudiese en auxilio de su fe, porque roto el cerco puesto por los cristianos, los granadinos podrían recuperar lo perdido. Para ocurrir al caso de que Mahomad, fuertemente prevenido contra ellos, se negase a escucharlos, se avistaron antes los embajadores con el alcaide de Almuñécar, a quien informaron minuciosamente de todo. Él eligió otros sujetos, bien quistos del rey, y les dio el encargo de hablarle y de convencerlo.

La respuesta del joven Boabdil fue, en suma: Que era dificilísimo contrarrestar la grandeza y el poder del rey don Fernando; pero, dado caso que aún se contase con fuerzas para resistirle, él era el único a quien le estaba vedado emplearlas, por haberse mostrado, tiempo hacía, inclinado a someterse al arbitrio de un protector tan poderoso. Por tanto, mientras viviera, no solo no le suscitaría el menor obstáculo, sino que arrostraría los mayores peligros a fin de demostrarle de algún modo su agradecimiento. La culpa de todo debía imputarse, sin duda alguna, a los partidarios del viejo Audelí. Y éste, por su parte, había introducido numerosas sediciones entre los moros granadinos y perpetrado crímenes sin cuento, con grave daño de la religión mahometana y ruina del reino de Granada. Así, el único consejo que podía darse a los sitiados en Málaga era la rendición inmediata, porque toda tardanza agravaría su desgracia, y como el auxilio que pedían era imposible, no debían despreciar un consejo muy útil en aquel supremo apuro.

Cuando los embajadores volvieron con esta respuesta, el alcaide de Almuñécar les dio cartas en que apoyaba el consejo de rendirse. Las rondas de don Fernando hicieron prisioneros en el camino a los primeros embajadores que se habían quedado con el alcaide, y que, a favor de las sombras de la noche, intentaban penetrar en Málaga con las cartas; dieron muerte a unos; otros lograron escapar favorecidos por la oscuridad y por lo escabroso del terreno, y a los que pudieron coger vivos llevaron a presencia de don Fernando.

Del contexto de las cartas que se les ocuparon se dedujo fácilmente las instrucciones que habían recibido de los malagueños. Por ellas se supo que de los 5.000 defensores, 2.000 estaban gravemente heridos sirviendo más de carga y estorbo que de utilidad alguna. Pasaban de 1.000 los muertos, y los restantes padecían mucho por la penuria de provisiones. Las de pólvora se habían consumido en los tiros de lombardas y espingardas. El cansancio de los centinelas y lo crítico de las circunstancias habían empezado a inclinar el ánimo de los vacilantes ciudadanos a peligrosas novedades, y todo ello amenazaba con la ruina de la ciudad.

El mismo día en que el rey se enteró de la respuesta que llevaban los embajadores prisioneros, había mandado ofrecer un cuantioso premio al soldado que le presentase uno de los defensores malagueños. Esto animó a intentar la hazaña a algunos gallegos de las estancias próximas a las murallas de Gibralfaro. Habían sorprendido las señales convenidas por los que en hora determinada salían con grandes precauciones de la villa a recoger en los alrededores de Gibralfaro juncos y yerbas para alimento de las cabras encerradas en las defensas de la plaza; pero les pareció difícil apoderarse de ellos como no fuera a favor de algún ardid muy secreto. Había allí cerca un cementerio de judíos, que suelen establecerlo, en campo abierto. En las sepulturas, elevadas bastante del suelo, según la costumbre judaica, se escondieron algunos gallegos que contaban con el auxilio de sus compañeros iniciados en el secreto.

Cuando seis de los malagueños volvían a la ciudad, los gallegos, bien prevenidos, saliendo de la emboscada, los acometieron, y tras revuelta pelea, dieron muerte a cuatro e hicieron prisioneros a los otros dos. De éstos, uno, gravemente herido, no sirvió para lo que pretendían. Del otro intentaron apoderarse algunos grandes para congraciarse con el rey con la importante captura; pero al cabo se lo dejaron a los gallegos. Quiso don Fernando saber por él la verdadera situación de la ciudad; mas el astuto moro empezó a ponderar la enérgica actitud de los moradores, la abundancia de armas y provisiones y la unánime resolución de defenderse a todo trance. Apretado luego, acabó por confesar la verdad, confirmando cuanto habían dicho antes los embajadores de la ciudad al rey de Granada.

El mismo día salió de las murallas un moro con un pendoncillo y se dirigió al campamento a comunicar a don Fernando el mensaje que sus conciudadanos le habían encomendado. Introducido inmediatamente a presencia del rey, se le escuchó con la mayor atención. Empezó por intercalar hábilmente en su habla algunos argumentos encaminados a dilaciones, y manifestó que en la ciudad había dos partidos: uno, resuelto a la defensa hasta el último trance; el otro, y más numeroso, opuesto a este extremo por el deseo de mirar por sus vidas. Todos, sin embargo, habían jurado por su Corán no tratar de condiciones de paz hasta pasados cuarenta días desde el principio del sitio, y por ningún caso se atrevían a quebrantar este juramento los moros.

Por tanto, parecía prudente prohibir durante cuatro días, o poco más, las escaramuzas entre moros y cristianos.

Había sugerido a los malagueños uno de sus faquíes la supersticiosa idea de que si lograban resistir los peligros del sitio durante cuarenta días, vencerían seguramente a los nuestros.

Oyó el prudente rey don Fernando con toda calma al moro, y le permitió volver tan libremente como había venido, para que, ya que su llegada no había causado daño alguno, al menos pudiese ser útil su regreso por haber visto por sus ojos el terrible aparato dispuesto para el inmediato asalto si se difería la rendición.

Entretanto no se desperdiciaba un momento. Por cuatro partes se iban abriendo las minas, y el rey ponía gran cuidado en evitar los casuales incendios de la pólvora y economizar el consumo diario, principalmente porque había sabido por los desertores enemigos que todo ataque fracasaría sin el auxilio de la artillería. De modo que los que antes resistieron tenazmente por las predicaciones de los faquíes, ahora, con las noticias de los tránsfugas, trabajaban con más ardor en hacer dentro de la ciudad fosos y estacadas y no cesaban de oponer a las embestidas de los cristianos trincheras y toda clase de defensas. Otra esperanza abrigaban los malagueños, y era el socorro de los gomeres que con el viejo Audelí estaban en Adra y en otras tierras del reino de Granada, ansiosos de acudir en socorro de los sitiados, como seducidos por la herejía de algunos fanáticos, que, aunque manchados con todo género de crímenes, se dejan desvergonzadamente venerar como santos y aseguran a los desgraciados la felicidad eterna. Uno de los que participaban de estos delirios, cogido por los nuestros y llevado a presencia del marqués, logró con engañosas razones persuadir a sujeto tan perspicaz de que si don Fernando daba orden de dejarle cierta libertad, él sabía un recurso para la rendición de la ciudad que solo descubriría al rey y a la reina, pues a ese fin había venido. Aquel augurio se reconocería como la última ruina de los malagueños.

Dichas éstas y otras muchas razones semejantes, el africano alcanzó de hombre tan sagaz como el marqués lo que de ningún otro hubiera conseguido, a saber, permiso para no ser despojado como cautivo del alfanje ni del puñal, y para ir, así armado y con un solo acompañante, a presencia del rey. Quiso la suerte que, a causa del trabajo de la noche, don Fernando se hubiese retirado, a descansar, y que a la reina, a la sazón sentada en el interior de la tienda, aunque siempre quería estar enterada de cuanto pasaba, cuando le dijeron que había allí un moro enviado por el marqués, una inspiración divina, a lo que se cree, la indujera mandar que le condujesen a la tienda inmediata donde posaba la marquesa doña Beatriz Bobadilla, hasta que el rey despertara y pudieran oírle ambos esposos. El moro Arsacida, o Alphafes, según dicen los árabes, que había ofrecido en holocausto su vida a Mahoma por la salvación de todos sus correligionarios, creyó que le llevaban a presencia de los reyes, y acabó de engañarle la semejanza, porque al ver a doña Beatriz, que ataviada con profusión de oro y piedras preciosas estaba hablando con el nobilísimo caballero don Álvaro de Portugal, le pareció hallarse ante el rey y la reina sentados en su estrado.

Cuando doña Beatriz vio al moro y observó la inquietud de su mirada y los repentinos cambios del semblante, llena de terror, corrió a refugiarse a la otra puerta de la tienda a tiempo que el árabe la asestaba rápidamente un tajo. Falló el golpe y fue a herir a don Álvaro en la cabeza, con tal ímpetu, que se la hubiera hendido hasta la boca, a no tropezar el alfanje en la vara saliente que sostenía el toldo de la tienda. Hallábanse allí dos hombres, fray Juan de Belalcázar y Rodrigo López de Toledo: el primero, sin armas, sujetó fuertemente al moro por detrás por las piernas, mientras el segundo le cogía por la espalda; y en tal situación, los soldados, que habían acudido a las voces de doña Beatriz, lo cosieron a puñaladas, y metiéndolo en un trabuco, lo arrojaron por los aires para que cayese en una plaza de la ciudad. Al ver el cadáver los otros gomeres de Málaga que habían puesto todas sus esperanzas en el temerario arrojo del moro, bramando de ira, dieron muerte a aquél de los cautivos cristianos cuya pérdida suponían había de sernos más sensible; le abrieron las entrañas, lo colocaron atado sobre un asno y poniéndole en la puerta frontera a nuestros reales, lo espolearon para que se dirigiera a ellos. Luego, en una impetuosa salida, pagaron muchos con la vida su ferocidad. Y, sin embargo, parecía que seguían dando más crédito a los embustes de los faquíes que al repetido espectáculo de sus desgracias.

Luego el rey dio órdenes más apremiantes para disponer el asalto en el día convenido a fin de evitar a sus soldados las penalidades que les acarrearía la imprevisión en las operaciones del sitio. Hizo venir tropas de refresco y reunir todos los elementos de ataque para proteger al ejército contra los tiros del enemigo.

Por su parte el viejo Audelí salió de Adra; atacó a parte de la guarnición de Vélez-Málaga, que estaba preparando en el campo cal, maderas y otros materiales de construcción, y como algunos se hubiesen refugiado en las aldeas de los moros sometidos a don Fernando, los pasó a cuchillo a todos, sin perdonar sexo ni edad. Por el momento los contingentes enviados a Granada por nuestro rey y por el joven Boabdil impedían todo tumulto de las facciones, y en agradecimiento, el último comunicaba a don Fernando cuanto sabía acerca de lo que tramaban contra él sus enemigos, y le enviaba las cartas de los malagueños para Audelí, interceptadas por sus soldados, en las que se descubría la ninguna esperanza de los malagueños si no se les socorría.

Don Fernando, con su gran previsión, al mismo tiempo que reforzó el ejército con las tropas recién llegadas, llamó al duque de Medina Sidonia don Enrique, para que, acompañado de otros grandes, destinase 500 hombres de armas y algunos peones a reemplazar a los heridos y enfermos, de modo que quedase gente útil cubriendo las bajas. Todo se iba disponiendo con el fin de que si el enemigo se veía obligado a rendirse por la falta de mantenimientos, se hiciese patente a todos los no obcecados cuán preferible era para nuestras tropas al asalto de la ciudad, puesto que en la última desesperación los malagueños y la multitud de gomeres, o romperían furiosamente contra los escogidos soldados de don Fernando, o, viéndose ya perdidos, darían muerte a los numerosos cautivos cristianos, y como el rey y la reina no querían dar el menor pretexto para tan terrible extremo, se resolvió continuar el sitio.

Por negligencia de los encargados de estorbar la llegada de los refuerzos tantas veces pedida por los sitiados e intentada por los berberiscos, tuvieron que sufrir los sitiadores gravísimo daño. Cierto árabe, muy venerado por los estúpidos moros y tenido entre ellos por santo, fue reuniendo por todas partes algunas fuerzas de gomeres, y a los pocos que consiguió hablar aparte les hizo creer que tendrían segura entrada hasta el interior de Málaga, porque así se lo había revelado Mahoma, asegurándole, además, que aquel reducido número de moros sería bastante para vencer, poner en fuga y exterminar al ejército entero de don Fernando, y concediéndole a él, como milagrosa señal de protección, el que pudiese caminar por la playa contigua a la ciudad, a caballo y con un pendoncillo, sin que las aguas pasasen de las patas del corcel. Los crédulos africanos dieron entero crédito a estas patrañas y lo siguieron.

Por caso el alcaide de los donceles, al aviso de la llegada de socorros a la ciudad, como tenía orden del rey de cortarles el paso, había repartido rondas nocturnas por todos los caminos; pero resultando inútil su vigilancia durante muchos días, creyó que el aviso había sido falso, y se retiró a su estancia precisamente en el momento en que más necesaria era la guarda de los caminos. En efecto, a la medianoche, y con espantoso griterío, más de cien moros, capitaneados por un guía, penetraron con furia en la estancia más próxima a las murallas. Los que en ella se encontraban, aterrorizados y defendiéndose sin concierto, por creer mayor el número de enemigos, solo atendían a salvar las vidas, y así les dieron tiempo para la entrada en la ciudad, que les facilitaron además las patrullas de malagueños, más vigilantes que las nuestras. El otro pelotón de moros, más reducido, que seguía a los primeros, quedó en poder de nuestros soldados, y por ellos se supo la buena suerte de sus compañeros.

Con mucha razón don Fernando descargó su ira contra los que tan mal habían vigilado y guardado los pasos, porque ya con más ánimos los de Málaga, y persuadidos por las predicaciones del árabe y de los faquíes, se atrevían a mayores hazañas. En tres o cuatro salidas causaron graves daños a nuestras estancias, y en cuanto divisaban un punto mal guardado, caían de repente sobre él 1.000 o pocos menos moros. Así penetraron furiosamente en la estancia de don Juan de Estúñiga, maestre de Alcántara, y cogiendo descuidados a los centinelas medio dormidos, degollaron a cuantos hallaron al paso y se lo abrieron hasta la playa en que dormía tranquilamente muchedumbre de cristianos.

Cierto agareno llamado Ibrahim Zenete, indudablemente caballero esforzado y de gran corazón, despertó a unos muchachos dormidos en la playa, a los que tan fácilmente hubiera podido degollar, y cuando los vio libres del alfanje de sus compañeros de armas, fue a emplear su fuerte brazo contra enemigos más temibles que aquella inerme multitud. Hecho verdaderamente digno de toda alabanza.

La muerte de tantos guardianes llenó de terror a los que estaban próximos, y como cundiese el espanto causado por los lamentos de los que perecían, salió al encuentro de la furiosa caterva agarena un escuadrón de sevillanos destinado a la guarda de las provisiones desembarcadas de las galeras. En un instante estos doscientos valientes rechazaron a los enfurecidos gomeres hasta la puerta de la ciudad, hirieron a muchos y pasaron veinte a cuchillo. En los cadáveres pudo verse que cada uno llevaba en bandolera una bolsa con provisión para tres días, según se cree, por la fe que habían dado a las promesas de su guía de que podrían continuar mucho más allá la persecución de los cristianos.

Gran parte de los ciudadanos, considerando cómo se habían frustrado sus esperanzas y cuán caro habían de pagar su engaño, puesto que forzados por extrema necesidad érales ineludible someterse a la voluntad del vencedor, volvieron a su primer propósito, y comunicaron a don Fernando, a impulsos de justo temor, las favorables disposiciones de algunos de los habitantes.

El alcaide de la Alcazaba, y capitán de los gomeres, llamado Zegrí, había reprimido duramente estos intentos, y como uno de los más arrojados, e investido de la gran autoridad que entre ellos le daba el tener guarnición suya hasta en Gibralfaro, castigaba toda vacilación con variedad de suplicios. Así se iba dilatando el momento de la rendición. Mas los malagueños, viendo cada vez con más claridad cuán engañados estaban al creer que don Fernando desmayaría y levantaría el sitio, y cómo por el contrario de día en día recibían las tropas más refuerzos, se aumentaban con nuevas máquinas de guerra las que batían sus murallas y crecía la abundancia de víveres, cuando a ellos no les quedaba la más mínima esperanza de socorro o de abastecimiento, hablaban entre sí de temperamentos conciliadores. Todavía, sin embargo, no se atrevían los desdichados habitantes a quejarse tanto en público de sus privaciones que se descubriesen sus inclinaciones a rendirse, porque era temible la crueldad de los gomeres. Estos inhumanos y tercos huéspedes, una vez que ocuparon las torres, temerosos del castigo de sus crímenes, habían pasado a cuchillo o sepultado en profundas mazmorras a muchos malagueños que habían empleado lenguaje conciliador.

Por todo esto, uno de los principales de la ciudad, llamado Alí Dordux, opulento, con gran partido por su dilatado parentesco, y que en los extremos apuros de la defensa se había granjeado fama de valiente, considerando las precauciones que para salvaguardia propia y de sus conciudadanos debían tomarse a fin de evitar el completo exterminio de todos, sin perdonar edad ni sexo, comprendió que debía hacer ciertas insinuaciones en los parajes públicos. Era el Dordux tan notable por la agudeza de su ingenio como por sus riquezas, y así le consultaban en secreto, principalmente los que, temiendo la ruina general por la temeraria y pertinaz audacia de los gomeres, a escondidas de éstos y de los obstinados en la defensa, habían arrojado a las estancias de los cristianos más próximas a las murallas cartas atadas a los venablos para que se las llevaran a don Fernando. En ellas le manifestaban cuán contra su voluntad seguían resistiéndose, y que, antes bien, en cuanto viesen abiertas las bocas de las minas, porque ya percibían los terribles golpes de los zapadores, podía tener seguro que al punto se mezclarían con los cristianos que hubiesen penetrado por ellas en la ciudad.

Al parecer, de todo esto tenía conocimiento Alí Dordux y de aquí las esperanzas del buen acogimiento de sus palabras. Propúsose burlar cautelosamente la cruel tenacidad de los gomeres, haciéndoles imposible descubrir lo que para la propia seguridad y la de sus amados convecinos tramaba, y en una junta donde se discutían las medidas que debían adoptarse, dijo a los alcaides de los castillos, a los caudillos gomeres y al faquí, a quien casi todos los moros llamaban santo, que él y todos los mahometanos, cuantos aspiraban entre los mortales a la eterna bienaventuranza, solo debían observar los preceptos de la religión de Mahoma. Por tanto, los fieles agarenos estaban obligados, por la observancia de su ley y por el acrecentamiento de su pueblo, no solo a sufrir todo género de trabajos, sino a despreciar los más atroces suplicios y los géneros de muerte más terribles, principalmente cuando los católicos reyes don Fernando y doña Isabel combatían por el exterminio de aquella religión. Y esta iniquidad se perpetraría en España si los cristianos llegaban a tomar a Málaga, reducida a estrecho cerco, y en aquellos días atribulada por incesantes ataques. Y pues esta ciudad era para los granadinos como una puerta abierta, y de día en día la escasez de mantenimientos amenazaba más y más a los defensores con angustioso trance, o, más bien, con el exterminio, y como tampoco cabía esperar socorro ni subvención alguna si milagrosamente no la alcanzaban de Mahoma los habitantes resueltos a perecer en la demanda, debía procederse a poner por obra a tiempo lo que se creyese más ventajoso.

Si a todo se posponía el respeto a la eximia virtud del legislador Mahoma, inmediatamente y sin temor alguno debía romperse contra el enemigo, y en medio de la pérdida de toda esperanza, concebir la más excelente, puesto que su fe promete a los fieles la felicidad. Pero si, por el contrario, se creyera preciso seguir procedimientos más templados en tan críticos momentos, era manifiesto el grave daño de la dilación para los atribulados malagueños, faltos de todo socorro y con tanta dificultad para procurarse vituallas. Esto unido a los llantos de las mujeres, a los gritos de los hijos, al hambre y al espanto de los que desmayaban, traían tan angustiado el ánimo de todos los hombres, que preferían arrostrar la muerte a presenciar más tiempo aquellas intolerables desdichas.

El razonamiento de Alí Dordux conmovió, hasta a los más duros de corazón, y se resolvieron por seguir el partido adoptado al principio, o sea, continuar sus audaces salidas y averiguar la dirección de las minas que percibían cavar por varios sitios. Una parte de los defensores se ocupó en vigilar día y noche para descubrir los puntos peligrosos por la desembocadura de las minas, y otra parte guarneció asiduamente las torres y defensas; los más atrevidos se ofrecieron a hacer salidas repentinas contra las estancias de los cristianos.

Cada día ponía el rey más empeño en que se rechazasen vigorosamente. Al efecto, en derredor de las estancias se habían levantado albarradas, que no dejaban rincón alguno por donde los enemigos pudiesen penetrar sin ser sentidos. Había mandado, además, asestar las lombardas gruesas contra los puntos más débiles de las murallas. Por último, dispuso tener preparadas para un día señalado las torres movibles construidas en largo espacio de tiempo, y las escalas reales, fabricadas con admirable artificio, con más otra multitud de máquinas de guerra, todo para el momento en que se volaran las minas.

Esta actividad del rey estimuló al conde de Cifuentes a hacerse dueño de una torre que, por el daño que a unos o a otros causaba, era a la sazón motivo de empeñada contienda por que no cayese en poder de ninguno. Pero el conde, que acaudillaba a los sevillanos, deseando llevar a cabo esta hazaña secretamente, encargó de su realización a unos cuantos soldados, con orden de que a medianoche metiesen guarnición en la torre. Al enterarse del hecho al día siguiente los malagueños, volaron a recuperarlo, y como en aquel aprieto pocos de los nuestros les hiciesen rostro, los malagueños dieron buena cuenta de los que la guarnecían. Algunos días después, y con mayores precauciones, se apoderaron al cabo los sevillanos de la torre, poniendo con ello en el último apuro a los moradores, porque inmediatamente pareció desmayar aquella primera ferocidad, visto también el trágico fin de algunos que intentaron resistir en las estrechas bocas de las minas a los enemigos que por ellas desembocaban. De aquí que decayera en los sitiados el vigor de la resistencia tanto como creció en los nuestros el ardor del ataque. Ya la furia con que durante tanto tiempo se habían defendido los gomeres empezó a ceder y el crédito dado a las vanas palabras de los faquíes decayó tanto, que el mismo día salió de Málaga con bandera de parlamento un moro conocedor de nuestra lengua, en compañía de otro comisionado, los dos como para abrir el camino a otros que luego habían de seguirles, y a quienes suponían oiría con gusto don Fernando cuando le hablasen de proposiciones más aceptables de parte de los malagueños. De esto se habían apercibido ya tiempo antes el rey, como tan avisado, y la reina con su perspicaz ingenio, pues muchas indicaciones les habían hecho comprender cuánto habían trabajado los enemigos por encubrir con aquel temerario arrojo, y confianza fundada en sus supersticiones la extrema escasez de mantenimientos. El primer dato lo habían suministrado las revelaciones de un muchacho, cautivo en Málaga en rehenes por su padre. Con más astucia de la que su edad hacía suponer, viendo tan próximas a las murallas las estancias de don Fernando, se metió por una cloaca, y llegado a lugar seguro, dio cuenta al rey de todas las angustias que en la ciudad se padecían.

Otros habían antes venido desde Málaga al campamento más bien como verdaderos espías que como enviados por los de dentro; pero habían ocultado de diversos modos la situación, cada día más crítica, de los sitiados, a fin de alcanzar condiciones menos duras. A sus engañosas palabras se contestaba con otras argucias para dejarles entender que, más que en las armas y en la artillería, se confiaba en la dilación para la entrega de la ciudad. No dejando de comprenderlo así hasta los berberiscos más obstinados en la defensa empezaron a arrepentirse de sus audacias, a despreciar al predicador y a los demás faquíes, antes tan venerados, y a conceder la mayor autoridad para las futuras resoluciones a Alí Dordux, de quien tan prudentes y oportunos consejos habían oído en las juntas.

El rey, con más maduro consejo, empleaba a veces el disimulo o la ficción, como haciendo poco caso de las vanas noticias de los malagueños, a fin de mantenerlos entre el temor y la esperanza. Ya hacía pregonar que el soldado que cogiese en el campamento a un moro procedente de la ciudad, podía, a su voluntad, conservarle como esclavo o darle muerte, y este caso ocurrió dos o tres veces; ya mandaba no hacer daño alguno a los desertores, todo con el fin de que estas órdenes contradictorias impidiesen a los enemigos saber nada cierto. Con esto y con ir dejando pasar el tiempo, se esperaba de día en día reducirlos a más incondicional entrega.

Los grandes sostenían esta creencia; pero más que todos aprobaba tal conducta la reina, siempre tan avisada. Llamada por frecuentes avisos de inmediata rendición de la ciudad, había acudido a los reales en los primeros días del sitio para emplearse en mejorar la suerte de los soldados; pero cuando, como dije, las cosas tomaron otro rumbo, se acordó que permaneciese allí rodeada de tan excelentes consejeros como el cardenal de Santa Cruz, don Pedro de Mendoza; de su hermano don Fernando, obispo de Ávila, y de otros reverendos prelados del séquito de la excelente soberana. Era el cardenal hombre de gran capacidad, nobleza y opulencia; había traído al sitio fuerte contingente de caballería, y a todo atendía convenientemente, así a los asuntos eclesiásticos como a los militares. Con tal que la ciudad se rindiese para mayor gloria del cristianismo, cualquier medio pacífico merecía su aprobación. Lo mismo aconsejaba el religioso prelado abulense, y el excelente monarca no parecía disentir en esto de los experimentados grandes partidarios de aquella opinión.

La divina misericordia se puso también de su parte, dignándose en este sitio de Málaga hacer patente a los mortales cómo la principal fuerza y el verdadero vigor reside en el poder de la suprema majestad. Así pudieron conocer claramente los católicos, al ver el vértigo que se apoderó en aquellos días de los sitiadores, que, por disposiciones de lo alto, de tal modo habían alternativamente concebido terror los audaces y audacia los tímidos, que no hubo nadie bastante sagaz para darse cuenta de la novedad de aquel cambio hasta que el mismo desenlace vino a revelar haber sido designio divino demostrar a los sitiadores por medio de los largos trabajos sufridos que habían acometido como muy fácil el sitio de aquella ciudad, siendo en realidad dificilísimo. Por lo cual había permitido que germinasen en los corazones de aquellos feroces gomeres sentimientos de temor que jamás antes se hubiesen creído capaces de abrigar. Acusábanse unos a otros de cobardía y de desidia, y no podían dar con la causa de que en tan serio trance los más osados se mostrasen más tibios, y de que los malagueños, tenidos por flojos, solo atentos a sus tráficos y nada a propósito para pelear, superaran ahora en resistencia a los granadinos más aguerridos. Este vértigo desmoralizador causó primero maravilla e infundió luego gran espanto hasta a los más esforzados y prácticos, pero los ruegos de los católicos, a lo que se cree, impetraron gracia del que puede dispensarla, y al cabo la consiguieron.

Alí Dordux, investido por los malagueños de facultades para tratar con los cristianos, salió de la ciudad acompañado de algunos moros, y atravesando la estancia del comendador mayor de Santiago, don Gutierre de Cárdenas, fue conducido a la tienda del rey. Allí pretendió explicar las condiciones de la rendición dictadas por los sitiados; mas después de largo discurso, no pudo alcanzar de don Fernando sino que se rindiesen a discreción, dejándole entrever que, como muestra de extraordinaria clemencia, acaso perdonaría las vidas a los obstinados infieles y asesinos de valientes cristianos.

Tristes y llorosos volvieron a la ciudad Alí Dordux y sus acompañantes. Al oír la respuesta del rey se apoderó de todos grande espanto y profunda tristeza, y redoblaron los lamentos de la multitud desvalida, porque ya no quedaba nadie en la ciudad capaz de resistir más tiempo el hambre.

Consumidos ya todos los alimentos, viéronse obligados hasta los más poderosos a devorar perros, ratas y comadrejas, y de los que habían comido caballos y burros muy pocos escaparon a la muerte. Claramente les demostraba la experiencia que de día en día la clemencia del rey para con los obstinados iba disminuyendo, al paso que crecía su indignación. Pero los feroces berberiscos, los monfíes que habían acudido a la defensa de la ciudad, los renegados, conversos y apóstatas, indignos de perdón, nuevamente enfurecidos, se determinaron a perder las vidas peleando y tentar la suerte en una salida desesperada, antes que sufrir los tormentos que les aguardaban. Como las barreras levantadas en derredor de las estancias dejaban pocos y muy descubiertos puntos vulnerables, y nuestros soldados estaban constantemente en la brecha, rechazaron con vigor a los temerarios y los obligaron a preferir en el acto una vida temporalmente miserable a una muerte cruel e inmediata.

Al punto ordenó el rey que todos los soldados destinados en las estancias al asalto, con el tren completo de sitio comenzara el ataque, después que por quien correspondía, según disposiciones de don Fernando, se hubiera destruido la parte más flaca de las murallas con las lombardas gruesas, ya que al principio del sitio apenas hubieran hecho efecto en las más robustas. En cuanto retumbó el estrépito de las lombardas, los sitiados enarbolaron bandera de parlamento sobre la puerta de la ciudad y, por último, Alí Dordux, con unos cuántos, salió en dirección a la estancia del marqués de Cádiz, creyendo que, de aceptar el cargo, en él hallaría un mediador más humano para los pactos de entrega que el que había encontrado en el comendador Cárdenas. Pero el marqués, hombre de gran prudencia y formalidad, que con exquisito tacto rehusaba intervenir en semejantes competencias, y que sabía que asunto de tanta monta no debía confiarse sino a un solo intermediario, en particular al que asiduamente asistía a la tienda del rey, envió a Alí Dordux a Gutierre de Cárdenas, para que así ninguno de los grandes presentes en las estancias pudiera tener conocimiento de las condiciones de la entrega. Cuando el comendador, muy precavido e intérprete fiel de las intenciones de los reyes vio volver a Alí Dordux, dispuso, en consonancia con ellas, aplazar la audiencia para el día siguiente con el astuto propósito de infundir desconfianza hacía el agareno y su conferencia. Aparte le animó a tener esperanzas, porque los reyes, más favorables para él que para ningún otro malagueño, no deseaban tratar sino con él solo. Luego, tratados en secreto varios puntos, cuando ya, no sin alguna dificultad, se dignó el rey escuchar el lastimero discurso de Dordux, la última concesión de don Fernando vino a coincidir con lo asegurado por Cárdenas. Al astuto moro, deseoso de salvar al menos sus caudales, y a ser posible, librar de extremas calamidades a algunos de sus parientes más queridos; de encontrar algún medio para que otros de sus conciudadanos escapasen del cautiverio que los amenazaba, y a vueltas de los tratos de paz, vender a los gomeres y a otros tercamente empeñados en la ruinosa resistencia, se le hizo creer que nada de esto podría conseguirse si no se trataba a solas entre él y el comendador. Quedó, por tanto, reconocida la necesidad de que Dordux desposeyese con ardid al berberisco Hamet el Zegrí del mando de la fortaleza más importante o Alcazaba; y Dordux, a su vuelta, con pretexto de dar cuenta de lo que había tratado con el rey, penetró allí con sus amigos y parientes de más confianza, y arrojando con engaño de la fortaleza al Zegrí, se apoderó de ella y de las cuantiosas riquezas que encerraba.

Elogiaron la hazaña los malagueños en la creencia de que por la mediación de Dordux con el rey solo la vida de sus feroces huéspedes estaba amenazada y que con ellos se usaría de más misericordia. Seguíanle por las calles aclamándole como a su redentor en tan angustiosas circunstancias. Él, dándose aires de negociador para con todos, a nadie comunicaba las condiciones que había aceptado.

Entretanto, observaban los sitiados la suspensión del renovado ataque a la plaza, y que no amenazaba ninguna hostilidad de los reales, en caso que pudiera venirles alguna provisión de víveres para remediar el hambre terrible, y por eso suplicaron todos a Dordux que mirase por las vidas de aquellos desdichados. Contestó él que muy pronto revelaría todo lo que por el momento convenía ocultar a la multitud a fin de que la resistencia de los huéspedes no suscitase otra vez trastornos, antes pudiesen removerse los obstáculos para conseguir clemencia, pues demasiado claramente se veía que la causa de tan gran calamidad consistía en la diversidad de pareceres y en la terquedad de unos cuantos. De las palabras del excelente rey, decía, había sacado ciertos indicios halagüeños; pero mucho podía contribuir a la total salvaguardia y a la libertad de los ciudadanos el que se dirigieran humildemente a él en cartas de súplica, con lo que tal vez, movido de su natural bondad, añadiría algo más concreto a lo manifestado secretamente, porque él no había podido arrancar con sus instancias de labios de su alteza otra cosa sino que debían entregarse a discreción.

Aceptado el consejo de Dordux, algunos de los principales fueron comisionados para llevar las cartas, cuyo tenor era, en resumen, el siguiente:

Que la majestad del rey a ninguno de sus progenitores cedía en clemencia para los vencidos, como lo habían experimentado en aquella guerra de Granada hasta los que le habían combatido tenazmente con las armas. Luego a los vecinos de Málaga no se les podía acusar de otra culpa que la de haber peleado por sus penates y por la posesión de sus bienes, por la vida y por la libertad. Confesaban, sí, como maldad atroz, el haber llamado para defensores de la ciudad a hombres delincuentes, tanto más enemigos de los ciudadanos cuanto más obstinados en la defensa, y cuyos crímenes habían echado sobre todos indeleble mancha. Mas con todo eso, suplicaban al rey con aquella servil humildad que emplean los más abyectos esclavos cuando se creen reos de alguna culpa, que se dignase usar de su natural clemencia con los míseros malagueños, acordándose de su progenitor Fernando III cuando sometió a Córdoba por fuerza de armas y sitió en un extremo de la ciudad a innumerables agarenos, estrechando de tal modo por hambre a la multitud de gentes inermes que la vida o la muerte de todos quedó en sus manos. Mas apenas oyó las súplicas de aquellos infelices, les permitió marchar adonde quisiesen con todos los bienes que pudieran llevar consigo. Asimismo, debía acordarse de su preclaro abuelo don Fernando de Aragón, tío y tutor de don Juan II de Castilla, padre de la excelente reina doña Isabel, el que, después de muchos meses de tener estrechamente cercada a aquella ciudad, de combatirla con todo género de artillería y máquinas de guerra y de sufrir mil contra tiempos en tan repetidos y largos combates, cuando al cabo consiguió la victoria y se le entregó la ciudad, no se negó a las súplicas de los defensores refugiados en la Alcazaba y de la multitud desvalida de ambos sexos que ya no podían resistir un día más la falta de agua. Por tanto, suplicaban a un monarca, reconocidamente superior en humanidad y clemencia a los citados reyes, que no negase su natural benignidad a los siervos malagueños, sino que, al menos, hiciera saber a la mísera multitud de sus esclavos que podría subsistir en esa condición, aunque tan abyecta.

La respuesta del rey a los enviados fue la siguiente:

Que antes de levantar el campo frente a Vélez-Málaga había hecho declarar a los malagueños, con más benignidad que nunca, el fin que se proponía y el deber en que estaba de recuperar un territorio tan largo tiempo ocupado por los enemigos, y que si no querían arrostrar los más duros trances de la guerra, no debían dilatar la rendición de la ciudad. Pero de repente, rompiendo las negociaciones iniciadas, al parecer, para la alianza que se les proponía, de tal manera lo habían trastornado todo, que se había visto precisado a emplear la fuerza contra los soberbios. Más tarde, una y otra vez, después de establecer el cerco de Málaga, los había hecho advertir que no obligasen a los gastos, trabajos y peligros de un sitio costoso a quien estaba resuelto a no levantar el campo sino rendida la plaza. Mas como durante cuatro meses, obstinadamente y con serios combates por ambas partes hubiesen empleado en la defensa todos los medios de hostilizar a los cristianos y, ya apretados por el hambre, hubieran apelado a enviar frecuentes y falaces embajadas, a las que siempre había respondido que usaría de aquella clemencia que creyese justa para con los que con terquedad e instintos sanguinarios habían tratado de superar hasta el último extremo a los demás granadinos, esa misma respuesta les daba ahora.

Al volver los enviados con estas cartas, todos los moradores quedaron estupefactos, perdida ya toda esperanza de libertad, y muy en aventura las vidas. No se oían por las calles de la ciudad sino los lamentos y el llanto de las mujeres. El hambre, imposible de resistir más, convenció a todos de la necesidad de entregar la ciudad. Entonces Dordux, seguro ya de que él y los suyos tendrían la vida salva, dio parte al rey de la unánime resolución de todo el pueblo de entregarse a merced del vencedor. Inmediatamente Dordux dio entrada a los soldados dispuestos por orden del comendador Cárdenas, y se permitió que señalados capitanes ocupasen las murallas más altas. Entonces fray Juan de Belalcázar, religioso mendicante, muy estimado de los reyes, que llevaba oculto bajo el sayal el estandarte de la cruz, subió a la torre del homenaje de la Alcazaba y enarboló en ella la redentora insignia, entre las aclamaciones de todos en gloria del Omnipotente.

Rindióse Málaga el 18 de agosto de 1487, día de San Agapito.

Al ver la cruz y los estandartes reales por todas las calles de la ciudad, los habitantes, principalmente los grupos de mujeres, elevaron al cielo ensordecedor griterío; pero pronto se apoderó de su ánimo el miedo o el estupor, y cayeron en un triste silencio, producido por el abatimiento. Todavía muchos abrigaban cierta esperanza de salvación, fundada en las palabras de Dordux, y así todas sus disposiciones eran unánimemente obedecidas. Pero los gomeres que ocupaban el castillo de Gibralfaro no se negaban a recibir a sus cómplices, y parecían preparados a continuar defendiéndose. El hambre hizo inútil tan extrema resolución.

Entretanto el comendador Cárdenas, enterado, como Dordux, de todos los secretos, y único ejecutor en aquel asunto de la voluntad del rey, procuró con gran cautela que los ciudadanos reuniesen en determinado sitio todos los bienes y alhajas de más valor, que por consejo de Dordux, y con la esperanza de que se les permitiese llevárselos, no habían tenido inconveniente en inscribir en los inventarios. Así, pues, se empleaba especial cuidado en guardar los fardos, y nadie en el campamento salía de su respectiva estancia. Todos estaban sobre las armas, por más que demostrasen la mayor tranquilidad.

Por orden del rey fueron enviados algunos adalides de caballería a los pueblos de Osunilla y Mijas, del término de Málaga. Sus habitantes habían hecho considerable daño a nuestras tropas, y después de pedir al rey el perdón de lo pasado, que se les otorgó benignamente, al aconsejarlos, la rendición, creyendo que Málaga se había rendido bajo las mismas condiciones que Vélez-Málaga, respondieron que las aceptaban. Confirmada la capitulación, los vecinos de los citados pueblos cargaron en sus acémilas todos sus bienes muebles, y con sus mujeres e hijos bajaron a las playas malagueñas. Mandóseles que metiesen sus cargas en las galeras, como si fueran a transportárselas a las costas de Marruecos; pero una vez terminado el embarque, se les declaró que todos quedaban esclavos, porque a los malagueños tampoco se les había hecho concesión alguna de libertad. Los lamentos de las mujeres y las lágrimas de los que se veían cautivos movieron a compasión hasta a los mismos vencedores.

Poco después, y obligados por el hambre, se rindieron todos los gomeres y berberiscos, con los renegados y demás desertores que ocupaban el castillo de Gibralfaro, y al cabo vino a saberse que desde las primeras entrevistas con Alí Dordux el rey había resuelto que se acañaverease a los renegados, que los desertores, conversos y judaizantes fuesen quemados vivos, y que los gomeres, los de Osunilla y Mijas y cuantos habían acudido a la defensa de Málaga desde los pueblos de la sierra quedasen en duro cautiverio, repartiéndolos entre los grandes y soldados distinguidos y enviando algunos, como muestra de congratulación, al papa y a varios príncipes de la cristiandad.

La sentencia de los malagueños fue más clemente. Toda persona, sin distinción de clase, sexo o edad, debía pagar por su rescate 36 ducados en el término de dieciséis meses, con arreglo a la última súplica de los infelices, confiados en que los demás gomeres, granadinos o berberiscos les pagarían por caridad mutua el rescate.

A Dordux y a ocho de sus parientes más queridos se les concedió la libertad, la posesión de todos sus bienes muebles e inmuebles y la permanencia en la ciudad.

Negóse la libertad a cien familias de judíos avecindados en Málaga; pero la obtuvieron mediante el pago de 17.000 ducados. Para el rescate de cada uno, así moros como judíos, debían atenerse al número de personas a la sazón vivientes, teniendo que pagar éstos por los que falleciesen.

Tomadas estas disposiciones, a los pocos días, los reyes, con su hija la ilustre doncella doña Isabel, el cardenal y los demás prelados y toda la grandeza, entraron en Málaga, en gran parte en ruinas, procesionalmente y entonando himnos de alabanza al Todopoderoso y a la Madre de los cielos. Luego, en cumplimiento de votos hechos, mandaron erigir iglesias en honra de la santa religión.

El temor de la peste que podría desarrollar el corrompido ambiente no permitió a la corte permanecer allí más tiempo; el rey, la reina y la princesa marcharon a visitar la importante ciudad de Vélez-Málaga. Después, para evitar el paso por Málaga, regresaron por Cártama y adoptaron las disposiciones oportunas acerca de los numerosos asuntos públicos. Ante todo atendieron al alivio de los cautivos cristianos. Trescientos debieron a esta victoria el salir de su misérrima esclavitud. Algunos, ya consumidos por la enfermedad y los sufrimientos, sucumbieron en los primeros días de su libertad. A los demás se les suministraron vestidos y viático para que pudiesen marchar más fácilmente a sus casas.

Antes de rendirse la ciudad había arribado a sus playas una nave con los embajadores del rey de Túnez, que traían numerosos presentes para los nuestros. Con gran alegría acogieron aquella feliz ocasión para que pudieran ser testigos de tan inestimable triunfo. Tratáronlos con amabilidad suma; colmáronlos de presentes e hicieron que los acompañaran en su regreso algunos malagueños que tal vez pudieran servir para recaudar entre los principales y populares de África el rescate de sus compañeros de cautiverio. Sabíase que en virtud de ciertos pactos los príncipes mahometanos estaban obligados a rescatar a los cautivados por nuestras tropas en territorio granadino. Además se envió a las costas africanas al noble caballero sevillano Cristóbal de Mosquera, para que, con arreglo a lo suplicado por Alí Dordux y los malagueños, condujese allá a unos cuantos moros que habían de emplearse en buscar aquellos recursos.

Entre las condiciones ajustadas con los reyes era una la de que los malagueños pudieran conservar todas sus alhajas, además del oro, plata y cobre acuñado y vender en subasta dentro del plazo de dieciséis meses cualquier otra casa reservada, abonándoseles la cantidad producida en pago de su deuda. Asimismo se concedió facultad a los judíos para vender sus bienes muebles; pero se les encerró en el castillo más fuerte de Carmona hasta el completo pago de sus rescates. Con ellos quedaron estrechamente encarcelados tres moros: el berberisco Hamet el Zegrí, Alphages, el faquí que, como dije, había engañado a la multitud con sus trapacerías, y cierto Hazamet, esforzado compañero de armas del Zegrí, que había causado grandes daños a los nuestros en las salidas de la plaza. Los demás malagueños fueron repartidos por los pueblos de Andalucía bajo la guarda de aquéllos a quienes se les asignaban, hasta cumplir el plazo del rescate. También se les permitió, como a los judíos, la venta en pública subasta de sus bienes muebles.

De regreso ya en Córdoba los reyes trabajaban con empeño en la resolución de los muchos asuntos pendientes. Urgía darle a los de Aragón, Valencia y Cataluña, largo tiempo descuidadas por atender a la campaña contra los granadinos. Obligaban al rey a marchar prontamente a Aragón las muchas novedades allí ocurridas, sobre todo porque don Felipe de Aragón, maestre de Montesa, había provocado graves tumultos a causa de la muerte dada al valenciano Blanes, y cada día eran mayores los escándalos de Zaragoza. Para apaciguarlos no se veía otro medio que la presencia de don Fernando, y él deseaba proveer a todo con su diligencia. Retrasaban, sin embargo, la marcha los muchos que a palacio acudían para el despacho de sus negocios y el deseo de la reina de acompañar a su marido para la mejor resolución de las cosas, dejando antes provistas las necesidades de la ciudad conquistada. Ante todo procuró dotar a aquella sede, por tanto tiempo profanada por los agarenos, de un pastor celosísimo de la guarda de su grey, contaminada durante setecientos sesenta años por la asquerosa secta mahometana, y había sido costumbre contentarse con un prelado in partibus, como suelen proveer pro fórmula los papas muchas sedes de Asia y de África. El último de los obispos titulares de Málaga había sido fray Rodrigo Soriano, franciscano, profesor en la Orden, que, ya anciano, luego que vio recuperada por los cristianos gran parte de la diócesis malagueña, concibió vivo deseo de entrar en posesión de aquella silla. La muerte le impidió conseguirlo, y la celosa reina presentó para ella al docto y virtuoso eclesiástico Pedro de Toledo, a quien daban el primer lugar la pureza de sus costumbres y su excelente ilustración. Aprobada la elección por el papa, y por acertado acuerdo de la reina, obtuvo facultad para repartir las prebendas de la diócesis recién instituida en la nueva iglesia de Santa María, o sea en el magnífico edificio de la mezquita mayor, purificada por el culto cristiano. Dotó además la reina a esta iglesia y a las de los pueblos restituidos a la fe cristiana de toda clase de ornato, con tal esplendidez, que parecían hallarse provistas desde largos siglos.

Junto a la villa de Montomiz, no lejos de Vélez-Málaga, se construyó una fortaleza para mayor seguridad de la guarnición cristiana frontera de los moros, y se quitó el corregimiento de Vélez-Málaga a Bernal Francés porque su avaricia anulaba su valeroso arrojo y por ella daba mal trato a los soldados de la guarnición.

Adoptadas estas medidas, los reyes con el príncipe y la infanta doña Isabel marcharon a Zaragoza, dejando en Montoro a los infantes, de pocos años, porque la peste iba creciendo en Córdoba. Entre otros obsequios que se les tributaron en su viaje les fue muy grato el suntuoso convite ofrecido por el duque del infantado, don Íñigo de Mendoza, en Guadalajara. Desde aquí marcharon a Sigüenza con ánimo de detenerse algunos días; pero se recibieron urgentes avisos de haber estallado en Zaragoza algunos tumultos, inmediatamente reprimidos con la presencia del rey, y la reina, tuvo también que marchar allí al siguiente día.

Las diversas novedades que en la ciudad surgían obligaron a pensar seriamente en extirpar de raíz el germen de aquellos excesos. Consistía éste de largo tiempo en el derecho llamado por los aragoneses de manifestación, por el cual estaba prohibido a los reyes el castigo de los culpables, que, en virtud de cierto recurso y por poco dinero, estaban acostumbrados a librarse del rigor de las leyes. De este modo los homicidas y los criminales de todo género tenían ancho campo para nuevos desafueros, de donde de día en día resultaba mayor corrupción en las costumbres, tan extendida ya, que el hábito se sobreponía a la razón, mucho más porque después de empezada la guerra contra los granadinos, la prolongada ausencia del rey y la distancia de los lugares que recorría daban mayor audacia a los malvados.

La laudable inclinación de los regios cónyuges a la justicia trató de extirpar estos males, y con más energía en aquel tiempo en que toda la tierra aragonesa veía claramente originarse allí la ocasión de los crímenes. Tropezábase en el largo hábito de tamaña disolución; pero la firme voluntad de los reyes consiguió vencerle, y unánimes el pueblo, la nobleza, el clero y la milicia consintieron en la supresión temporal de aquella iniquidad. No insistió el prudentísimo monarca en ordenar la extirpación de aquel arraigado abuso, porque sabía cuánta fuerza adquiere la virtud en todas las cosas acertadamente adoptadas, y como en la insigne ciudad de Zaragoza pululaban los ladrones, ordenó el establecimiento de la hermandad popular para que así aquella región como otras muchas de León y Castilla pudiesen hallar igual remedio a sus desgracias. Consiguió la voluntad del rey la adopción de estas medidas y el castigo de muchos culpables; pero algunos de los que se alegraban de estas reformas suspiraban por el abuso de aquella inveterada costumbre y ofrecían dinero al rey para que les devolviese la antiquísima libertad de costumbres, como ellos la llamaban, deseosos de que por lo menos no se estableciese la hermandad popular. Rechazó en absoluto tales pretensiones el poder real, llegado al ápice de poderío; que la fortuna unida a la justicia alcanzan extraordinaria pujanza, y aquello mismo que en vano intentan príncipes excelentes en días de escasa fortuna, lo imponen resueltamente cuando sopla favorable, y sus órdenes obtienen feliz y duradero acatamiento.

Antes de rendirse Málaga escribió el papa Inocencio al rey que debía amonestar a su primo don Fernando, rey de Nápoles por violar los tratados establecidos, con tanto más motivo cuanto que el mismo rey de Castilla había sido el medianero para aquella pacificación, ventajosísima para ambas partes, y había salido garante del cumplimiento de lo pactado, a que ahora parecía querer faltar el monarca napolitano. Así seguía castigando a los grandes exceptuados del castigo y se negaba a pagar al papa el feudo a que por los pactos estaba obligado. Por lo que si de allí nacían nuevos desastres, debían imputarse a la parte violadora de la alianza y sería mayor el sonrojo para quien había empeñado su palabra para los tratados.

Las cartas se le enviaron al reverendísimo cardenal Mendoza con recomendación de que insistiese cerca de los reyes para que la represión de las citadas novedades fuese pronta y eficaz.

Por estos días se recibió la noticia de la derrota sufrida por Roberto Sanseverino, general de las tropas enviadas por los venecianos contra los alemanes, y que al penetrar por las fronteras de Treviso habían sido destrozadas con muerte del general y de muchas de sus gentes.

También se supo la desdichada suerte del conde Jerónimo en Forli, y el cambio funesto de la de los de Sena.

El duque de Milán, Juan Galeazzo María Sforza, envió sus cartas a los reyes en que les anunciaba que los genoveses habían aceptado la ventajosa dominación de las tropas milanesas como en otro tiempo se decidieron por someterse al señorío de su abuelo y de su padre.

Por el mismo tiempo, el marqués de Saluzzo fue completamente derrotado por el duque de Saboya.

En Inglaterra, el hijo del duque de Clarence fue proclamado rey por algunos sediciosos, y con el auxilio de las tropas del rey de romanos Maximiliano luchó contra el rey Enrique y fue vencido.

Los franceses, mandados por Carlos VIII, pusieron sitio sin resultado a Nantes, ciudad importante de Bretaña, porque el duque protegía a los grandes franceses que se habían conjurado contra el primero y éste deseaba apoderarse de sus personas.

El rey Maximiliano, llamando tropas francesas, consiguió apoderarse de algunas ciudades y villas de Flandes y redujo a su potestad a su hijo, heredero de muchas provincias.

Tales fueron los principales sucesos ocurridos por aquellos días en el extranjero.

En cuanto a los asuntos de Granada solo puede señalarse la defección de los de Baza, que, abandonando a Abohardillas, o sea Audelí Mahomad, se pasaron al joven rey Boabdil, para evitar que los nuestros les talasen los campos. Influyó principalmente en el terror que se apoderó de todos los moros del territorio granadino el terremoto que en noviembre derrumbó la torre más fuerte y la mayor parte de las murallas de Almería, y que en nuevas y más terribles sacudidas destruyó cuanto Mahomad Abohardillas había hecho reparar. Este suceso fue de funesto augurio para todos los mahometanos.

De lo que más tarde fue ocurriendo daré cuenta en el siguiente libro, siguiendo el orden de los sucesos.

Libro VIII

(1488)

Visitan los reyes Valencia y Murcia. Situación respectiva de los dos reyes granadinos. Algarada triunfante de Boabdil el Viejo en los campos de Alcalá la Real, por el descuido de nuestros alcaides. Ardid victorioso de Juan de Benavides contra los moros de Almería. Entrada de los reyes en Valencia. Resuelto auxilio dado por don Fernando al señor de Albret y al duque de Bretaña contra los franceses, a fin de conseguir la restitución de Perpiñán y del Rosellón. Los flamencos ponen en prisión a Maximiliano. Sucesos de Italia. Prodigios fatídicos en España y en diversas partes del mundo. Varonil entereza de Catalina Galeazzo. El papa y los Estados italianos. Amenazas del Turco. Sucesos de Flandes. Daños causados por la avaricia de Bernal Francés. Plan de los reyes, residentes en Murcia, para la toma de Almería. Rendición de Vera, Cuevas y otras muchas poblaciones. Pérfida traición de Boabdil el Joven contra cinco faquíes de Granada. Talan los nuestros los campos de Almería y de Tabernas. Ríndense Huéscar, Galera, Orce, Tíjola y otros pueblos. Escaramuzas entre los de Osuna y nuestras tropas y muerte del maestre de Montesa don Felipe de Aragón. Viaje de los reyes a Murcia. Triunfos del Turco en Malta y amenazas a Sicilia. Sucesos de Francia. Proyectos matrimoniales entre la infanta doña Juana y el príncipe don Alfonso de Portugal. Prodigio en Sicilia y Calabria. Embajada del soldán al papa. Campaña del Turco contra el soldán. Nombra don Fernando virrey de Sicilia a don Fernando de Acuña. Derrotan los franceses en Bretaña a los bretones, a sus aliados los ingleses y a las tropas españolas mandadas por el señor de Albret. Triunfos de Boabdil el Viejo sobre su rival. Pone cerco a Cullera. Heroica y victoriosa resistencia del veterano Covarrubias. Su cautiverio y rescate. Mención de sucesos de Italia. Estancia de los reyes en Ocaña en su marcha a Valladolid. Condición respectiva de los dos reyes moros de Granada. Entrégase Alendín por traición al rey viejo. Ataque de los moros a la guarnición de Gaucín, rechazado por los nuestros. Pide Boabdil socorro a don Fernando. Inundaciones en España. Rebeldía de la ciudad de Plasencia contra los Estúñigas. Competencias entre el joven duque de Plasencia y sus parientes por el título y por los Estados. Aconséjale la reina que entregue la ciudad a don Fernando. Prisión de judaizantes. Luchas entre el conde de Cardona y el de Pallars. Intervención del rey de Castilla. Embajada enviada por Maximiliano a España sobre proyectos matrimoniales

Tomadas ya las oportunas disposiciones en los asuntos de Aragón, y después de celebradas fiestas y regocijados juegos al comienzo de este año de 1488, los reyes resolvieron visitar la floreciente ciudad de Valencia, a fin de apaciguar con su presencia las facciones de los señores que tenían en perpetuo desasosiego a la región, ya que una reciente experiencia les había demostrado lo eficaz de aquélla para la represión de toda rebeldía. Primeramente acordaron pasar por la provincia de Cartagena y detenerse algún tanto en la importante ciudad de Murcia, para decidir allí, según aconsejasen el tiempo y las circunstancias, si la campaña había de dirigirse contra Almería o contra Guadix.

En tanto, los reyes granadinos Abohardillas o Abdallah Mahomed, y su sobrino el joven Mahomed Boabdil procuraban ganar cada uno para sí el favor de sus pueblos. El joven, a costa de gran esfuerzo y no pequeño peligro, conservaba el dominio de Granada. Lo preferían los moros, más que por afecto, porque los libraba de la tala de sus campos. El otro, Mahomed Abdallah, como fiel guardador de la secta mahometana, era más querido de todas las poblaciones granadinas. Así, pues, la necesidad era contraria a la voluntad en muchos lugares, y aunque el rey joven, con su residencia en Granada, parecía obtener el mayor dominio, conseguía menores rentas y estaba obligado a mayores gastos. Nunca libre de temor, fines premeditados, prodigalidades y su natural audacia lo hacían descuidar la diaria recaudación de los impuestos. En cambio, Abdallah, dueño de Almería, cobraba las rentas de todas las villas y aldeas de sus términos, llamados Alpujarras por los granadinos. Con ellas se atendía, en primer lugar, a enriquecer el tesoro real, porque todos aquellos habitantes trabajaban más por alcanzar opulencia que por la guerra. La situación de estos pueblos de la Alpujarra, entre tierras escabrosas e inaccesibles y una costa en el Mediterráneo sin puertos, les ponían a cubierto de las incursiones enemigas, y sus abundantes frutos y su excelente cosecha de seda les permitían pagar al rey cuantiosos tributos. Era, además, entonces Abdallah, señor de Guadix y de Baza, aunque la villa de Almuñécar, tan fuerte por su posición y defensas, que servía de último refugio en apurados trances a los reyes de Granada, se había declarado por el joven Boabdil. Baza, para precaver la tala de sus campos, había seguido su ejemplo mientras el bando de Boabdil les garantizaba la seguridad de la ciudad, de sus campos y de los pueblos del territorio.

Anuló esta ventaja don Fadrique de Toledo, generalísimo de todas las tropas de Andalucía que, no pudiendo, a pesar de sus repetidos descalabros en los repentinos sitios de muchas poblaciones refrenar sus juveniles ímpetus, se propuso apoderarse por ardid, después de los tratos convenidos con los de Baza, de cierta población de alguna importancia de su término y, como todo el trabajo y los gastos resultaron inútiles, aquéllos, prescindiendo ya de la vana seguridad con que antes contaban, se sometieron de nuevo al cetro de Abdallah. Aprovechando éste la coyuntura, y previendo el caso de que don Fernando viniera a sitiar a Guadix, se trasladó allí y animó a los ciudadanos a la defensa, asegurándoles que no podían los enemigos intentar empresa más desastrosa para ellos que el sitio de aquella ciudad. Acompañando las palabras con diligente actividad, púsose a la cabeza de 1.000 jinetes y de 3.000 infantes, atravesó sigilosamente extraviados montes y escabrosos breñales y se presentó tan inopinadamente en los campos de Alcalá la Real, que con la mayor facilidad se apoderó de los desprevenidos pastores con todos sus rebaños y de cuantos recorrían con entera seguridad los caminos.

El desastre hizo conocer a los desidiosos alcaides de las fortalezas cuánto los había engañado la lejanía de los enemigos para descuidar las patrullas y corredores, y tener dispuestas muchas menos tropas de las que las circunstancias exigían. Es verdad que por la parte de Granada se consideraban a cubierto por la presencia de Boabdil en la ciudad; pero bien sabían nuestros adalides que, a causa de las desconfianzas existentes entre los granadinos, no podían contar con el auxilio de fuerzas salidas de la ciudad contra los enemigos que atacasen por otro lado. Por estas razones, debían haber tenido constante vigilancia y completo el contingente de las guardias, para librar a los pastores y a los ganados de la súbita acometida de los enemigos, porque, además de cautivar a los primeros y de dar muerte a los caminantes que encontró a su paso, Abdallah se llevó más de 1.500 vacas y numerosos rebaños de ovejas, para aprovisionar abundantemente a Guadix y dejar a los nuestros sin alimentos.

Logró encontrar compensación a este desastre, causado por la desidia, la bravura y destreza del noble y aguerrido Juan de Benavides, que calculando que los de Almería incurrirían en igual abandono por considerarse a cubierto de todo peligro, por la gran distancia, marchó con un pelotón de hombres de armas por extraviados senderos y se apostó en los valles próximos a Almería donde le pareció sitio más conveniente para las celadas.

Luego, permaneciendo él en emboscada, destacó algunos hombres para que con repentina embestida recogiesen los ganados que no lejos de la ciudad pastaban. Apenas el hijo del corregidor de Almería vio cuán pocos eran los enemigos, emprendió la persecución; pero nuestros astutos soldados, abandonando la presa, fingieron cansancio de los caballos, a fin de acalorar al enemigo, que ya venía disparando sus ballestas contra los fugitivos. Al pasar por la celada, los emboscados, mayores en número y con íntegras fuerzas, atacaron de repente a los jinetes almerienses y los hicieron prisioneros con su caudillo.

Al día siguiente de entrar don Fernando y doña Isabel en Valencia, salieron a recibir al príncipe su hijo con gran aparato y pompa, para que con la presencia de los reyes aumentase la multitud de valencianos que habían de reconocerle por su futuro señor.

A poco llegó, contra lo que se creía, y sin conocimiento de los cortesanos, el señor de Labrit, y uno de los grandes franceses, suegro de la reina de Navarra, hermana del rey Febo, a la que correspondía la corona por derecho hereditario de su difunto hermano, si bien parecían oponerse variados obstáculos a su pacífica posesión. El adelantado de la provincia de Narbona, Juan, nieto del difunto don Juan, rey de Navarra, y tío de la citada reina, intentaba reivindicar para sí el citado derecho. Otro obstáculo considerable oponían los bandos de los navarros, y la mayor y mejor parte de los castillos más fuertes tenían guarniciones de don Fernando, como ya dije.

Vinieron luego a llevar al extremo la dificultad de arreglar las cosas los frecuentes tumultos causados por la hermana del rey Carlos de Francia, la cual, contra la costumbre corriente entre los franceses, quiso inclinar el ánimo del joven hacia lo que se le antojaba, contando con la plena autoridad que en este punto le dejaba el rey. Fue esto germen fecundo en sediciones, pues los personajes influyentes que antes, cumpliendo las últimas voluntades del rey Luis, habían prestado acatamiento al niño, luego, según se dijo, intentaban la perdición del mancebo con el pretexto que se atrevieron a propalar de que era suplantado y en ninguna manera hijo legítimo del rey Luis. Para alejar este contratiempo, el rey Carlos trató de combatir al duque de la Bretaña francesa, principal cómplice de los furtivos enemigos. Al efecto, se apoderó de muchas poblaciones, ya por sitio, ya con incursiones repentinas, y trató de desmantelar las murallas de Nantes, empleando para ello una gruesa armada y numerosas fuerzas. Y lo hubiera logrado tal vez, a no impedírselo la tenaz defensa de la guarnición y una terrible borrasca invernal. Levantado el sitio de la importante ciudad, el joven monarca dirigió sus esfuerzos contra los auxiliares del duque de Bretaña. Sobre todo, deseaba hacer sentir su poder al citado señor de Albret, a quien el duque había casado con su hija, y al que, no solo hacían respetable lo ilustre de su abolengo, sino sus riquezas y sus tropas, además de pesar mucho su opinión en las deliberaciones.

Siguiendo el consejo de los grandes, resueltos a la ruina del rey Carlos, creyó lo más urgente avistarse en Valencia con los reyes, porque le constaba, por lo notorio del caso, la contrariedad experimentada por don Fernando por la ocupación de Perpiñán y del Rosellón, que al morir el rey Luis dispuso cesara y se devolvieran libremente a don Fernando. Pero, como dije, los embajadores enviados a Francia para reclamar el cumplimiento de aquella disposición, regresaron sin conseguirlo, porque los franceses alegaron para diferir la entrega el fútil pretexto de la tierna edad del rey Carlos. Disimuló don Fernando en espera de mayor oportunidad, a fin de poder atender mejor a los preparativos de la guerra de Granada; pero no desistió de recuperar el Rosellón, bien por algún recurso hábil que produjera un arreglo menos violento, o si esto se rechazaba, acudiendo a las armas. Así que, al saber el intento falaz de la hermana del rey Carlos de dar por mujer al adolescente monarca a la primogénita princesa Isabel, mientras duraba la enemiga del rey Carlos contra Maximiliano, rey de romanos, descubierto ya el disimulo, vio sin disgusto estas sediciones de los franceses, acogió alegremente al señor de Albret, lo colmó de honores y obsequios, se declaró su amigo entrañable, mandó restituirle inmediatamente, sin la menor dificultad, las villas y castillos importantes de Navarra, y para reforzar su ejército y facilitarle el paso a la Bretaña, hizo que se le diera fuerte contingente de tropas y que escogiese las naves vascongadas que quisiera, todo a fin de oponerse a la mayor prepotencia de Carlos.

El cual la había adquirido considerable, porque, además de otros daños causados, como dije, a Maximiliano, por los flamencos, habían enviado secretos emisarios a los de Brujas, incitándoles a rebelarse contra él y, como en aquel invierno tenía a su lado escasa hueste, no pudo escapar de caer en manos de los populares rebelados, juntamente con los nobles de su séquito. Resistióse, sin embargo, a pactar la alianza con el Francés, según querían los de Brujas, y entonces la rebelde multitud estrechó su prisión y cometió mayores desmanes, degollando a cuantos ciudadanos se habían mostrado en años anteriores auxiliares de Maximiliano. Los pueblos de Holanda y Gelanda y los demás alemanes que le obedecían, todos en encarnizada guerra con los flamencos, con los franceses, sus aliados, recibieron con indignación la noticia de aquellos crímenes. Por otra parte, nadie podía confiar fundadamente en el inmediato auxilio del emperador Federico, porque, a causa del natural excesivamente avaro de este anciano monarca, se esperaba que acudiría oportunamente en socorro de su hijo Ganec. Por tanto, no se veían fuerzas que más rápidamente pudieran oponerse a las del rey Carlos como las de los nobles contrarios a su poder, apoyadas con el favor de don Fernando.

Entre los príncipes de Italia habían surgido nuevas y numerosas dificultades que hacían temer por todas partes los horrores de crueles guerras, principalmente por la noticia de amenazarles con la gruesa armada reunida por el sultán Bayaceto, con pretexto de una incursión en Egipto para tomar venganza del soldán su enemigo. Con razón temían, sin embargo, sicilianos y venecianos que el poderoso sultán les preparase algún golpe terrible y era general el espanto entre todos los principales de Italia; mas, como atacados de interna dolencia, atendían flojamente al reparo del desastre que les amenazaba, y más interesados en dar satisfacción a sus mutuos odios que en adoptar un plan eficaz contra el enemigo común de la cristiandad, no solo descuidaban todo aquello que la gravedad de las circunstancias aconsejaba claramente, sino que no hacían el menor caso de los prodigios por todas partes observados, nuncios de grandes desgracias.

Entre otros muchos en aquellos días ocurridos, en el Puerto de Santa María y en el mes de marzo, un repentino y momentáneo huracán, no solo derrumbó casas e hizo volar en añicos las tejas de los edificios, sino que levantó a gran altura y arrojó a larga distancia pesadísimas áncoras enterradas en la playa; hizo pedazos algunas naves, cuyos restos fueron a chocar con las casas y causó la muerte a varios marineros.

Otros muchos y diferentes prodigios, todos temerosos, ocurrieron en distintas partes del mundo, y llenaron de espanto principalmente a los que veían aumentar de día en día las ocasiones de feroces guerras con la insaciable sed de sangre. Sobre todo, aterrorizó a los dálmatas el prodigio acaecido en Ragusa, la antigua Epidauro, según dicen. Allí, después de una nevada mayor que las acostumbradas, en día determinado, la nieve que cubría todos aquellos campos, hasta la altura de un palmo, tomó color de sangre. Prodigio que no encuentro escrito haya ocurrido jamás en parte alguna.

En Padua nació un niño con la boca invertida en la parte alta de la cabeza sobre la frente, y con una oreja de buey y otra de persona humana, aquélla pegada a la piel; de los pies, uno hendido, como pezuña, y el otro de hombre.

En Venecia aterró mucho a las gentes el nacimiento de una criatura con dos cabezas, hermafrodita y con vísceras dobles. Solo vivió un día.

En el mes de mayo se vio en Milán, durante quince días consecutivos, un cometa horrible que figuraba una cabeza humana, de cuya boca salían haces de llamas.

Y por los mismos días, o poco antes, sufrió grave desgracia en Forlici la esposa de Jerónimo, Catalina Galcazzo, hermana del duque de Milán, Juan María Galeazzo Sforza. Esta mujer varonil supo mirar por sí y por sus hijos con gran previsión y fortaleza en trance muy apurado y repentino. Habían tramado secreta conjura para matar al tirano algunos ciudadanos de Forlici, que se fingían obedientes súbditos del mismo conde Jerónimo, a quien aborrecían por su desenfrenada tiranía. Sin que hubiese precedido indicio alguno de su odio, y cuando hablaban amistosamente con el conde en su palacio, lo asesinaron: de seguida prendieron a su mujer, a sus seis hijos y a una doncella, y ya poseídos de saña, arrastraron el cadáver por las calles, acusándole de tirano e invocando, entre el griterío del pueblo, la antigua dominación del papa. Luego pretendieron obligar a la viuda a entregarles el alcázar, custodiado por guardia puesta por el difunto marido. Contestó ella que por salvar su vida y la de sus hijos procuraría con maña la entrega del castillo, para lo cual, separándose de ellos, iría sola a convencer al alcaide, muy interesado en la salvación de los niños, de que debía entregar la fortaleza. Accedieron todos a lo propuesto; pero en cuanto la viuda entró en el castillo, subió a las almenas y con voz sonora notificó a la multitud que la guarnición se mantendría fiel al duque de Milán, su hermano y tío de sus hijos, y que éste no perdonaría ni aun a los pequeñuelos si cometían el menor desmán con sus sobrinos. Esta intimación mantuvo, por el pronto, a raya los crueles propósitos de los revoltosos, que aguardaban cuanto antes refuerzos de los venecianos y del papa. Pero se desvaneció su esperanza con la llegada más pronta de Juan Bentivoglio con escogida hueste de caballería en favor del duque de Milán. Los malvados ciudadanos asesinos de Jerónimo huyeron y, castigados con la muerte algunos cómplices, se restituyó a la viuda, ya tutora de sus hijos, la posesión de sus Estados.

Corrió la voz entre el vulgo de que no había sido extraño al atentado Lorenzo de Médicis, poderoso entre los florentinos, por su notorio anhelo de vengar la muerte de su hermano Julián, y porque en vida del papa Sixto, Jerónimo había tramado la muerte de los dos hermanos Lorenzo y Julián, y la ocupación de Florencia. Así se achacaba el origen de aquellos sucesos a la alianza iniciada entre los florentinos y el papa Inocencio y al parentesco contraído por el matrimonio de la hija de Lorenzo de Médicis con Francisco Cibol, hijo del pontífice, porque parecían insinuarse nuevas corrientes en las alianzas, contra la común opinión de los pueblos. Los florentinos, auxiliares del rey de Nápoles contra los venecianos y contra el papa, hubiesen preferido hacer sufrir igual daño a estos antiguos adversarios, con perjuicio del rey y en desprecio del duque de Milán, príncipes que por tanto tiempo se les habían mostrado favorables.

De aquí que creciera el enojo contra el papa y el de los genoveses enemigos de los florentinos después que se pusieron a las órdenes del duque de Milán. Todos estos trastornos originaron diversas novedades. Los anconitanos, pretextando el temor ya antiguo en ellos de que el Turco intentara realizar su vivo anhelo de ocupar el puerto de Ancona con poderosa armada, a escondidas del papa, señor de todo el Campo Piceno o Marca de Ancona, llamaron en su auxilio al rey de Hungría Matías, quien sabían tenía hecho pacto y amistad con Bayaceto, en cuya virtud ninguno de los dos podía hacer dano a los confederados del otro. En reconocimiento del auxilio recibido, los anconitanos aclamaron solemnemente al rey Matías, levantando pendones en su nombre y llamándole públicamente su defensor, con gran confusión del papa y de los venecianos, persuadidos de que aquello era obra del rey de Nápoles, don Fernando, suegro de Matías, y encaminado a la ruina del pontífice y de la señoría.

La noticia de haber enviado ya el poderoso Bayaceto una gruesa armada contra el soldán de Egipto vino a disipar el temor de que todos los príncipes de Italia estaban poseídos.

En Flandes el emperador Federico, para librar a su único hijo Maximiliano, rey de romanos, retenido en Brujas por sus vasallos en estrecha prisión, reunió numeroso ejército de alemanes. Temerosos de la ferocidad de estas tropas, los flamencos prometieron a su prisionero la vida y la libertad si, lealmente y con público y solemne juramento accedía a las condiciones que se lo impusieron, si se otorgaba perdón realmente y sin engaño a todos los ciudadanos culpables de violencias, o de desacato contra su persona, y si se reanudaba la amistad iniciada con Francia en virtud del matrimonio de la hija de Maximiliano con el rey Carlos.

Quedaron arregladas en aquella ocasión diversas cuestiones pendientes entre Maximiliano y los de Brujas y de las demás ciudades de Flandes, de las que debo hacer mención ligerísima, aunque la suficiente para el cómputo de los tiempos. Solo que cuando el emperador Federico con poderoso ejército se negó a reconocer las condiciones aceptadas por su hijo Maximiliano para librarse de la muerte con que lo amenazaban los flamencos, empezó a molestarlos con nuevas calamidades.

Ahora volveré a tratar de la guerra de Granada.

Ni aun en la mísera situación a que estaban reducidos, podían los moros sometidos al poder de don Fernando ocultar su reconcentrado odio a los cristianos. En el territorio de Vélez-Málaga la fortísima villa de Torrox, que al rendirse aquella ciudad se había sometido a don Fernando, parecía ya rechazar nuestro dominio, a causa de la muerte de algunos cristianos allí residentes, y a quienes era fácil vencer por no existir salida alguna de la fortaleza. Los de la villa echaban la culpa de la defección al corregidor de Vélez-Málaga, Bernal Francés, separado una vez de su cargo, como dije, a causa de su extraordinaria avaricia y repuesto luego por intervención de personas caras al rey don Fernando. La abominable pasión de la avaricia después de corromper los corazones de los príncipes, de tal modo trastorna el ánimo de los vasallos, que solo piensan en derrocarlos de sus puestos, y así, son los primeros responsables de que los avaros ocupen los puestos públicos. Porque podrá no tenerse por injusto que los reyes crean dignos de alguna recompensa a hombres de tal laya que se hayan granjeado su gratitud; pero jamás deben colocarlos en puestos preeminentes.

Desde Valencia los reyes se trasladaron a Murcia, y al pasar por Orihuela trataron de arreglar las rivalidades de los valencianos divididos en los dos bandos crueles y sanguinarios de Centellas y Mazas.

En Murcia, y llevando consigo al príncipe don Juan y a su hermana doña Isabel, descansaron algún tanto de su incesante trabajo, resueltos a no aplazar más los preparativos de la guerra de Granada, antes disponer todo lo necesario para tener al ejército pronto a entrar en campaña, mientras se confiaba en apoderarse de Almería por el pacto secreto iniciado con su corregidor. El sitio de esta ciudad por tierra era dificilísimo, y si el moro enemigo se apercibía de algún apresto marítimo, temía el prudente don Fernando que fracasaran las secretas negociaciones con el corregidor citado, y que Mohamed Abohardillas, o Boabdil el Viejo, se previniera a la defensa con las tropas que tenía en Guadix por el recelo de que don Fernando dirigiera su ejército al sitio de esta ciudad, considerada como principal baluarte de sus partidarios contra Boabdil el Joven, que continuaba siendo rey de Granada.

Tenía prontos el otro en Guadix más de 1.000 jinetes escogidos y 15.000 peones para acudir a aquella parte del territorio granadino adonde pareciera dirigirse nuestro ejército; mas cuando se apercibió de los ardides con que don Fernando procuraba ocultar sus preparativos contra Almería (porque había llamado hueste muy inferior a la necesaria para el sitio de Guadix o de Baza, y además enviaba al parecer a Cartagena naves cargadas de abundantes vituallas), movió rápidamente parte de su ejército hacia esta plaza, destituyó y encarceló por simples sospechas al alcaide del castillo y metió en ella nueva guarnición.

Frustrada así la esperanza tanto tiempo acariciada por don Fernando de apoderarse en aquellos días de Almería, y como a causa de la peste no había podido recoger de lugares sanos ejército suficiente para sitios formales, se consagró a empresas menos importantes. De los pueblos de Andalucía ahora infestados por la epidemia, de donde anualmente sacaba el nervio del ejército, apenas hubiera podido reunir 2.200 de a caballo, y de las provincias lejanas del reino con dificultad hubiera logrado completar el número de 4.000 caballos ligeros y 15.000 infantes. Con tan reducida hueste se propuso atacar a Vera, ciudad próxima al río Stabero, el Guadalmanzor de los moros. Aun cuando los de aquella tierra se habían precavido astutamente contra las incursiones de los nuestros, dándose por vasallos de Boabdil el Joven, amigo de don Fernando, no lograron engañar al sagaz monarca, porque conocía muy bien la enemistad de todos aquellos granadinos contra Boabdil, convencidos por los faquíes de ser única causa de la ruina de las cosas de Granada los odios perpetuos de los dos reyes, Boabdil el Viejo y Mahomad Boabdil el Joven, cuya preferencia por don Fernando hacían ver a los moros los faquíes en sus sermones, y así, cuando algunos pueblos moros parecían reverenciar el nombre de Boabdil, lo hacían por evitar las talas.

Fracasados, pues, los tratos secretos con el alcaide de Almería, don Fernando sacó de Lorca, importante villa defendida por hombres aguerridos, las tropas oportunamente reunidas, y envió delante al marqués de Cádiz con unas 500 lanzas a aconsejar al corregidor de Vera, principal ciudad de aquel término, que no aguardase la llegada del poderoso rey don Fernando con formidable ejército y prefiriese encomendarse a la bondad del vencedor, acostumbrado a perdonar a los sometidos y a domeñar a los soberbios, según era notorio a todos los moros. Comunicó el hábil marqués esta resolución y otras más generales al corregidor, pero no pudo obtener de él respuesta concreta mientras estuviesen ausentes los principales ancianos de la ciudad, según dijo el corregidor, que había acudido solo a la entrevista, y durante ella iba remitiendo a los principales de la ciudad la resolución de los puntos acordados.

Por último, cuando comprendió bien el propósito del marqués, mandó a un mensajero para que acudiesen allí los ciudadanos elegidos por aquél. Inmediatamente se presentaron y en largas razones explicaron su ánimo favorable a don Fernando por lo ocurrido en aquella guerra contra los partidarios de Boabdil el Viejo; pero a la queja dada por el marqués de haber negado el libre paso por Almería a las tropas del rey don Fernando, contestaron alegando el pretexto de estarles aquello prohibido por la ley de Mahoma, no solo para las incursiones de los cristianos, sino para cuando le

pidiesen para ir a sitiar alguna ciudad o villa de los moros, puesto que era imposible conceder tal permiso a los confederados y sí solo a los súbditos. El marqués aceptó la excusa, mas a condición de que en adelante, hecha la entrega de la ciudad, obedeciesen en todo al poderosísimo monarca. Cuando esto oyeron, los moros de Vera trataron entre sí del partido más conveniente y volvieron a decir al marqués que lo dejaban todo en manos del rey, que se acercaba.

Al día siguiente, 10 de junio, salido ya el Sol, llegó con el ejército y se le entregó la plaza, cuya guarda encomendó al marqués. A los vecinos que quisieron permanecer en sus casas mandó dejarles la libre posesión de sus bienes y confirmó, a voz de pregonero, la prohibición de hacerles el menor daño. Por último, dio a los moradores un plazo de cincuenta días para marchar libremente adonde quisieran, llevando sus bienes muebles, aun cuando eligiesen el África, para cuyo caso prometió facilitarles seguro y naves para el pasaje.

Rendida Vera con estas condiciones, el mismo día se entregó la cercana villa de Cuevas, que quedó encomendada a la guarda del noble y bravo caballero don Juan de Benavides, a cuya notable habilidad se debió en aquellos días la entrega de otras muchas villas; al tercer día la de la importante población de Mojácar, no lejos del puerto de Cartagena, y sucesivamente, Overa, Oria, Candoria, Villazar, Ovedia, Villamayor, Vedar, Cantalobo, Huercal, Cherasa, Capraria, Vedoril, Huerca, Lorca, Suchina, Alboráez, Alboz, Surgena, Corbal, Celbauchim, Lisar Fines, Aldarhalich, Saxa mezech, Beniteralpha, Alhabion, Benaguazil, Lubrech, Ulela, Xorbas, Nixar Brudelcagoh, Benilebel, Banecamon, Baneliba, Banchamidolba, Alcudia, Xercos, Vélez-Blanco, Vélez-Rubio, Vetihandula, Alabiz, Huebres, Tarva, Aynoja y Lucainena. Todas estas villas y aldeas con sus fortalezas se entregaron diez días después de Baza bajo las mismas condiciones que ésta, su cabeza, puesto que, sin su consentimiento, ninguno de aquellos labradores podían cultivar sus vegas, y así comprendían cuánta mayor facilidad habría para las repentinas entradas en los lugares circunvecinos, y recelaban que el poderosísimo monarca negaría su permiso si persistían algún tanto en las hostilidades. También influía en su ánimo el deseo de permanecer en aquellas tierras durante tantos siglos cultivadas por sus antepasados, tierras amenas, feraces y de tan extenso regadío, que no tenían que temer la esterilidad por lo tardío de las lluvias. A causa de estas ventajas, el territorio estaba muy poblado, y como sea durísimo abandonar los lugares en donde se ha vivido feliz, los habitantes de toda aquella región, antes que abandonarla, prefirieron permanecer allí bajo condiciones humillantes, muy próximas a la esclavitud.

Ya había franco paso para Almería, antes cerrado por aquella parte por inaccesibles rocas que con las gargantas y estrechuras no permitían el tránsito a los caminantes; pero en donde terminaba la desembocadura de las hoces y no lejos de la ciudad, la villa de Tabernas era un obstáculo para el avance de los nuestros, por lo que don Fernando se dispuso a sitiarla. Precaviéndolo Abohardillas y, en su deseo de hallar oportunidad para venir a las manos con los nuestros, sacó de Guadix 1.000 jinetes y cerca de 20.000 peones, fuerza suficiente, en su opinión, para vencerlos, si los encontraba remisos y en haz desordenada, atascados o en algún paso poco conocido. Pero el prudente don Fernando, habilísimo en la dirección de sus tropas, el marqués de Cádiz y los demás experimentados caudillos habían pensado en ello, y cuando el enemigo comprendió que los cristianos vivían prevenidos, marchó a Almería, y al paso por Tabernas dejó reforzada la guarnición. No quiso permanecer en Almería a causa de la escasez de víveres, del extenso circuito de las murallas en un llano favorable para el ataque por mar y con población no muy segura, porque los habitantes estaban divididos en bandos, por más que esta misma rivalidad había aconsejado a Mahomed el Viejo dejar en Almería aquellos pocos que pareciesen inclinados a su causa.

En tanto el rey de Granada, Boabdil el mozo, no podía sufrir con paciencia la insensatez de los moradores, convertida en odios intestinos, porque ya los moros habían visto crecer el peligro de su ruina con las eternas luchas entre él y su tío. Era mayor la irritación contra el primero por la vulgar creencia de ser más inclinado a la cruz que al Corán, y estas murmuraciones del pueblo habían infundido tal audacia a los faquíes, que en sus predicaciones en las mezquitas acusaban al joven rey de Granada, de estar resuelto a seguir disfrutando del falso nombre de rey, aun a costa de la religión de Mahoma.

Vivía por aquellos días en Granada cierto faquí locuaz y osado, a quien el pueblo en masa acudía a escuchar con gran gusto porque tronaba contra los daños originados por las divisiones de los reyes. Aprovechándose del dominio sobre el auditorio, y descargando su cólera sobre aquella abyecta multitud, dijo que debían ser ciegos para no ver la causa de la ruina que amenazaba a Granada en los odios de los dos reyes. Ellos proporcionaban al cristiano rey don Fernando facilidad para ir avanzando en poco tiempo en la ocupación del reino de Granada, cuya pérdida total estaba próxima si seguían consintiendo en la rivalidad de sus dos reyes. Por tanto, debían obligar al que habían elegido por suyo en la ciudad a tratar de algún acomodo con su tío, arreglo tan necesario para todos los moros que, si inmediatamente no se realizaba, era seguro el exterminio de todos.

Esto dijo, en suma, el faquí con extremada verbosidad y con el tono plañidero acostumbrado entre aquellos bárbaros, y la muchedumbre allí reunida asintió al discurso. Cuando Boabdil, a la sazón encerrado en la Alhambra, tuvo conocimiento del sermón del faquí, tan convincente para todo el pueblo, comprendió la imposibilidad de evitar los mayores riesgos si no empleaba sin demora los recursos más audaces. Sin embargo, creyó necesario apelar por el pronto a subterfugios para combatir aquella repentina veleidad del pueblo fanatizado por el faquí. Al efecto, envió a uno de sus fieles emisarios a decirle en nombre suyo cuán gratos le habían sido los utilísimos avisos que, para general remedio de los intereses del reino granadino, había dado en su sermón. Y si hubiese podido penetrar las intenciones de Boabdil, resueltamente propicias al propósito, de seguro hubiera hecho recaer toda aquella culpa sobre su tío Mahomed, cuya condición, superior a toda crueldad, se había ensañado tan atrozmente con toda la familia del legítimo soberano, que no había perdonado a la mujer, ni a los hijos, ni a los hermanos, ni a los amigos, haciendo dar cruel muerte a seres inocentes por el ansia de reinar, en tanto que él, más joven, luchaba con desgracia por la protección de la religión mahometana.

A todos los moros desapasionados constaba que él había sido proclamado rey aun en vida de su padre Albuhacén, cuando, juzgando funesta su inacción, bien procediera de maldad, bien de decadencia senil, confiando en las felices disposiciones de Boabdil para el gobierno, y siguiendo la costumbre de la raza de elegir al mayor, lo habían llamado rey públicamente en aquel primer crítico trance de los de Loja, a quienes dominó él con su bravura, no solo poniendo en huida, sino exterminando al ejército cristiano, que tenía en aprieto a la ciudad. Luego a poco, para no desaprovechar el efecto de la victoria de la Axarquía, había llevado poderosa hueste de caballería e infantería a los campos de Lucena con intención de proseguir la marcha, una vez libre de sitio la plaza. Y lo hubiera logrado fácilmente, a no haber persistido por acaso en su intento el fuerte contingente de tropas cristianas, lo cual infundió tan repentino espanto en el ejército granadino, que cuando peleaba acompañado de unos cuantos, creyendo que el ver su peligro levantaría el ánimo de la aterrada multitud, cayó prisionero. Después, su tío, fingiendo obediencia al padre Albuhacén, introdujo la desolación en toda la familia del afligido joven, según constaba a todos los granadinos y, al mismo faquí. Excusado era, por otra parte, hacer enumeración de los trabajos y peligros arrostrados por Boabdil para librar de un hambre horrorosa a los numerosos habitantes de Granada.

Sin embargo, si el faquí lograba encontrar algún medio para esta concordia, a fin de que Dios por los méritos de su profeta favorito Mahoma se dignase aplacar su cólera, mostrándose más favorable que hasta entonces con la causa de Granada podía estar seguro de las buenas disposiciones de Boabdil para escucharle y enterarse a solas del recurso imaginado para aquel objeto, y quedar conformes acerca de la ejecución, la cual sería más acertada si al faquí acompañaban otros cuatro de su misma opinión y conferían sobre el asunto sin intervención del pueblo, siempre propenso a tratar estos asuntos tumultuosamente.

Oyó el faquí estas razones con gran alegría y no tardó en presentarse en palacio en compañía de otros cuatro, conformes con su parecer. El verdugo, preparado al efecto cortó a los cinco las cabezas que, clavadas en palos, fueron expuestas al público en lo más alto de las almenas. Aprovechando el terror del pueblo, mandó el rey que se pasearan por las calles de la ciudad las cabezas de los faquíes, clavadas en los palos, precedidas de un pregonero que dijese:

—El rey Boabdil, impulsado por su amor al pueblo granadino y aplicando un remedio inspirado de lo alto para el bien del reino, ha mandado hacer justicia de estos hombres inducidos por el enemigo común de los granadinos, Audelí el Viejo, y que, con pretexto de caridad para el prójimo y celo por la observancia de la religión de Mahoma, no cesaban de trabajar por la ruina de todos.

El pregón acalló algún tanto los rumores del pueblo; pero la animadversión general contra el que había impuesto el castigo iba en aumento. Para evitar éstos y otros gravísimos peligros empleaba Boabdil el Joven extremada diligencia y se veía obligado a disimular la perfidia de muchos granadinos que se pasaban al partido de su tío, con lo que hasta de sus más íntimos recelaba alguna traición. Su rival Audelí Mahomed iba reuniendo un ejército cada día más numeroso en espera de ocasión para atacar al de don Fernando. Éste creyó oportuno rodear a Vera con foso y empalizada para que la fortificación de esta ciudad mantuviese fieles a los pueblos circunvecinos, y dispuso todo lo demás necesario para el paso hacia el campo almeriense, propósito que se creía hacedero si se preparaba algún simulacro de ataque para la entrega de la villa de Tabernas. Mandó, pues, don Fernando llevar las piezas ligeras y más portátiles, a saber: cincuenta ribadoquines, y examinando atentamente la posición de Almería, y comprendiendo que el extenso recinto de esta ciudad rodeado de robustas murallas y antemural, con escasos habitantes, pero en ocasiones bien presidiada con numerosa hueste de infantes y caballos (porque, según costumbre de los moros, sus escogidos jinetes habían trabado encarnizada escaramuza con los nuestros), decidió con su acostumbrada prudencia limitarse a talar la vega para quitar los alimentos a la guarnición. Al regreso se talaron también en gran espacio los campos de Tabernas, por lo inútil de permanecer allí más tiempo para un sitio imposible por entonces. Recogiéronse luego en Vera vituallas para ocho días, a fin de talar la vega de la fortísima ciudad de Baza y probar si se infundía terror a los pueblos circunvecinos con la perspectiva de futuras talas y destrozos, que otros muchos pueblos próximos no habían querido arrostrar. Tal había sido el caso de Huéscar, Galera, Orce, Tíjola, Cullar y Benamaurel, tan fuertes por la posición como por sus reparos, todas las cuales prefirieron entregarse antes que sufrir los rigores de un sitio.

Los de Baza, cabeza de aquel territorio, envalentonados, además, con su fuerte guarnición, mientras los soldados de don Fernando talaban sus feraces vegas, se atrevían a lanzar contra ellos su caballería, confiados en la numerosa hueste de infantes y caballos que les suministraban, no solo los ciudadanos, sino Audelí el Viejo, además de las muchas fuerzas acantonadas en la próxima ciudad de Guadix, socorro muy probable en cualquier trance apurado. Dábales mayor audacia para la resistencia el parecerles exiguo el número de las tropas de don Fernando para intentar el sitio o para emplazar las máquinas y artillería. En la escaramuza que entre unos y otros se trabó murieron algunos de los nuestros. Entre ellos cayó herido mortalmente por tiro de espingarda el joven don Felipe de Aragón, maestre de Montesa, hijo del difunto príncipe de Navarra, don Carlos. Sintió mucho la desgracia su tío el rey don Fernando, por más que hubiese recriminado al mancebo por la muerte que alevosamente mandó dar a su competidor, el señor de Valtersa, como se dijo.

Don Fernando, que había conocido cuán favorables a los moros y dañosas para los nuestros eran las escaramuzas de la caballería, y que había resuelto no permanecer allí con el ejército por causa de la peste, volvió a Huéscar, confinante con Baza, para luego, repartidas las guarniciones por los pueblos circunvecinos, dirigirse a Lorca, siguiendo el curso del Segura en dirección a Murcia, donde le estaba esperando la reina.

Nace el Segura en una montaña frontera a la en que tiene origen el Guadalquivir; uno y otro van a morir en costas diferentes, y durante su curso los afluentes aumentan su caudal en muy diversa proporción. El segundo corre desde Oriente hasta el Océano occidental, poco caudaloso al principio, mucho más luego con el aumento recibido de los muchos ríos que en él pierden su nombre, y entra a bañar las provincias andaluzas con mansa y risueña corriente. Riega el Segura en su curso hacia el Mediterráneo los campos cartagineses, y en su corto trayecto lleva considerable caudal de aguas.

Siguiendo sus orillas se dirigió el rey con su comitiva a Murcia. Allí recibió a un mensajero enviado por el consejo y pueblo de Sicilia con noticias que vinieron a aumentar los cuidados de los ilustres cónyuges para proveer a los peligros así de los sicilianos como de las otras islas del golfo del Mediterráneo de África. El Turco con formidable armada había invadido la isla de Malta, en los dominios de don Fernando, y atacando de repente con treinta galeras, se había llevado cautivos ochenta insulares y gran presa con rumbo a las costas de Cartago y Túnez. Aumentaban el terror causado por esta invasión exploradora las 300 galeras estacionadas en Salona y en otros puertos de Dalmacia con terrible amenaza para sicilianos, sardos y demás habitantes de la costa del Adriático, junto a Calabria, vasallos del rey de Nápoles.

Solicitaban también la atención de los reyes los serios disturbios entre los grandes franceses y el rey Carlos, aumentados después de la alianza pactada favorable a algunos de aquéllos, porque después de la libertad del rey de romanos Maximiliano y de la llegada del señor de Albret, con armada de vascongados y otras tropas del rey don Fernando, todo el reino de Francia se veía agitado por los partidos. Teníaselas por complicadas en todos aquellos tumultos, evidentemente por la inicua ocupación de Perpiñán, como que intentaban por medio de las armas la restitución del Rosellón, injustamente diferida, puesto que el capricho del rey Carlos de ocupar ajenos dominios había venido a invalidar lo dispuesto por el testamento del rey Luis, en que se mandaba restituir libremente el Rosellón a don Fernando, y esta provincia, por lo revuelto de los tiempos, había quedado sometida a las armas francesas, como dije al hablar de aquellas guerras.

Atendían además los reyes a las negociaciones iniciadas para el matrimonio de la infanta doña Juana con el príncipe don Alfonso de Portugal, primogénito del rey don Juan, con arreglo a lo capitulado con el prior del Prado, a la sazón obispo de Ávila. Eran cierto obstáculo para ello las desgracias de los nobles portugueses, aunque sin duda debían posponerse a la pacificación y futuro concierto de dos naciones convecinas si se celebraba el matrimonio, principalmente porque para el buen éxito de la guerra de Granada debía darse de mano a todo obstáculo nacido de las rivalidades.

Preocupados con éstos y otros asuntos análogos permanecieron los reyes en Murcia más tiempo del que pensaron, por el deseo de dejar bien guarnecidas y aprovisionadas antes de su marcha las ciudades y villas tomadas a los granadinos, y mejor dirimidas, por la ventaja de la cercanía, las contiendas de los valencianos, aragoneses y catalanes.

Nuevo y grave cuidado causaron a los reyes las noticias que trajo un mensajero de sucesos ocurridos en Sicilia.

Como amenaza de desventuras se anunció haber aparecido en Calabria el 6 de junio, estando el cielo sereno, un terrible cometa, en forma de columna enhiesta, adornada como de ordinario con su capitel florido. De una nube salía un brazo humano hasta el codo; su mano derecha cogía el capitel por el lado derecho; por encima la punta de una espada parecía herir el centro y parte más elevada del capitel. Además, el puño de una espada se veía en el pecho de un gallo con cola enroscada, como de basilisco, vuelta hacia Oriente, mientras la cabeza miraba al Occidente. De la espalda del gallo o basilisco salía una espada en forma de alfanje, como el que usan muchos turcos, y en la punta se veían tres estrellas, dos en dirección al Oriente y una a Occidente. Este prodigio se tuvo por presagio funesto, por más que algunos aduladores lo interpretaban como feliz augurio para el rey de Nápoles.

Recibió el papa una embajada del soldán, y le fue muy satisfactorio el motivo de enviarla a Roma por el general convencimiento de que la guerra empeñada tiempo antes entre el turco Bayaceto y el soldán, principales corifeos de la secta mahometana y enemigos de los cristianos, daba un respiro a los peligros del cristianismo, según confirmaron los hechos. El Turco envió una armada de 700 embarcaciones entre naves de espolón, galeras y de carga, con orden de acabar de destruir las poblaciones de las ya castigadas costas de Siria y de Egipto, mientras de Licia, Cilicia y otras provincias del Asia menor acudían las fuerzas de caballería e infantería alistadas para aniquilar al ejército del soldán. Pero los turcos, dos años antes derrotados por los egipcios por tierra, tampoco lograron mejor suerte en esta campaña, aunque su armada tomó a Beruti y algunas otras poblaciones del litoral, con lo que crecieron los odios y encono por ambas partes. Más tarde, quince galeras de la armada turquesca recorrieron en el Adriático las costas de Ancona, cautivaron a cuantos hallaron desprevenidos y dieron muerte a algunos.

Para precaver los mayores daños con que amenazaban a los cristianos estas correrías de los turcos y evitar alguna repentina entrada en Sicilia, don

Fernando nombró virrey de esta isla al noble y bravo capitán don Fernando de Acuña, a fin de que proveyese a todas las ocurrencias.

Por este tiempo sufrieron un descalabro las tropas enviadas por los reyes al señor de Albret, según dejo dicho. Los de la Bretaña francesa, ayudados por los ingleses contra las tropas del rey Carlos, y envalentonados además a causa de la alianza propuesta poco antes por algunos grandes franceses con los castellanos, aragoneses y catalanes, autorizados por don Fernando, no rehusaron empeñar batalla contra los franceses enviados a la Bretaña por su rey. La lucha fue terrible, y hubieran llevado sin duda la mejor parte los ingleses a haber sabido usar mejor de la victoria que empezaba a sonreírles; pero un pelotón de franceses veteranos atacaron con tal orden a los soldados ingleses, atentos al botín y al degüello, que la fortuna se inclinó a favor de las tropas disciplinadas, y aquel primer triunfo de los ingleses se convirtió en terrible desastre. Casi todos los vascongados y navarros que iban a las órdenes del señor de Albret murieron en la acción. También se dice que sucumbieron allí el señor de Scalas y de Woodville y el inglés Volfildet, que peleó tan denodadamente en el sitio de Loja, según dije. Además, quedó gravemente herido el noble catalán Gralla, capitán de unas cuantas lanzas enviadas por don Fernando al señor de Albret.

Por el mismo tiempo, Audelí, uno de los reyes de Granada, se apoderó de Nerja, villa próxima a Vélez-Málaga, con ayuda de los habitantes. También se le entregaron los de Torrox, bien de grado, bien porque desconfiasen de nuestro auxilio contra los de Almuñécar, que se habían pasado del partido de Boabdil al de su rival, principalmente porque el alcaide de Vélez-Málaga, Bernal Francés, era tan aborrecido de la guarnición de esta plaza, que los que no se resistían a salir a campaña desertaban. Al fin se hubieran marchado todos, a no haber nombrado oportunamente don Fernando para el mando de aquella guarnición a su tío el noble capitán don Francisco Enríquez.

No por eso desistió Audelí de fraguar en otras partes numerosas intrigas. La ausencia de don Fernando en las lejanas provincias de Castilla la Nueva dio pábulo a sus esperanzas de expugnar a Cullera, cerca de Baza, así por serle conocido lo endeble de sus murallas, como por constarle la desidia del alcaide Carlos Viedma, puesto por el rey; pues, además del descuido en reprimir los tumultos surgidos entre los 160 soldados a sus órdenes, se había hecho acompañar de treinta caballos ligeros de gallardo continente para realzar con este séquito su presencia en unas bodas que habían de celebrarse en Baza, ciudad distante poco más de una jornada de Baza. Como si estuviese seguro de estar lejano el sitio de la villa por los moros, creía aumentar solemnidad a los demás regocijos nupciales cuando los parientes, según la costumbre de la tierra, acompañaran a la novia desde la iglesia al tálamo. Tenía Audelí conocimiento de todo esto, y así puso repentinamente cerco a la villa de Cullera con 800 jinetes y a 10.000 infantes. Luego, sin detenerse, repartidas en torno las tropas, arrimó las máquinas de guerra a la parte más flaca de las murallas, sabiendo que su gente no había de tropezar con obstáculo alguno de fosos o trincheras y convencido de lo vano del intento de la defensa desde lo alto, porque no podía asomarse a las almenas hombre alguno sin que le alcanzara la nube de venablos, de piedras lanzadas por las balistas o de tiros de espingarda. Fácil fue, por consiguiente, a la numerosa hueste de los moros excavar los cimientos de las murallas, y aumentaba la facilidad la presencia del rey con sus excitaciones y ofrecimientos de honores y recompensas, que redoblaban el esfuerzo de los sitiadores al paso que hacían más crítica la situación del puñado de defensores, ya muy desesperanzados de poder rechazar a los enemigos. El alcaide del castillo, por su parte, juzgando inútil la resistencia de los nuestros, les aconsejaba que se refugiasen en él. Al oírlo, cierto veterano llamado Covarrubias, capitán de veinticinco espingarderos, exclamó: «¡Vergonzoso y funesto recurso nos propones, alcaide; pues así nuestra cobardía facilitará a los moros la ocupación de la villa que, con nuestro esfuerzo podríamos hacer dificilísima. Retírense en buen hora los poltrones; mas los que se precian de valientes, síganme!».

Todos los presentes marcharon en pos del animoso anciano a resistir en la brecha abierta en la muralla a los moros, que con alegre vocerío les amenazaban con la muerte. Aunque gravemente herido en el muslo el viejo adalid por un tiro de balista, su extremada bravura excitó a los jóvenes a tan supremo esfuerzo de valor, que en la misma entrada del portillo arrancaron la vida a multitud de enemigos. La inminente ruina de una torre situada en el ángulo de la muralla y minada por los moros, en nada disminuyó el arrojo de aquellos valientes, pues en espera del socorro de los capitanes de las guarniciones cercanas, y especialmente del corregidor Luis Portocarrero, cavaron en las estrechas calles de la villa fosos protegidos de trecho en trecho por estacadas y trincheras, para hacer allí tenaz resistencia al enemigo. Cinco días con sus noches y sin interrupción se combatió encarnizadamente cuerpo a cuerpo en los portillos abiertos en el muro, con gran esfuerzo de los defensores, rendidos por tan prolongado insomnio. Triunfó al cabo su constancia. La inútil tentativa costó la vida a 500 moros y más de 1.000 quedaron gravemente heridos. La mayor parte de los defensores salieron heridos; pero solo cinco murieron. El enemigo, al saber la llegada del ilustre adalid Luis Portocarrero en socorro de los nuestros, levantó el sitio y se volvió a Baza con daño considerable. Don Fernando oyó con satisfacción suma la hazaña realizada por los heroicos soldados y premió su esfuerzo con recompensas militares, mayores que a los demás al veterano Covarrubias.

Poco después siguió mostrándosele favorable la fortuna. Cautivado por los moros en un desfiladero, pudo rescatarse por escaso precio, porque su vejez y el desconocer su valía les hicieron apreciarlo en poco. Bien lo deploraron cuando después supieron por qué miserable suma habían dado libertad a hombre de tanto mérito.

No podían ver con paciencia los genoveses las audaces intrigas del cardenal Pablo Campofragoso, dirigidas a la ruina de la señoría, y con tumultuario arranque le obligaron a renunciar al cargo tiránicamente usurpado y a refugiarse en busca de salvaguardia en el castillo que domina a la ciudad. Los ciudadanos, vejados por tan frecuentes cambios, se encomendaron a la protección más ventajosa del duque de Milán, Juan Galeazzo, y pusieron al frente del gobierno para ocurrir a las novedades que habían surgido al noble Vieto, de la antigua familia de los Fliscos. Estos importantísimos cambios dieron origen a muchas y diversas novedades en toda Italia y hasta en la corte pontificia, y dejaron indecisos a los genoveses de distintas facciones residentes en España.

Los reyes en su marcha a Valladolid descansaron algunos días en Ocaña, y escucharon atentamente las diversas embajadas que de todas partes llegaban, procurando dar a todo la más acertada resolución. Pero lo que más cuidado les daba era la funesta actividad de Audelí el Viejo, uno de los dos reyes granadinos, o sea el tío del rey Boabdil, a la sazón en Granada, porque si bien éste parecía, tener superioridad sobre el primero por poseer solo el señorío de Granada, era reconocida la de aquél en otras muchas cosas. Boabdil, sujeto a dirigir el gobierno de ciudad tan importante y de un pueblo desgarrado por las facciones, quedaba menos libre para atender a las demás exigencias de la guerra, tanto más cuanto que si evitaba confiscar los bienes a los ciudadanos no podía pagar sus soldadas a las tropas. Además, no se atrevía a recurrir a su tío, que cobraba mayores rentas y disponía de caballería no despreciable, por temor a que durante su ausencia la deslealtad de los ciudadanos se desbordase y no le permitieran la entrada al volver. Todo esto dificultaba mucho la seguridad de su dominio, principalmente porque Audelí el Viejo (como los reyes al marchar a Castilla solo cuidaron de guarnecer durante el invierno las ciudades y villas poco antes ocupadas, no dejando a la caballería otro recurso en aquellos sitios montañosos y cubiertos de nieve más que el de permanecer encerrada dentro de las murallas) retenía en su poder a Guadix, Baza y Almería, con otras muchas villas y fortalezas. Por traición se le había entregado Alhendín, villa fortísima, próxima a Granada, y atalaya desde la que su guarnición observa a cuantos campesinos salen de la ciudad, siéndole fácil atacarlos a su capricho hasta al otro lado de los ríos que en el Genil desembocan; de modo que en cualquier época del año un puñado de jinetes pueden, atravesando los vados conocidos, destrozar a gran número de granadinos, siempre que la guarnición de Alhentín tenga libre la salida. Y el impedírsela no parecía hacedero sino por medio de un estrecho sitio, y con el empleo de máquinas de guerra.

    La crueldad de un hombre encargado por don Fernando de tener a raya a los moros de la serranía de Ronda fue causa de que algunos se atrevieran a atacar a la guarnición de Gaucín y a dar muerte a los soldados que la componían. Al punto los vecinos de aquellos pueblos, temerosos de pagar el delito ajeno, cercaron a los pocos ocupadores del castillo. No tardaron tampoco en acudir en auxilio de los vecinos el marqués de Cádiz y el conde de Cifuentes con buen golpe de sevillanos; el adelantado de Andalucía, don Pedro Enríquez, el conde de Ureña y otros muchos caballeros de Jerez y Écija, todos los cuales arrojaron a los invasores de la fortaleza, de cuya custodia se encargó a la gente del marqués.

Por todo esto Boabdil el Joven, receloso de los ardides y de la perfidia de su pueblo, más inclinado a Audelí el Viejo por más enemigo de los cristianos, no se atrevía a enviar hueste considerable contra los enemigos, que iban extendiendo lentamente sus devastaciones, y por cartas y frecuentes mensajes rogaba a don Fernando que no quisiera contribuir con aquellas incesantes hostilidades a que los granadinos se pasasen resueltamente a su rival Audelí. Don Fernando, aunque se hizo cargo, con su perspicacia de la gravedad del asunto, comprendió que para la resolución de las urgentes dificultades del momento tendría que someterse al tiempo, especialmente en el otoño e invierno, cuyas lluvias eran obstáculo para reforzar las guarniciones. Produjeron aquellas grandes inundaciones por toda España, y proporcionaron ocasión a Audelí de apoderarse de muchos soldados de las guarniciones próximas a Guadix y Baza, hombres en su mayor parte desconocedores de aquellos lugares, imposibilitados de defenderse de las acechanzas de los moros y que alardeaban más de lo conveniente en una guerra de nuevo género de su vigilante esfuerzo. A costa de frecuentes descalabros aprendieron al fin cuál era el partido más acertado.

En Valladolid, donde a la sazón residían los reyes, tuvo noticia don Fernando del tumulto ocurrido en Plasencia contra el duque de este título, don Álvaro de Estúñiga, nieto del difunto don Álvaro. A su muerte debía el joven entrar en posesión por derecho hereditario del título y del señorío del abuelo, pero temía el odio de sus tíos el maestre de Alcántara, don Juan de Zúñiga, y de don Francisco. No logró, sin embargo, evitar los secretos ardides de algunos caballeros de Plasencia, especialmente de los Carvajales, poseídos tiempo hacía del anhelo de emanciparse de su señorío, de modo que aquella ciudad, en lo antiguo solo obediente a la corona y vasalla durante cuarenta y seis años de la casa de Estúñiga, volvió a su primitiva condición. Los citados caballeros, confiados en la facción de sus parientes y familiares, conocedores de la enemiga de Francisco de Estúñiga contra su sobrino Álvaro, y tal vez en la creencia de que el motivo del tumulto no desagradaría a los reyes, aprovechando la ausencia del noble joven, recorrieron las calles de la ciudad aclamándolos, y empezaron el ataque del castillo que rechazó la guarnición enérgicamente. Al saber la novedad el joven, que había ido a Valladolid a besar la mano a los reyes, les pidió inmediatamente licencia para despedirse y acudir al socorro de los suyos. Los reyes, al tanto de lo que en Plasencia ocurría, retuvieron a don Álvaro y se esforzaron por animarle. Sin embargo, nada hicieron por reprimir las pretensiones del tío del joven, don Diego de Estúñiga, al título del ducado, que por derecho hereditario decía corresponderle. En tal apuro el joven, siempre obedientísimo a la corona y muy estimado de los de la corte, suplicó a los reyes que, como siempre lo había esperado, se dignasen amparar su causa y reprimir las sediciosas rebeldías de sus tíos y de los placentinos, por cuanto ni de él podían recibir jamás la fea nota de desobediencia ni en su tío ver el menor indicio de fidelidad, según había demostrado en muchas cosas la experiencia, al paso que él había guardado siempre a la corona la lealtad heredada de su padre.

Contestáronle afable y favorablemente, tanto el rey como la reina; pero el primero se apresuró a marchar a Plasencia mientras don Álvaro se dirigía a Béjar. Bien por consejo de sus amigos, bien porque él lo creyera más acertado, el joven regresó a Valladolid a consultar a solas el parecer de la reina, por considerar la voluntad de tan ilustre princesa de superior importancia sobre las demás consideraciones. Indicóle doña Isabel la conveniencia de entregar el castillo al rey sin condiciones, si deseaba feliz éxito para su causa, porque así lograría mayores y más considerables premios, tanto honoríficos como de aumento de rentas. Marchó don Álvaro a Plasencia más aceleradamente que había venido, e hizo entrega del castillo. Los otros grandes, que ni de tan antiguo, ni con tanta justicia, retenían en su poder ciudades correspondientes a la corona, al ver cómo había recobrado don Fernando la de Plasencia, en otro tiempo dada por orden del rey don Juan a don Pedro de Estúñiga, abuelo del joven don Álvaro, en compensación de la posesión de Ledesma, empezaron a temer que se les exigiese la devolución de cuanto habían ocupado en días turbulentos. Esto dio origen a murmuraciones, así entre los nobles como también entre los populares, que consideraban inoportuna la novedad, y acaso contraria al feliz resultado de la campaña contra los granadinos, porque los avisados creían que debía anteponerse el término de esta guerra a la reparación de cosas ya pasadas.

Mas los que habían observado cuántas cosas se habían realizado en todos estos asuntos por modo milagroso y contra las opiniones de los mortales, acababan por proclamar que Dios tiene en su mano el corazón de los reyes.

Íbase creyendo más necesario de día en día el castigo de los judaizantes, a fin de extirpar de raíz las herejías, y así se vio con gusto arreciar la persecución contra ellos. Lo mismo en Valladolid que en otras ciudades de España fueron presos los sujetos que, según decían, estaban tachados con esta nota, no sin admiración de los católicos de que hombres de condición distinguida hubiesen caído en tan infame delito.

Resueltos en aquellos días éstos y otros muchos asuntos con solícito tacto por el rey y por la reina, llegó a la corte el condestable de Aragón, don Juan Ramón Folch de Cardona, conde de Cardona y de Pradés, caballero de ilustre prosapia y muy poderoso en Cataluña, a quien en primer lugar el rey había encargado que hiciese la guerra al conde de Pallars, alzado en sus castillos, defendidos por él en la fragura y aspereza de los Pirineos desde el tiempo de las alteraciones del principado de Cataluña. De buen grado aceptó el conde el cargo, a causa de los inveterados odios existentes entre ambos desde la rebelión de los barceloneses contra el ilustre rey don Juan de Navarra, según referí. Cuando el de Pallars se vio obligado a encerrarse en las fragosidades de los Pirineos y en sus enrocados castillos, conociendo que no le quedaba más recurso que acudir al auxilio del rey Carlos VIII de Francia, le suplicó que le enviase sus soldados para acudir adonde fueren necesarios; y en cuanto el rey se lo concedió, el de Cardona salió de Cataluña y fue a Valladolid a exponer ante los reyes los peligros que amenazaban si inmediatamente no se atendía al remedio. No fue inútil su venida, porque a todo proveyó el rey, y sin demora ordenó lo necesario para reprimir las audacias del conde de Pallars.

En el mes de diciembre de este año recibieron los reyes, complacidos, la embajada de Maximiliano, rey de romanos. Eran los principales embajadores el bastardo de Borgoña, y Salazar, conocido por el Petit, para distinguirle de Salazar el Viejo, muy estimado del difunto rey Luis de Francia por su valer militar y por el especial interés con que trataba los asuntos concernientes a la corona. Fueron perfectamente acogidos en Valladolid los dos embajadores; pero, aparte del regocijo de los torneos, banquetes y demás espectáculos de que luego hablaré, no se cree que trataran, en las secretas entrevistas con los reyes, de otros asuntos sino de pedir la mano de la ilustre doncella doña

Isabel para el rey Maximiliano, y la de otra de las infantas para Carlos, hijo de éste y heredero de muchos Estados. Ni aun los grandes tuvieron conocimiento de la respuesta dada a los embajadores, tal vez porque conviniera satisfacer a las dificultades de la demanda haciendo alguna otra concesión adecuada y conveniente. Y como los festejos se aplazaron para el comienzo del año siguiente, pongo aquí fin a la narración de los sucesos ocurridos en éste de 1488.

Libro IX

(1489)

Magníficas fiestas celebradas en Valladolid en honor de los embajadores. El bastardo, de Borgoña se enamora de doña María Manuel, dama de la reina, y pide su mano. Rumores acerca del objeto de la embajada. Regreso de los embajadores. Reciben don Fernando y doña Isabel a los del rey de Inglaterra, adonde previamente habían enviado al doctor Puebla. Preferencias de los reyes por la alianza inglesa sobre la francesa. Grandes festejos en honor de los embajadores. Secreto de la embajada. Preparativos contra Baza. Condiciones que hacían casi inexpugnable a esta ciudad. Tres inundaciones en España en espacio de diez años; peste y hambre causadas por la última. Celebra don Fernando la Semana Santa en Guadalupe. Para favorecer en Bretaña a los ingleses contra los franceses, envían allí los reyes escogida hueste al mando de don Pedro Carrillo de Albornoz. Quejas de los andaluces por lo intolerable de las cargas y tributos en provincias tan arruinadas. Obliga a los pueblos a sobrellevarlos el desprendimiento de los reyes. Quejas de éstos de las exigencias del papa. Desdén y arrogancia de Gemeth, hermano de Bayaceto, en presencia del pontífice. El maestre de Rodas, cardenal. Regalos de Boabdil a los reyes. Marchan éstos a Jaén. El duque de Medina Sidonia intenta destruir las almadrabas de los atunes propias del marqués de Cádiz. Embajada del soldán de Babilonia a los reyes en favor de los granadinos. Enérgica respuesta de don Fernando a las amenazas del soldán. Preparativos para el sitio de Baza. Capitulación de Zujar. Privilegiada situación de Baza para la defensa. Escaramuzas entre sitiados y sitiadores. Prevenciones de don Fernando para reprimir las hostilidades de los cercados y de sus auxiliares. Su arrojo al frente del enemigo. Elogio de Martín Galindo. Sus hazañas y su herida en combate singular con un moro. Pide el rey parecer a los grandes acerca de la continuación del sitio. Opiniones contrarias del maestre Cárdenas y del marqués de Cádiz. El comendador Gutierre refuerza los argumentos del primero. Conformidad del rey con éste, y consiguiente continuación del sitio. Disposición de los reales. Ríndense las villas de Canillas, Freila y Bençalema. Ardides de los de Baza para desalentar a los cristianos. Combate entre ambos campos. Llegan a los reales embajadores de Francia, de Hungría, de Alemania y de otras partes del mundo. Acuden caballeros extranjeros a pelear con los infieles. Esperanzas de los sitiados en los temporales del invierno. Auxilio indirecto prestado por Boabdil a don Fernando. Correrías afortunadas de los nuestros por tierras de Almería y de Guadix. Salidas desgraciadas de los de Baza contra el ejército cristiano. Luchas por apoderarse de la fuente del Hinojo. Don Fernando dispone con éxito celadas contra los moros. Ardides de algunos de los principales de Baza para contener el desaliento del pueblo. Piden parlamento los sitiados. Conferencias para tratar de la capitulación. Rechaza don Fernando los presentes enviados por los moros. Astucia de los de Baza para aparentar grandes aprovisionamientos. Abundancia de éstos en los reales. Llegada de la reina al campamento. El autor atribuye a la intervención divina, y no al poder del rey, la rendición de Baza. Visita la reina los reales. Caballerosidad de los moros con ella. Nuevas entrevistas de los moros con caballeros de nuestro campo. Capitulación de Baza y de otras ciudades y villas. Entrada solemne de los reyes en la plaza. Marcha don Fernando con su ejército a Almería. Rendición de Purchena, Tabernas y Seron. Entrevista del rey Audelí con don Fernando, y banquete que éste le ofreció. Descripción de la persona y traje del rey moro. Entra el ejército en Almería. Llegada de doña Isabel, a cuyo séquito se incorpora Audelí. Rendición de Almuñécar y de Guadix. Pérdidas de los cristianos durante la campaña. Mención de sitios anteriores de Almería. Entre el botín se halló el precioso cáliz llamado Santo Grial, entregado por Alfonso VII en agradecimiento a los genoveses

Comenzó el año de 1489 con la celebración de espectáculos públicos, por el deseo, tanto del rey como de la reina, de hacer manifiesta ante los embajadores, con la ostentación de la riqueza, magnificencia y gastos, la gran alegría que de palabra habían expresado por el motivo de la embajada. Créese haber puesto más empeño los reyes en la magnificencia de las fiestas, porque franceses y alemanes, especialmente cuantos recordaban con extraordinario encomio la memoria del difunto duque de Borgoña, aseguraban que en ninguna parte del mundo como en aquellos reinos se celebraban las fiestas con más esplendor, alegría y suntuosidad. Por lo mismo se procuraba superar en esta ocasión a cuanto hasta allí se había visto en

Valladolid en materia de regocijos, como se consiguió, según la opinión de testigos oculares, principalmente porque los presenció la reina, hermosa a maravilla, admirablemente ataviada, y con lucido séquito de doncellas de deslumbrante belleza, y tomó parte en el torneo don Fernando, luciendo en él, como en otros ejercicios, su superior habilidad. Mas en cuanto a esto y a otros sucesos análogos, baste una ligerísima mención, porque la dignidad de la historia se compadece mal con más minuciosa descripción de los festejos que la necesaria para el orden de los acontecimientos.

El Bastardo de Borgoña, principal de los embajadores, cautivado por la hermosura de las nobles doncellas, que acompañaban a la reina en las fiestas y bailes, se prendó tanto de la belleza de una de ellas, de ilustre linaje, llamada doña María Manuel, que pidió como un gran honor su mano con el mayor empeño. Concediéronsela los reyes, dotaron a la joven espléndidamente y la colmaron de regalos.

A los dos embajadores se les obsequió con muchos y singulares caballos españoles, muy estimados de franceses y alemanes. Del objeto de la embajada y de la respuesta de los reyes se traslució muy poco, por haberse tratado en secreto y ser contados los que llegaron a saberle. Hablábase, sin embargo, en público de haberse pactado alianza con el rey de romanos Maximiliano y con otros príncipes enemigos del rey Carlos de Francia por haber invadido la Bretaña francesa, y tomado muchas ciudades y villas por su empeño en despojar de sus derechos hereditarios a la única hija del difunto duque de Bretaña, y por lo mucho que vejaba a la mayor parte de la nobleza de Francia. También corrió la voz de que el rey Maximiliano pretendía la mano de la ilustre doncella doña Isabel, hija de nuestros reyes, dos veces prometida, según dije, al príncipe don Alfonso de Portugal por consentimiento dado por los padres a las peticiones de los embajadores portugueses, a cuya causa se achacaba la presente dilación o disimulo respecto a la propuesta de los embajadores. Como quiera que sea, los dos citados regresaron a su nación colmados de honores y mercedes, y uno de ellos llevó consigo a la recién casada.

Desde Valladolid se trasladaron los reyes a Medina del Campo para recibir a los embajadores del rey de Inglaterra Enrique de Richmond, a quienes la reina se proponía acoger con singular honra, así por preciarse mucho del parentesco con aquella casa como por la conocida ventaja para los dos reinos en la continuación de secular alianza entre ambos. Por estos motivos habían enviado ya por embajador a Inglaterra a un doctor muy diestro en averiguar el estado de las cosas, con amplias instrucciones y encargo de saludar en breves palabras al rey y explicar luego por extenso lo concerniente a los ulteriores intereses de ambos reinos.

Recibió el rey de Inglaterra muy bien la primera vez al embajador español, porque en la conclusión de la alianza esperaba a un tiempo mayores garantías para su afianzamiento en el trono y más provecho para su reino. Así, pues, envió a España a un noble acompañado de un eclesiástico, con encargo de reanudar la ventajosa amistad que antiguamente existía entre ambas naciones, convertida en hostilidad a causa de épocas turbulentas cuando Enrique II, constantemente auxiliado por los franceses, como el otro por los ingleses en sus luchas con el rey don Pedro, logró al cabo vencerle. Aquella antigua correspondencia amistosa se había convertido en funestos odios; pero se imponía ahora la conveniencia de volver a las antiguas relaciones, así de parentesco como de común utilidad. Por esto fue muy satisfactorio el objeto de esta embajada para don Fernando, cuyos progenitores, los reyes aragoneses, siempre prefirieron la alianza inglesa a la francesa. Y lo mismo para la reina, muy propicia a una alianza, que ya tenía meditada, con el rey de Inglaterra. Así, se festejó a los embajadores con no menor pompa, aunque no durante tantos días. Tampoco ahora pudieron traslucir ni aun los grandes el fondo de la respuesta de los reyes. Solo corrió entre el vulgo el rumor de que el rey de Inglaterra había pedido a los nuestros a una de las más jóvenes infantas para su hijo, todavía muy niño.

Algunos de los áulicos murmuraban que el rey de Inglaterra había enviado exprofeso al primer embajador tuerto, porque el primero que, como dije, se le envió de España, era manco. Lo cierto es que los ingleses regresaron a su isla contentos y colmados de ricos presentes.

Así el rey como la reina declaraban haber gastado sumas considerables, no sin motivo, y como libres ya del cuidado de disponer aquellos festejos, pareció que prestaban toda su atención a los preparativos de la campaña contra los moros de Baza. Tal era su empeño por reunir un ejército tan numeroso como jamás desde el principio de la guerra contra los agarenos se había visto, que no hacían cuenta de la extrema miseria de los pueblos, especialmente de los de Andalucía, esquilmados por las frecuentes expediciones de cada año. No se dudaba tampoco de los innumerables daños que acarrearía el suspender por algún tiempo una campaña con tanta felicidad comenzada y hasta tan victoriosamente concluida. Era indudable, por tanto, que para el feliz remate de las cosas era indispensable la expugnación de Baza o Baztam, la Copiosa, según los moros. Tratábase, pues, de atacarla con fuerzas considerables, aunque no se ocultaban las muchas dificultades de la empresa.

Eran reputados los de Baza por los más fuertes y aguerridos de todos los granadinos, como ejercitados desde niños en las artes de la guerra y forzosamente consagrados a ella por su constante batallar con los cristianos fronterizos. A juicio de los inteligentes, la situación y las defensas de la ciudad la hacían tan inexpugnable que, no faltando los víveres, podía desafiar todo el embate de la artillería y máquinas de guerra. Aun en el caso de un sitio de dos años, decían los avisados, la feracidad de la tierra alejaba todo peligro de hambre, porque las abundantes cosechas de trigo, cebada y otros muchos frutos surtían, no solo a los ciudadanos, sino a los pueblos de los alrededores. Además, ante la amenaza de un sitio, los ciudadanos, por naturaleza avisados y previsores, habían sabido adelantarse a las necesidades, aunque su notoria sobriedad los ponía a cubierto de las más graves.

Contaban por otra parte con la proximidad de Guadix, ciudad no menos defendida, con numerosos habitantes de ánimo feroz, y residencia del rey Mahomed Audelí el Viejo, protegido por escogida hueste de caballería, porque todos los que en las villas granadinas ocupadas por don Fernando seguían obstinadamente la secta mahometana, se habían pasado a Audelí, abominando de la causa del joven Boabdil, residente en Granada. Y la razón era porque su afecto al rey de Castilla proporcionaba a los cristianos excelente ocasión de vencer, como si en realidad fuese católico. Mas todos estos obstáculos que veían los grandes del consejo a quienes se consultaba en nada influyeron para desviar a los reyes de su propósito de establecer inmediatamente el sitio. Sabiendo que se necesitaba una gran leva, quisieron que las cargas, ya insoportables para los pueblos, no fuesen esta vez iguales, sino mucho mayores que en lo pasado, por la idea, según se cree, de que con la esperada toma de Baza tuvieran felicísimo término todos los trabajos. Hízose una leva de 13.000 caballos y 60.000 peones, además de otro considerable número de zapadores a fin de preparar los caminos para el más fácil tránsito de las tropas y cavar los fosos necesarios. No se les permitió llevar más armas que los picos y azadones. Dispuesto todo esto por el rey para el sitio de Baza, resolvió aplazarle hasta el próximo verano, a fin de privar más completamente de alimentos a toda aquella región con una sola tala de las cosechas.

    Al mismo tiempo que se disponían estas cosas, iban acudiendo de Castilla la Nueva, y hasta de Cataluña, Valencia y Aragón, muchos embajadores y enviados para negociar en favor de sus regiones, porque en el mes de enero de este año terribles inundaciones por toda España habían impedido salir de sus casas a cuantos tenían necesidad de viajar, y amenazaban con algún futuro desastre. Porque en las inundaciones del año de 1485 las aguas desarrollaron una peste que duró largo tiempo y que hizo innumerables víctimas. Todo el mundo se admiraba, con razón, de que en diez años hubiesen ocurrido tres inundaciones, cuando se sabía que en los cincuenta anteriores solo había habido una. La de este año, no solo produjo la peste, sino que castigó cruelmente a los supervivientes con la falta de alimentos. Ninguno de estos obstáculos logró retrasar la expedición dispuesta contra Baza. El rey marchó a Andalucía; adoptó en el camino las convenientes medidas para el arreglo de otros asuntos, y se encaminó al monasterio de Guadalupe para celebrar con más recogimiento las solemnidades de la Pasión del Redentor. Hecho esto cual cumplía a un católico, y mientras llegaba el tiempo oportuno, mandó el rey que hasta el 20 de mayo fueran reuniéndose en Jaén las tropas de las provincias.

    Llegaron por entonces noticias algo favorables de haber arribado a las costas de la Bretaña francesa una armada inglesa con 15.000 soldados escogidos, enviados por el rey Enrique de Richmond en socorro y favor de la doncella. Las fuerzas francesas, acrecentadas extraordinariamente de largo tiempo en Bretaña, habían derrotado al punto a los invasores; pero reanimados los bretones, abatidos por el infortunio y forzosamente obedientes a los franceses, todas las milicias del país se habían unido con los ingleses, y no pudiendo las tropas francesas resistir el terrible y repentino empuje de sus coligados enemigos, habían éstos recuperado rápidamente, con muerte de muchos franceses, las poblaciones antes rendidas por el terror o por fuerza de armas. Estos sucesos ocurridos tan de repente y contra lo que se esperaba, habían obligado al rey Carlos de Francia a llamar las guarniciones puestas en algunos puntos de Bretaña, mientras el rey Enrique daba orden de regresar a su reino a los feroces invasores.

Conocidas estas noticias, pareció a los reyes muy conveniente, para la alianza tratada, enviar a Bretaña fuerzas más considerables que las anteriormente enviadas, a fin de demostrar a las claras cuánto les importaban los asuntos de esta provincia, a pesar de estar tan próxima la campaña contra los moros y del gran obstáculo de la lejanía. En cuanto al jefe de las tropas, la elección del conde de Salinas, don Diego Sarmiento, por su nobleza y por su pericia en las cosas de la guerra, no hubiera sido dudosa a no contar tantos años y disfrutar de tan escasa salud. En la duda fue transcurriendo algún tiempo, mas al fin, para que los hechos respondiesen de la voluntad, se eligió para el mando de 1.000 caballos y 2.000 peones a don Pedro Carrillo de Albornoz, de ilustre familia y pariente cercano del cardenal don Pedro González de Mendoza, del arzobispo de Sevilla, don Diego y de don Íñigo, conde de Tendilla, con cuya hermana estaba casado.

En Córdoba consagraron los reyes mayor atención al despacho de los asuntos de Andalucía, porque los procuradores de las ciudades apelaron a sus sentimientos de misericordia para que los aliviase algún tanto de la carga impuesta, alegando que las habían sufrido difíciles, pero no podían resistir las intolerables. Las haciendas de todos los populares, no solo estaban agotadas, sino que el número de éstos se había reducido a la quinta parte por la peste y otras calamidades, y así no debían sus altezas imponer a diez hombres, paupérrimos y agobiados por la última miseria, carga más pesada que la que en años anteriores hicieran sobrellevar a cincuenta personas acaudaladas, porque en todo y siempre debía prestárseles obediencia, con tal que existiesen medios para demostrar la voluntad.

A ésta y a otras muchas quejas que diariamente llegaban a oídos de los reyes contestaron bondadosa y benignamente: Que bien sabían cuánta angustia y cuántos trabajos habían pasado sus fieles vasallos en tantos años de guerras, y que, por conocerlo y haber sido testigos de ello, tenían propósito de corresponder con el mayor agradecimiento a los méritos contraídos por los leales, cuando con el exterminio de los infieles se consiguiese el triunfo deseado. Porque a romper la guerra contra los granadinos les había movido la compasión hacia estos mismos vasallos, cruelmente y por tanto tiempo vejados por los moros con continuas incursiones y talas y con miserable cautiverio. Y el tenaz esfuerzo de aquéllos durante ocho años, y los considerables gastos de tal modo habían hecho sufrir a los enemigos iguales peligros y calamidades, que en concepto de todos los avisados, de la expugnación de Baza dependía el conseguir una paz definitiva, y a fin de alcanzarla con el favor de Dios, el rey ofrecía todas sus rentas y hasta la propia persona para cualquier empresa encaminada al triunfo deseado.

Cuando los pueblos conocieron esta resolución de los regios cónyuges, todos aceptaron la carga de las exacciones impuestas, y lo que parecía imposible a la pobreza lo suplió la voluntad de obedecer. Tuvo que ser mayor el esfuerzo porque el papa en aquellos días se había negado a prorrogar la bula de indulgencia concedida antes a los que contribuyesen con cierta cantidad para los gastos de la guerra, y no había querido conceder permiso para el subsidio eclesiástico si no se cedía la mitad de lo recaudado en favor de la cámara apostólica. Tan tenaz avaricia indignó a los embajadores de los reyes en Roma y por encargo de éstos se quejaron amargamente al pontífice de que se pidiese injustamente lo que por razón de equidad y por el buen nombre de la religión católica no podía otorgarse, a saber: la pretensión de apropiarse él mismo que otorgaba la indulgencia en virtud de un contrato de reparto, las sumas dadas a un rey por los pueblos para las urgencias de la guerra y para conseguir aquella indulgencia cuando la liberalidad de la sede apostólica debía estar muy por encima de toda compensación metálica.

Mientras se exponían estas quejas ante el papa y se desesperaba de obtener los recursos deseados, los ilustres cónyuges acudían a varios expedientes, aunque difíciles, para sostener el peso de la guerra, sin que por un momento desmayaran en su propósito de acometer el sitio de Granada.

El papa en tanto atendía sobre todo a la creación de cardenales, principalmente genoveses, unidos a él por parentesco o por antigua amistad; pero para hacerlo sin irritar demasiado a las demás naciones, nombró, además de los dos genoveses Lorenzo Cibo, arzobispo de Benevento, y Antonio Gentil, obispo Alariense, a otros tres, a saber: al maestre de Rodas, Pedro Daubusson, al arzobispo de Sión y a cierto obispo milanés estimado del duque.

Llegó a Roma por este tiempo, con permiso del maestre de Rodas, el hermano del sultán Bayaceto, Gemeth, que por orden del primero había vivido en Francia en estrecha reclusión. Cuando se vio en presencia del papa, se resistió desdeñosamente a prestarle el acatamiento acostumbrado, y en sus visitas a los cardenales alardeaba de la violencia que se hacía para tratar con aquellos prelados, de tanto respeto entre nosotros. Tales eran la arrogancia y soberbia que en su rostro y en sus palabras demostraba aun en su situación de cautivo. Obligado, sin embargo, a permanecer bajo custodia, el destino le reservó la suerte que a su tiempo diré.

Del maestre de Rodas, en otro tiempo enérgico y feliz defensor de la isla cuando el Turco ocupó parte de ella, se hablaba desfavorablemente, por haber trocado por un pacífico galero la dignidad militar, de tan alto precio entre los defensores del catolicismo.

He mencionado ligeramente estos hechos por seguir el orden de los sucesos y a fin de no interrumpir la narración de los ocurridos en España.

Cuando el rey de Granada, Boabdil, supo que los reyes, dejando ya perfectamente arregladas todas las cosas para el sitio de Baza, habían llegado a Córdoba en la última semana de abril, quiso mostrarles cuán a su devoción estaba en todo y les envió los más espléndidos presentes que su precaria situación le permitía, añadiendo, como el más preciado obsequio, cincuenta cristianos arrancados a viva fuerza del miserable cautiverio en que sus amos los tenían. Imposible fue llevar esto a cabo sin trastornos, pues los ciudadanos a quienes se había hecho aquel agravio lograron a poca costa sublevar a la muchedumbre enemiga de esta novedad; pero la mayor previsión de Boabdil, no solo acalló con mano fuerte el tumulto, sino que dio muerte a los promovedores del escándalo, porque le constaba que tenía entre los granadinos muchos enemigos a quienes por medios suaves jamás lograría reducir a su opinión. Del castigo de los crímenes cometidos por éstos sacaba las sumas necesarias para el pago de las soldadas del ejército.

Desde Córdoba los reyes con el príncipe y las infantas marcharon a Jaén en el mes de mayo, tanto por la mayor facilidad que para la empresa de Baza proporcionaba la cercanía de esta ciudad, como para evitar los aires poco sanos de Córdoba, porque todavía quedaban algunos gérmenes de la pasada peste, y como una de las primeras resoluciones para la guerra quiso que se llamase al marqués de Cádiz por su reconocida pericia militar.

Había éste averiguado que el duque de Medina Sidonia tenía preparadas ciertas asechanzas para impedir la pesca de los atunes en Cádiz, en cuyas almadrabas se solían recoger anualmente por el mes de mayo, para que de pronto, después de su marcha, quedasen destruidas. Para perpetrar aquella maldad, 200 caballos, 1.000 peones y diecisiete carabelas con otra multitud de soldados aguardaban, por orden del duque, oportunidad para arrojarse sobre los que pescaban en la costa. Esta lucha entre los dos próceres se había reducido a un pleito a fin de resolver en derecho si, con arreglo a los pactos, la casa del marqués podía pescar los atunes en Cádiz o si la de Guzmán había de gozar solo de aquel privilegio.

La honda envidia del duque y el pesar de ver disminuir sus rentas le impulsaron a prescindir del pleito pendiente y de la condición de los tiempos. Por el contrario, el marqués, hombre sagaz y previsor, que muy fácilmente hubiera podido oponerse a los intentos del duque, prefirió escribir al corregidor de Cádiz que había sabido cómo por orden del duque de Medina Sidonia se hacían grandes preparativos para pasar fuerzas de caballería al interior de la isla, cosa irregular que en ausencia suya y mientras desempeñaba honrosísimos encargos del rey, tenía la seguridad de que no daría lugar a nada indecoroso, y solo se atendería a la guarda de la ciudad en caso de ocurrir algún hostil hecho.

Poco después arribaron unas carabelas al promontorio de Hércules y desembarcaron en la parte opuesta de la isla fuerzas de caballería y peonaje que destrozaron todos los aparejos de la pesca, pusieron fuego a las viviendas de los mercaderes en la playa y echaron a pique, en el sitio más a propósito para la pesca, una embarcación cargada de piedras. Acarreó esto al duque y a su único hijo, ejecutor de aquellos desmanes, gravísimos perjuicios, bastante merecidos por los estorbos que ponían a la campaña contra los moros. El marqués, en cambio, por oportuna obediencia a las resoluciones del rey, mereció grandes honras y consiguió completa indemnización de los daños recibidos, aunque declaró estar pronto a sufrirlos mayores, siempre que redundasen en la mejor marcha de la campaña.

Llegaron a España por estos días dos religiosos, uno de ellos el prior del Santo Sepulcro, varón muy venerable, enviado por el soldán de Babilonia para exponer al rey lo siguiente: Que los moros granadinos le habían enviado embajadores a quejarse de la gran violencia que desde algunos años les hacía sufrir don Fernando, rey de Castilla, León, Aragón y Sicilia, apoderándose con fuerzas imponentes de la mayor parte del reino de Granada, sometiendo a los habitantes a miserable cautiverio o arrancándolos de sus hogares para pasarlos al África en virtud de inicuas capitulaciones, haciendo, en suma, pesar infinitas calamidades sobre inocentes, puesto que en todo aquel tiempo los granadinos no habían cometido otro crimen que lo que a los poseedores de un territorio fue siempre permitido, o sea, la defensa de sus lares y de sus familias y la resistencia contra los que intentaban despojarlos de sus bienes y quitarles su religión. A pesar de esto, don Fernando, confiado en su extraordinario poderío, jamás había cejado en su empeño de arrojar de España u oprimir en ella a los agarenos, habitantes durante más de siete siglos en el rincón de España adyacente al Mediterráneo y fieles adoradores de Mahoma. De su probada virtud se hacían lenguas, y su elogio estaba en la boca de todos los sarracenos. Por esto muchos africanos solían pasar a España en auxilio de los granadinos y llevar socorros metálicos a los que se hallaban en apurada situación en sus negocios. Mas como en aquella ocasión nada de esto hubiera sido posible a causa de las muchas disensiones entre los moros gomeres y los otros sarracenos más poderosos del África, y la ocupación por los portugueses de las ciudades marítimas como Ceuta, Alcázarzaguer, Tánger y Arcila ofrecía un grave obstáculo, habían puesto en la majestad del supremo soldán de los sarracenos su única esperanza de remedio. Éste, con sola una indicación, podría humillar la soberbia del rey Fernando, mucho más si se dignaba acudir en socorro de las presentes desgracias de los granadinos.

Sobre éstas y otras muchas razones de los embajadores añadieron los faquíes que el soldán, vivamente irritado por las quejas de los embajadores, confirmadas con amargas lágrimas, había llamado al prior del Santo Sepulcro para que marchase inmediatamente a España y expusiese ante el rey don Fernando en términos precisos, que si no ponía término a los rigores con que castigaba a los granadinos y los resarcía de sus daños, él trataría cruelmente a cuantos cristianos habitaban en Egipto, Judea y Siria; destruiría el sepulcro que en los pasados siglos se les permitía visitar en Jerusalén y mandaría matar a los guardianes. Y si el prior y su compañero, sobrecogidos de terror, no quisieran volver con la respuesta, su tardanza le indicaría que era llegado el caso de cumplir sus amenazas.

Dicho todo esto ante los reyes por el venerable prior entre comprimidos sollozos, inspirados por la lástima de los que quedaban expuestos a tan gran peligro, y principalmente por la amenaza de la destrucción del Sepulcro del Redentor, el prudentísimo monarca contestó con gran entereza lo siguiente:

Que tanto al soldán como a los demás mahometanos eran notorias la violencia y perfidia de que se valieron un tiempo los árabes para ocupar las Españas y otras muchas provincias del mundo poseídas por los cristianos por derecho hereditario. Y territorios ocupados injustamente podían con justicia ser recuperados por sus señores legítimos, como recuperaron los franceses gran parte de Francia, invadida por los sarracenos en la primera acometida, y como los reyes de España en el transcurso de los tiempos, imitando el esfuerzo del primer defensor Pelayo, habían restituido a la fe católica todas las demás regiones de la Península, excepto el reino de Granada, protegido por los recursos suministrados por el África y por lo inaccesible de los lugares, último refugio de los moros granadinos. Estas ventajas habían aumentado su confianza de permanecer perpetuamente en aquellas sierras, y la ingénita perfidia de esta raza, quebrantadora de todo pacto y juramento, se ensañaba con crueldad de fieras contra los cristianos, fieles observadores de los pactos. Así, muchas veces los granadinos, ni aun durante las treguas dejaban de entrar en tierras de cristianos, hacerlos cautivos, darles muerte, talar sus campos y con falsas excusas atreverse a todo aquello que jamás hubiesen podido hacer durante la guerra abierta. Si, pues, aun a legítimas poseedores del territorio, reos de tan crueles crímenes, hubiera debido resistírselos y procurar con el mayor rigor exterminarlos, ¿con cuánta más justicia debería tratarse de hacer el mayor daño posible a aquella gente, a la que por el mismo derecho había que expulsar del territorio violentamente usurpado? Mas si el soldán creía bastantes sus amenazas para librar del peligro a los granadinos, debía tener por cierto que el sepulcro del verdadero Redentor del género humano no podía ser tan totalmente destruido que desapareciese la santidad de aquel lugar; en cambio, los tributos de los peregrinos que constantemente le visitan se acabarían seguramente, una vez destruido. Y si ejercía su crueldad sobre los mil o pocos más cristianos súbditos suyos, así en Jerusalén como en otras ciudades de sus dominios, podía estar seguro de que inmediatamente serían degollados los cien mil y más agarenos que, con permiso del rey de Castilla, vivían tranquilamente en España, sin pagar hasta entonces el menor tributo.

Tal fue, según supe, el resumen de la respuesta del rey a lo que de parte del soldán le dijo el religioso, y con ella se dispuso a volver a Egipto, sin temor al peligro ni aun del martirio, pues el buen religioso, más que evitarle le deseaba a cambio de la eterna felicidad. No era acaso de temer la realización de las amenazas, porque el soldán, ante la perspectiva de mayores peligros, acabaría por someterse a la razón.

No demoró don Fernando el propósito concebido de sitiar a Baza, mientras la reina se ocupaba activamente en Jaén, así en recibir a los embajadores y mensajeros como en enviar abundantes provisiones a los reales. Después que en la iglesia de Jaén, con el concurso del clero y de los fieles, se llevó procesionalmente el pendón bendecido con ceremonias católicas y reales, y se celebraron solemnes cultos, el rey marchó al campamento a fines del mes de mayo. Inmediatamente después se hizo un escrupuloso alarde al que se presentaron unos 12.000 caballos ligeros y 50.000 peones. En el camino resolvió apoderarse de Zújar, población colocada a manera de escudo contra los que combatían a Baza. No desconocían los moros que en Guadix estaban con el rey Audelí prontos a ocurrir a los peligros, que allí se dirigiría don Fernando, y así trabajaban por reforzar la guarnición de esta villa. A la llegada del rey no se notaba señal alguna de desistir de la defensa, porque desde Guadix, y por encrucijadas desconocidas de los nuestros, empezaron a reunirse tantas fuerzas que, sin la artillería, no les quedaban esperanzas fundadas de tomar la villa. Cuando aquélla llegó y se emplazó por orden del rey, las de la resistencia parecieron vanas, y los moros resolvieron capitular y pedir al rey permiso para marchar con los ajuares transportables a Baza, ciudad considerada inexpugnable por todos los habitantes de los contornos.

Asegurada por el rey la villa de Zújar después de la rendición con fuerzas suficientes, ya no había obstáculo para llevar con más libertad al ejército frente a la ciudad protegida por numerosas tropas de caballería e infantería, pues, además de los 300 caballos y 8.000 infantes de los ciudadanos, muy belicosos, se reunió allí otra fuerza mayor de 700 caballos y más de 7.000 peones, formidable, tanto por su admirable pericia militar como por su número, en especial porque la condición de aquella ciudad perfectamente torreada aseguraba de todo ataque repentino a los ciudadanos encerrados en sus murallas y a los soldados, por pocos que fueran, que la guarneciesen, como poco después reconocieron los nuestros al acercarse a la población. Los cuales, aunque el año antes, como dije, habían empeñado alguna escaramuza con los de Baza no lejos de las murallas, sin embargo, la brevedad del tiempo y el ardor del combate no les había permitido hacerse cargo de la situación y de las defensas de la plaza.

La entrada para los nuestros ofrecía menos seguridad por aquella parte de los huertos que hubieran considerado más cómoda para aproximar la artillería a las murallas si se hubiesen talado las arboledas, por industria de los moradores entrecortadas por torres y tapias. Todo el que poseía un huerto solía levantar en él una torre y protegerla con tapias para no facilitar a los enemigos de los alrededores el acceso a la ciudad a favor de lo llano del campo. Y como a las demás partes de las murallas, a causa de sus naturales defensas y asperezas de los cerros inmediatos no podían aproximarse sin grandísimo peligro, fue preciso conducir al ejército en batallas ordenadas hasta la espesura de los huertos y fortificar los reales con fosos y estacadas. Al día siguiente unos y otros resolvieron probar las fuerzas en alguna escaramuza, y bien pronto salió de las huertas escogida hueste de jinetes moros, que apostaron en emboscada en los linderos de aquéllas buen golpe de peones en observación del resultado del combate, y dejaron unos pocos en campo descubierto. En cuanto los nuestros divisaron al enemigo se lanzaron contra él y trabaron escaramuza, género de combate en que los moros sobresalen.

Iba haciéndose más encarnizado de lo que correspondía al número de combatientes, mientras iban llegando refuerzos a unos y a otros; pero cuando el enemigo, aparentando que cejaba ante la multitud de los nuestros, volvió las espaldas en mayor desorden de lo regular, la caballería cristiana se lanzó en su persecución como los moros habían previsto. Tienen éstos admirable destreza en rehacer sus filas, y aun cuando van huyendo, repentina y oportunamente saben revolverse en correcta formación contra el temerario enemigo que los persigue. Tal sucedió este día en que los arrojados perseguidores de los moros sufrieron grave daño, porque los jinetes, revueltos ya con los peones, traspasaban a muchos de los nuestros con los tiros de saetas y espingardas. Mas al aproximarse don Fernando con su hueste, tan superior en caballería e infantería, los de Baza, demasiado envalentonados por considerarse vencedores en aquella escaramuza, tuvieron que refugiarse con grandes pérdidas en la espesura de las huertas por las calles y laberintos de ellos bien conocidos. Don Fernando reprendió severamente a los que habían permitido mezclarse hasta bisoños indisciplinados con los hombres de armas más aguerridos, entre los que sucumbieron algunos mancebos de ilustre linaje, y dio orden de no dar ocasión al enemigo para trabar escaramuza si no se peleaba en terreno abierto. Para mayor seguridad de los reales, por cuanto había mandado fijar las primeras tiendas cerca de la ciudad, dio orden de levantarlas y trasladar el ejército a lugares más distantes y mejor defendidos.

No se le ocultaba a don Fernando que a consecuencia de aquella escaramuza con los de Baza nuestras tropas habían perdido su acometividad, y así mandó traer las piezas de artillería más gruesas dejadas en Vera el año anterior, para lo que envió algunas tropas. Además dio órdenes acertadas para rechazar las acometidas de los de Guadix, que se apoderaban de los conductores de vituallas, y para que los nuestros padeciesen hambre, mataban las acémilas, imposibilitadas de caminar con sus cargas por los peñascales y gargantas. En las encrucijadas había dos campamentos defendidos por soldados de Jaén, de Úbeda y de otras partes, conocedores de aquellas sendas; pero las medidas del rey de tal modo reprimieron las algaradas de los de Guadix, que los caminantes recorrían con toda seguridad los caminos.

Tampoco podía ver con calma la libertad que tenían los de Baza para salir a su antojo por la parte de las huertas y discurrir por los campos contiguos, y así mandó cortarlas y arrasarlas, a pesar de lo trabajoso y arriesgado de la operación. Para ello salió el ejército de los reales precedido de buen golpe de infantes, seguido de la caballería y en ordenadas batallas, a fin de que si se les hostilizaba desde las torres de las huertas, los nuestros pudieran responder al ataque de los moros con los ribadoquines y otras piezas de transporte. En cuanto los de Baza vieron aquel formidable aparato, abandonaron las posiciones de las huertas más distantes de la ciudad en poder de los nuestros, porque aquéllas protegían un espacio de casi una legua por todo el circuito del valle, y así el enemigo abandonó la parte anterior, frontera a nuestras tropas y falta de defensores, a fin de tener más segura la más próxima a la ciudad. Costó no poco trabajo a los de don Fernando arrasar las espesas arboledas que cubrían la parte baja en una extensión de media legua escasa por el frente del espacio intermedio, seguros de que lo mismo sucedería al continuar la tala de la restante arboleda, y con permiso del rey, no temieron asentar los reales junto a las defensas opuestas a los huertos.

Al día siguiente, cuando más ocupados estaban los nuestros en su labor, los atacaron los de Baza tan repentina e impetuosamente, que tuvieron que acogerse a las ordenadas batallas de fuerzas superiores. No tardó en empeñarse encarnizado combate entre los nuestros y los moros que iban acudiendo, más favorable para éstos porque podían acometer y replegarse impunemente, y si alguna ventaja se alcanzaba, podían hallar oportunidad en aquel confuso torbellino para estrecharlos, oprimirlos y descargar en ellos su furia.

Era grande el riesgo para los nuestros, de venir a las manos aquella multitud irregular con la recia hueste formada en batallas, y no pudiendo don Fernando sufrirlo con paciencia, púsose el casco y se lanzó contra el enemigo. Al observar el peligro que corría, la vergüenza obligó a todos los valientes a arrostrarle antes que ocurriese al rey alguna desgracia. Tres veces fueron rechazados los moros dentro de las cercas de los huertos más próximos a la ciudad, y otras tantas se vieron forzados los nuestros a replegarse a sus banderas, con las consiguientes pérdidas de unos y otros. Aparecieron más a las claras las de los cristianos, porque los de Baza pudieron disimular algún tanto en la ciudad el daño recibido aquel día; pero no lograron ocultar, según la costumbre de los moros, la desgracia de sus adalides muertos en aquel encuentro. Al cabo, por los llantos y alaridos de las mujeres y por los fúnebres lamentos que por las calles se oían, se supo poco después que los más valientes caballeros moros heridos en el combate habían expirado a los pocos instantes de refugiarse en la ciudad. Don Fernando, cediendo a las advertencias de los grandes y a lo que las circunstancias exigían, llevó al ejército a los reales que habían fortificado a mayor distancia, y allí, convocados los nobles según costumbre, pareció inclinarse a más prudentes determinaciones.

Al llegar aquí, las excepcionales condiciones de valor de Martín Galindo, caballero ecijano, exigen que se haga más detenida mención del origen de este guerrero digno de toda loa, hijo de padre de posición modesta, pero muy distinguido en la milicia y que supo hacer de su hijo un perfecto soldado. Llamábase Juan Fernández Galindo, natural de Antequera, consagrado a la guerra desde la adolescencia hasta la vejez y dotado de extraordinaria habilidad para prácticas de la milicia. Su hijo Martín dio en todos los combates brillantes muestras de su bravura.

Don Fernando, al ver a un hombre en lo alto de un árbol, envió a Galindo a descubrir si por caso los de Baza habían ahorcado a un cristiano que, con su permiso había venido aquel día confiadamente a nuestro campo, y dicho que contaba con el afecto del alcaide de la fortaleza y con el de muchos ciudadanos, viniendo al cabo a pagar la pena de su temeridad como sospechoso de espionaje.

Martín Galindo, que lo conocía, marchó a todo escape con seis de sus hombres de armas a cumplir el encargo, y al divisarle los moros, destacaron diez de sus más escogidos jinetes con intento de oponerse al paso de los enemigos si a la vuelta se les adelantaban en el tránsito del puente. Adivinó el previsor adalid lo que los moros tramaban; sin detenerse, salió a su encuentro, y se trabó un combate más encarnizado de lo que al número de combatientes correspondía. El gran valor de los siete cristianos obligó a los diez enemigos a volver las espaldas, y Galindo, más esforzado que todos y más tenaz en la persecución, derribó en tierra al golpe de su lanza a dos de los moros, dio muerte a uno y se la hubiera dado al otro, gravemente herido, a no acudir rápidamente un pelotón de jinetes de Baza que obligaron a Martín Galindo y a los suyos a recogerse a los reales.

Pocos días después un moro de Baza, notable por su extraordinaria fuerza y destreza, provocó a Martín Galindo a singular combate, que se verificó al punto en presencia de numerosos testigos de ambos campos. Nuestro adalid derribó en tierra con su lanza a su contrario, gravemente herido; mas al querer secundar el lanzazo para matarle, se incorporó el moro, y con el alfanje descargó tal golpe entre la coraza y la adarga sobre el brazo izquierdo de su enemigo, que éste quedó ya en adelante inutilizado para semejantes lances. Mientras los moros se ocupaban en transportar a la ciudad al herido agonizante, los nuestros acompañaron a su adalid hasta el campamento.

Estaban allí con el rey por aquellos días muchos caballeros principales, antes de que con el aplazamiento del sitio acudiesen algunos de los grandes más poderosos, y quiso oír primeramente el parecer del más digno de los presentes, el maestre de Santiago don Alfonso de Cárdenas, caudillo de 1.500 lanzas y de numeroso peonaje y soldado respetable por sus años y por su pericia militar. Sabía el maestre la decisión del rey, en armonía con los deseos de la reina, de acometer el sitio de Baza por dificultades que ofreciera, y así en breves palabras se declaró conforme con la regia iniciativa.

Cuando se pidió su opinión al meritísimo marqués de Cádiz, la expuso a las claras en un elocuente discurso, y aseguró el feliz éxito de todas las empresas empezadas, siempre que los propósitos de los cristianos se conformasen con los designios del Omnipotente y no olvidaran cuántos moros granadinos habían sido vencidos en los pasados años por intervención divina y fuera de todos los cálculos de la guerra. Pero si se quería tomar consejo de los dictados de la ciencia militar, la persistencia en el sitio de Baza parecía a todas luces funesta. Demostrábalo patentemente la misma situación y defensas de la ciudad, porque para tomarla no se veía otro camino que el de reducir a los moradores a rendirse por hambre. Aproximar la artillería a la ciudad era intento vano, y para que el hambre produjese sus efectos se necesitaba el transcurso de quince meses o los aprietos de un largo sitio, porque ya un prolongado temor había hecho a los de Baza, previsores por naturaleza, más previsores aún, y la reconocida fertilidad de aquellos campos les había permitido acaparar provisiones para sí y para la guarnición.

Si se contaba con el consumo de las vituallas, debían tenerse presentes otras muchas dificultades. En primer lugar, la intolerable penuria, o más bien miserable pobreza de los pueblos, así de Andalucía como de toda España. Tampoco sería fácil a los reyes subvenir al pago de las tropas con sus propias rentas. En cuanto a la insuficiencia de los víveres para alimentar el numeroso ejército, era evidente para cuantos conocían la esterilidad de aquellos años.

A todo esto se añadía el grave peligro con que las lluvias y nieves del otoño y del invierno amenazaban, porque lo resbaladizo del suelo hacía dificilísimo el tránsito, sobre todo para el acarreo de vituallas a los reales. Si en los días del verano los escarpados montes que rodean a Baza impedían el paso de las acémilas, hacíase imposible cuando con las inundaciones se desbordaba por aquellos campos el Guadalquivir y los demás ríos que corren en torno de la ciudad, no existiendo puente para el paso de aquél, ni vados convenientes para el del Guadalentín durante las lluvias.

Todo esto tuvo plena confirmación en el sitio de Málaga, en cuya ciudad, los comerciantes y otros hombres tan poco guerreros como ellos, con 200 forasteros encargados de la guarnición, sostenían la defensa sin esperanza alguna de socorro, combatidos en derredor por mar y tierra y con grandes trozos de las murallas derrumbados por los tiros de la artillería. Pues todas estas calamidades no hubieran obligado a rendirse a aquel puñado de malagueños, de haber dispuesto de vituallas hasta el otoño. Por lo cual parecía suficiente previsión repartir por los lugares de que eran dueños los cristianos en los alrededores de la ciudad, puestos de caballería e infantería que tendrían a raya las atrevidas salidas de los de Baza y permitirían al rey apoderarse fácilmente con el poderoso ejército restante de las poblaciones de moros situadas entre Baza y Almería, y que prestaban ayuda a los de Baza y Guadix.

Tal fue la opinión del marqués, expuesta ante el rey y los grandes, y aprobada por todos los entendidos en la ciencia militar.

Luego, el comendador mayor de Santiago, don Gutierre de Cárdenas, a quien el singular favor con que le distinguían los reyes daba gran autoridad en los consejos, dijo que el marqués había expuesto muy bien los peligros que creía ver en la continuación del sitio de Baza; pero que mayores y más perentorios inconvenientes ocurrirían seguramente si el rey sacaba de los reales ya fortificados al ejército para llevarle a otra parte; porque, o habría que dirigirse hacia Guadix, Almería o Úbeda, o a otra ciudad de Andalucía, lo cual sería funesto. Si hacia Guadix, nadie dudaría de que el enemigo lo envolvería y le quitaría en absoluto las vituallas, aunque se duplicase su efectivo.

La marcha hacia Almería presentaba multitud de peligros, porque los de Baza y Guadix picarían nuestra retaguardia, fácilmente se apoderarían de la impedimenta en los desfiladeros y quebradas y, sin pérdida alguna por su parte, harían experimentar a los nuestros daño irreparable, sobre todo si se daba ocasión a los infieles moros de los pueblos vencidos, en cuanto tuviesen noticia del triunfo de los suyos y del desastre de nuestro ejército, de hacer pública la rebelión que tenían latente en sus corazones. Por todo lo cual, la empresa comenzada contra Baza debía dejarse en manos del que está sobre todos los reyes y cuya omnipotencia había sabido convertir en verdadero triunfo para los católicos reyes don Fernando y doña Isabel cuantas dificultades habían surgido en la guerra contra los infieles agarenos.

Asintió el rey a lo dicho por Gutierre de Cárdenas, y luego los demás grandes se declararon conformes con su opinión.

El marqués, sin rebatir los argumentos de Gutierre, añadió que él, según su costumbre, cumpliría lo que se le mandara y, presente o ausente, sabría sobrellevar hasta las más duras imposiciones.

Luego se trabajó en fortificar mejor el interior de los reales y se acordó hacer casi imposibles las repentinas acometidas de los moros. Y sin pérdida de tiempo se rodeó con fosos y estacadas, desde los lugares próximos a las tapias con que los de Baza habían fortificado las arboledas, lindes de las huertas, hasta los montes que por el otro lado se extendían.

A fin de que el enemigo no pudiese intentar un ataque repentino sin que inmediatamente se le opusiesen fuerzas de los reales, se establecieron fuertes retenes próximos a las construcciones del enemigo, y así los grandes como los pueblos aceptaron con satisfacción la distribución que de ellos hizo el rey. Al marqués de Cádiz, encargado de la custodia de la artillería, tocó como por suerte el puesto militar situado en los montes, con 4.000 caballos y 8.000 infantes, a las órdenes de algunos grandes, reservándosele a él el principal cuidado de la estancia para que, con su reconocida actividad, reprimiese las salidas de los de Baza, por aquel lado más impetuosas, por ser la estancia más distante del principal campamento, así como por la otra de las huertas no se había hecho tala.

La estancia próxima se dio a los sevillanos, que guerreaban bajo el pendón de San Fernando, conquistador de Córdoba y Sevilla y otras muchas poblaciones de Andalucía, y siempre afortunados en los combates con los granadinos. Por esto don Fernando, no olvidando el valor de su santo ascendiente, protector de los sevillanos, encomendó a 600 hombres de armas y a 8.000 peones de aquella ciudad la estancia más apartada del principal campamento, y les dio por caudillo al conde de Cifuentes, pronto a arrostrar cualesquiera trabajos y peligros, por la seguridad de que no había de faltarle el superior esfuerzo de la caballería sevillana. También creyó el rey conveniente, mientras se establecía el cerco con fosos y empalizadas, levantar en los intervalos nueve torres de tierra y madera, así para resistir los ataques del enemigo como para refugio en los casos adversos, porque eran temibles la tenaz osadía de los de Baza y sus repentinas salidas. En cada torre se puso guarnición con especial retén de milicia popular, por haber enviado cada ciudad de Andalucía soldados elegidos de a pie y de a caballo. Y como, con astuta intención, tanto el alcaide del castillo de Baza como el jefe de la guarnición procurasen convencer al pueblo, temeroso de un desastre, de que el rey no persistiría en el sitio de la ciudad, sino que se proponía hacerlo creer para acelerar la rendición por el terror, mandó que, además de las tiendas levantadas para preservarse del calor del verano, se le preparasen patios espaciosos. Siguieron el ejemplo los grandes, y tras ellos el resto del ejército, pues hasta las compañías de infantes se proporcionaron alojamientos subterráneos.

Desde el principio del sitio fue para los de Baza funesto presagio el abandono de la próxima villa de Canillas por sus habitantes; los cuales, temiendo al conde de Tendilla, que recorría sus campos, y por librarse de los horrores de un sitio, huyeron del pueblo dejándole presa de las llamas. Los nuestros se posesionaron del castillo y restauraron en parte las casas; lo rodearon de fosos y estacadas y contemplaron con alegría la admirable amenidad de aquel campo y la facilidad que la cercanía les prestaba para llevar a los reales variedad de bastimentos. Asimismo se rindió al citado conde la importante villa de Freila, y al llegar el marqués de Villena, se le entregó también el enrocado castillo de Bençalema, no lejos de Baza.

Cuando los de esta ciudad y los de la guarnición vieron reforzar los reales, repartir las estancias y edificios a lo largo de los fosos, cada día más y más extendidos, y los demás preparativos, amenaza para ellos de trance apurado, empezaron a maquinar diversos planes. Primeramente, discurrieron que algunos del pueblo, por librarse del hambre futura, fingiesen que preferían exponer a sus mujeres e hijos a la esclavitud que a aquel tormento. Éstos llegaron a los reales y aseguraron que desde los comienzos del sitio había surgido cuestión entre los huéspedes y los vecinos, por afirmar éstos lo insuficiente de todo abastecimiento para la multitud encerrada en la plaza y la seguridad de carecer en absoluto de víveres a los tres meses, y quedar, por tanto, reducidos al último extremo, como había sucedido en Málaga.

Por diversos medios habían intentado apaciguar este tumulto el jefe de la guarnición y el alcaide del castillo, hombres avisados y nada temerosos de la escasez de mantenimientos, por habérselos procurado en abundancia, convencidos de que, si se levantaba el sitio, alcanzarían grande loa, y en un trance supremo, sabrían tramar algo agradable para el vencedor.

No disgustaba oír estos rumores, porque estaban acordes con los deseos. Entretanto el rey, secundando la admirable solicitud de doña Isabel, mandó llevar increíble abundancia de provisiones por mar hasta Vera, y por tierra hasta los reales. Quiso además que permaneciesen a su lado en el campamento mayor el maestre de Santiago, don Alfonso de Cárdenas; don Rodrigo de Mendoza, hijo del cardenal, caudillo de 1.000 lanzas por su tío don Pedro Hurtado de Mendoza; el conde de Tendilla, don Íñigo de Mendoza; el conde de Cabra, don Diego de Córdoba el Joven; don Alfonso de Aguilar; el adelantado de Andalucía, don Pedro Enríquez, y otros adalides de la caballería, todos de alta alcurnia.

Pasaba de 6.000 el número de lanzas que con el rey estaban; de Asturias, Galicia y Vascongadas había venido inmensa multitud de infantes prontos a acudir a repentinos apuros en cuanto corriesen algún peligro los que sitiaban los puntos extremos de la ciudad, por lo cual se había establecido una estancia central en los mayores campamentos. La distancia proporcionaba, sin embargo, a los moros facilidad para las salidas, porque desde aquéllas, tarde podía acudirse al socorro, y así salían de las huertas, caían furiosamente sobre los sevillanos, y muchas veces intentaban exterminar aquella estancia, con la intención, según se cree, de que, flaqueando las batallas cristianas del frente, quedasen inutilizadas las demás fuerzas.

Al efecto, hicieron una impetuosa salida el día de San Juan, en uno y otro campo señalado y por costumbre escogido para encuentros guerreros, por lo menos para ejercicios militares. Formidable fue la primera repentina embestida de los de Baza; pero nuestros puestos avanzados rechazaron con tal arrojo a los audaces enemigos, que pudo oponérseles un fuerte escuadrón sevillano, mandado por Alfonso de Medina, caballero de Sevilla, enviado por el conde de Cifuentes. Soldado de extraordinario valor y de mérito singular, supo contener el ímpetu de los moros, y con increíble bravura los arrojó de la estancia hasta las espesuras de las huertas próximas. Las fuerzas sevillanas que en mayor número acudían, bien por poner orden en las batallas, bien porque pareciese temerario pasar adelante, recogieron bridas y se detuvieron. No bien lo advirtieron los moros, cuando revolvieron sobre los nuestros, y don Alfonso, muerto su caballo, tuvo que seguir peleando a pie. En tan apurado trance acudió al socorro su joven y valiente hermano Francisco de Estúñiga, y sostuvo su defensa hasta que lo libertaron fuerzas de los nuestros, no sin gran trabajo de muchos que salieron heridos, porque de los sevillanos murieron allí pocos. Y si como la multitud de los nuestros procedió flojamente, se hubiese lanzado con furia contra los de Baza, aquel día hubiera sido funestísimo para ellos. Muchos, sin embargo, quedaron allí sin vida.

Mientras por ambas partes se empeñaban estas y otras escaramuzas en los reales, llegó a Úbeda un mensajero del rey Carlos de Francia con cartas e instrucciones para la reina en ausencia de don Fernando. En ellas se le encargaba que manifestase las quejas de su soberano por el favor prestado a los bretones franceses y a sus auxiliares por nuestros reyes, o en caso de querer éstos confirmar la antigua alianza, que les hablase en secreto y procurase penetrar sus propósitos. Pero, así de lo expuesto por el enviado como de la contestación de la reina, poco pude averiguar, porque las conferencias fueron secretas.

También llegó por entonces un noble caballero de Hungría como embajador cerca de nuestros reyes del de aquella nación Matías, yerno de don Fernando de Nápoles y pariente muy querido del de Castilla. Recibióle la reina con gran alegría y con muchos honores; pero tampoco pudieron traslucir cosa alguna los de la corte acerca del objeto de su embajada ni de la respuesta de la reina.

De Alemania, de Francia y de diversas partes del mundo llegaron asimismo por entonces a los reales algunos caballeros nobles, ansiosos de combatir contra los enemigos de Cristo, y seguramente hubiera acudido considerable número de fieles, si el papa no hubiese suspendido la indulgencia plenaria en los años anteriores concedida a cuantos contribuyesen al mayor éxito de la campaña. Por sensible que fuese esta contrariedad a los reyes, no por eso cejaron en su actividad para disponer lo necesario para tamaña empresa, y con mayor empeño, por cuanto con la prolongación del sitio las lluvias del otoño se hacían temibles para los nuestros.

A este consuelo apelaban así el caudillo mayor de Baza como el alcaide del castillo, asegurando que el rey aparentaba querer prolongar el sitio hasta durante el invierno, en la creencia de que los de Baza agotarían sus provisiones, por haberle dicho algunos que los víveres almacenados, así por el común como por los particulares no alcanzarían sino hasta fines de octubre. Y tanto los vecinos todos como los huéspedes sabían cuán engañado estaba sobre este punto. Las lluvias otoñales, siempre borrascosas en aquellas tierras, bastarían para obligar al enemigo a desistir de la prolongación del sitio. Además, no era dudoso que los verdaderos mahometanos, compadecidos de los trabajos y peligros de los de Baza, no solo de Guadix, donde estaba Audelí el Viejo, sino de los granadinos, obedientes, más por fuerza que de grado a Boabdil el Joven, les llevarían refuerzos aun contra la voluntad del pérfido ocupador de aquella principal ciudad, a quien no ignoraban combatiría con terribles asechanzas.

Así decían los dos jefes. Aun siendo cierto, el esforzado rey Boabdil supo reprimir con mano fuerte los tumultos de los que sostenían que si se observaba la religión de Mahoma, debía auxiliarse a los de Baza. Hizo degollar a muchos; mandó arrasar las casas y exterminar las familias de los que furtivamente habían huido a Baza o a Guadix; por cartas y mensajeros aconsejó a don Fernando que persistiese en el sitio, y disipó sus temores de todo socorro por parte de los granadinos.

Al mismo tiempo setenta egregios caballeros, ansiosos de tentar la suerte, obtenida licencia del rey don Fernando y mandados por un adalid sagaz y conocedor de los caminos, marcharon en dirección a Almería a remotos lugares, en donde ninguno de los agrestes moradores de aquellas escabrosas e inaccesibles montañas hubiese creído que pudiera penetrar el enemigo sin ser sentido por los corredores y rondas. Mas los nuestros, parte originarios de Lorca, parte de Sevilla, hombres muy astutos para burlar la vigilancia de las guardas y centinelas, acometieron repentinamente al enemigo, seguro de todo ataque, y con gran presa de ganado volvieron a los reales, llevando cautivos a los pocos hombres que encontraron por los campos.

A su ejemplo, otros muchos, con licencia del rey, se lanzaron a invadir los pueblos y aldeas próximas a Guadix, cuyos moradores se creían seguros de toda entrada repentina. Dispuesto un escuadrón de 250 de a caballo y 500 de a pie, en su mayor parte sevillanos, llegó por extraviados senderos, solo conocidos del habilísimo guía, hasta los más recónditos lugares de los valles, de modo que al amanecer cayeron los nuestros sobre los enemigos que recorrían los campos; se apoderaron de algunos y se llevaron buen número de rebaños. Los moros que lograron refugiarse en los poblados y en las torres que acostumbran levantar en los campos, avisaron a los suyos con humaredas del desastre sufrido. Inmediatamente salieron de Guadix tras el rastro del enemigo 300 jinetes escogidos y multitud de infantes; pero los nuestros, atendiendo previsoramente a la propia salvación, hicieron adelantarse a los soldados que conducían la presa hacia un monte que ofrecía completa seguridad.

Creyeron los peones de Guadix que podrían adelantárseles, y a toda carrera se encaminaron allá por senderos de ellos conocidos; pero viendo los nuestros que sus vidas corrían peligro si no hacían frente a los moros, ya muy próximos, mientras les duraba la fatiga del largo caminar, formaron sus batallas y con fuerte empuje arremetieron contra los más avanzados, derribándoles y dándoles muerte, e hirieron o pusieron en fuga a los que iban llegando y, destrozada la mayor parte de la caballería enemiga, revolvieron contra los peones, ya casi sin resuello. El conocimiento del terreno libró de la muerte a muchos que escaparon por extraviadas sendas; pero quedaron allí sin vida 300 moros de Guadix. El excesivo furor del combate no permitió hacer prisioneros, intento por otra parte inútil, porque hubieran perecido a manos de sus compañeros. Logró, sin embargo, llevar uno al campamento don Francisco de Estúñiga, mancebo de ilustre estirpe, muy famoso por las hazañas memorables que allí y en otros muchos trances había llevado a cabo.

A pocos días volvieron nuestros soldados a las cercanías de Guadix, pero no consiguieron gran triunfo, teniendo que contentarse con alguna presa de ganados y unos veinte cautivos de ambos sexos que llevaron a los reales. De tal modo se había apoderado el miedo de los moradores cercanos a Guadix, que solo encerrándose en sus casas cobraban algún respiro. Los de la ciudad, más acobardados por los descalabros sufridos, y ante el temor de las emboscadas, salían más flojamente contra los nuestros, lo cual fue causa de la ruina de muchos poblados. Ya solo al amparo de las murallas de Guadix se creían seguros los campesinos.

Mientras así se tenía en jaque a los de Guadix, los aguerridos moros de Baza procuraban con sus frecuentes escaramuzas hallar medio de alejar a los nuestros, al menos de las cercanías de las huertas. Con este intento, no había día que no los acometiesen, y con tanta mayor audacia cuanto que, como dije, la estancia frontera a las huertas estaba muy distante del principal campamento. A fines de julio, el anhelo de los de Baza por empeñar combate halló ocasión propicia en iguales deseos de los sevillanos, a quienes aburría toda tregua en el guerrear, aunque las condiciones de la estancia exigían aguardar la acometida, mejor que iniciarla, por ser temerario penetrar en las espesas arboledas de las huertas, bien defendidas por tapias y torres.

Poco temibles parecieron los repentinos ataques del enemigo, más veloz en la retirada que en la acometida, y sin otro efecto que el de los gritos de alarma. El día 27 del mismo mes, sin embargo, salió por aquella parte con terrible ímpetu una multitud de moros y rompió la formación de las primeras filas de la estancia. Acudieron al punto unas tras otras fuerzas de sevillanos, y creyendo Alfonso de Medina que pronto llegaría el resto de las tropas, se adelantó confiadamente a todo galope con un pelotón de caballos escogidos e hizo frente al enemigo. Pero los adalides de los demás escuadrones, como estupefactos, detuvieron la marcha, y entonces los moros que peleaban con nuestra vanguardia fueron estrechándola más y más hasta poner en grave aprieto a aquellos pocos. Resistieron, sin embargo, tenazmente hasta que de los principales y más lejanos campamentos acudieron a todo correr fuerzas respetables y excitaron a los vacilantes a acudir al socorro de sus compañeros de armas. Con su venida, los de Baza tuvieron que declararse en retirada en dirección a las huertas; perdieron muchos soldados en la fuga, y no hallaron en las torres el seguro que buscaban, porque por los puentecillos echados sobre las acequias y por las mismas callejuelas de los edificios, moros y cristianos hallaron camino hasta lo más recóndito, ya en la parte más defendida y próxima a las murallas.

Fue este combate tan sangriento al principio para los nuestros, como al fin para los moros, y el gran estrago de los caballos dio buena prueba del encarnizamiento de la pelea. No se dudó del gran desastre que en aquel día hubieran sufrido los de Baza si al empezar la lucha hubiesen obrado de acuerdo todos los sevillanos. Así, don Fernando reprendió severamente a los morosos adalides tanto tiempo vacilantes; elogió a los que más se habían distinguido y mandó que en adelante se procediese con más prudencia y energía, sin que jamás se viniese a las manos desordenadamente con el enemigo, porque si por una parte la temeridad excitaba al combate y por otra la tímida morosidad enfriaba el arrojo, se proporcionaba al enemigo fácil medio de triunfar de ambas. Estas órdenes y la reciente experiencia hicieron mella en el ánimo de los sevillanos, y en lo sucesivo procedieron con más cautela.

Los de Baza, quebrantados por el grave descalabro, interrumpieron por algún tiempo sus algaradas, y los nuestros lo aprovecharon para extender el foso y protegerle con estacada hasta la estancia del marqués de Cádiz, que, como ya dije, miraba al lado opuesto de la ciudad, contiguo a los montes, a los que cada día iban aproximándose más, a fin de ocupar el manantial del Hinojo, de que los de Baza se surtían. El agua de los pozos de la ciudad no bastaba en verano para el abasto de la multitud, y como cenagosa, causaba graves trastornos gástricos en los que la bebían.

Vino a agravar la situación la previsora medida de don Fernando de desviar el curso de las acequias que repartían por las huertas aguas cristalinas y saludables, y hacerlas caer en un cauce que las tropas fueron excavando por la campiña baja. De este modo, los que en la ciudad miraban por su salud y los que presidiaban el castillo no contaban con más agua potable que la de la fuente del Hinojo. Para unos y otros fue esto motivo de incesante lucha, porque lo nuestros trabajaban por privar a los moros de la ventaja del copioso manantial, y ellos por rechazar los obstáculos que les oponían. Con ingenioso artificio construyeron una máquina sobre fortísimas ruedas, capaz para proteger a un número de soldados suficiente para ocupar de pronto y quedar con la libre posesión de aquella fuente, nacimiento de un río de cierta importancia. No ignoraban que los cristianos tenían preparada artillería para apoderarse de un cerro más alto que la ciudad, llamado Almohacén, en memoria de un santón de aquel nombre muy venerado de los granadinos, que acostumbran consagrar así los nombres de los montes, principalmente de los contiguos a las ciudades.

Con objeto de estorbar a los nuestros la vista del interior de la ciudad, ya dificultada por la áspera subida del cerro, establecieron allí un fuerte retén, y entre aquélla y la fuente levantaron robusta torre que asegurase a los vecinos el paso para la aguada. De noche y por veredas solo de los moros conocidas, intentaban acometer a los nuestros por la espalda, mientras fuerzas más numerosas atacaban la estancia del marqués. La vigilancia de nuestras rondas nocturnas y la constante alerta de los soldados, obedientes a las órdenes de aquel caudillo, hacían que el enemigo los encontrase siempre prontos al combate y que fracasasen sus intentos. Luego, una y otra vez intentaban los de Baza sus acostumbrados ataques contra la estancia de los sevillanos situada en el otro extremo; pero encontrábanla ya más fortificada, porque, por el ejemplo de lo pasado, se habían adoptado prevenciones para lo futuro, y en cuanto se oía el grito de alarma, los de la estancia resistían a pie firme al enemigo, e inmediatamente, en ordenada hueste, acudían al socorro los compañeros de armas. Estas acertadas medidas fueron funestas para los de Baza, y aún más cuando don Fernando, con su singular previsión, considerando la osadía que a los moros daban los inopinados encuentros de su caballería y el desprecio que hacían de las emboscadas, mal dispuestas a veces por los nuestros, imaginó aprovecharse de estas disposiciones de los de Baza para causarles grave quebranto. El 7 de agosto sacó de los reales algunas fuerzas en intencionado desorden, y dispuso de tal modo las celadas, que ya trabado combate, y cuando más encarnizadamente se peleaba por ambas partes, otras fuerzas nuestras coparon el mayor número de los moros, quedando en su poder más de 200, que no pudieron escapar. Tan dura fue la lección, que desde aquel día ya decayó notablemente su arrojo.

A fines del mismo mes volvieron a acometer a los nuestros con furia, y otra vez salieron bien escarmentados, porque después de encarnizado combate, los sevillanos, antes de que pudiesen refugiarse en las torres y caseríos, hicieron en los enemigos gran estrago en hombres y caballos, sin más daño por su parte que la pérdida de cuatro de los primeros y otros tantos de los últimos. Más cautos cada día los moros, apelaron a los ardides en que por naturaleza son tan diestros, como podrá juzgarse por los hechos que voy a relatar. Observaban el alcaide del castillo y el caudillo mayor, ambos hombres muy sagaces, que el pueblo, profundamente aterrado, se lamentaba en secreto, y a veces hacía públicos sus exagerados temores de peligros al ver al rey persistir en el sitio de la ciudad con más tenacidad de lo que creían.

Lloraban, además, los habitantes la desgracia de tantos esforzados conciudadanos, pues llegaba a más de la mitad el número de caballeros muertos en la guerra, quedando apenas unos 400 de los 1.000 que antes se contaban. Venían a empeorar la situación las enfermedades contagiosas producidas por el excesivo cansancio y agravadas por la disentería. No había la menor esperanza ni de refuerzo de la guarnición, ni de mayores aprovisionamientos. Fuerza les fue apelar a una entrevista con dos de nuestros caballeros, a quien conocían muy bien de los pasados encuentros. Además, uno de ellos había estado tiempo atrás cautivo en Baza en poder del alcaide, y por su carácter afable se había ganado sus simpatías y las de su mujer. El otro, Pedro de Paz, era bien quisto del jefe de la guarnición por otros hechos ocurridos.

Formadas ya por ambas partes las batallas, al tiempo que los moros parecían disponerse a empeñar combate y los nuestros observaban sus planes, hicieron los de Baza señal de pedir parlamento. Previo permiso del rey, los dos caballeros citados se avistaron con el caudillo mayor y con el alcaide del castillo. En la entrevista se convino que, contando con la licencia de don Fernando, pudiesen permanecer sobre seguro dos días en la ciudad los dos caballeros cristianos, para tratar más detenidamente de las muchas cuestiones que habían de resolverse. Accedió el rey a la propuesta, y al punto entraron en la ciudad acompañados de sus guías, que por el camino les insinuaron con gran astucia los siguientes motivos de la entrevista. Sabían, les dijeron, que el rey estaba por muchas razones convencido de que dentro de pocos días la escasez de vituallas los obligaría a rendirse, porque en vano sería insistir en el sitio confiando en otra eventualidad que no fuese aquélla. Ni los vecinos ni la guarnición temían engañarse cuando se reanudaran las hostilidades si, permaneciendo ellos en la ciudad, la derrota del rey, empeñado en prolongar el sitio, no acarreaba daños sin cuento. Por lo cual, así como en ninguno de ambos campos debía dudarse de los infinitos trabajos de que había de ser causa la ofuscación de don Fernando, así el conocimiento de la verdad haría que se consultase a ambas partes una vez convencido de la falsedad de los informes de los que anunciaban la absoluta e inmediata carencia de vituallas. Estas consideraciones les habían aconsejado pedir entrevista y poner de manifiesto el acopio de todo género de subsistencias en la ciudad, además de las provisiones particulares de los vecinos, imposibles de averiguar en tan corto espacio de tiempo, por haberlas hecho cada uno mucho tiempo antes en cantidad suficiente para las necesidades de sus casas.

Inmediatamente se trasladaron todos a la alhóndiga, donde vieron almacenada inmensa cantidad de trigo, cebada, mijo y maíz. Asimismo los del castillo pusieron de manifiesto gran número, de vasijas llenas de aceite y de vinagre, y además sal, garbanzos, lentejas y otras legumbres alimenticias. Al día siguiente, vistas ya por los nuestros las provisiones, regresaron al campamento con varios criados portadores de regalos para el rey, consistentes en un brioso corcel con ricas mantillas, a la usanza de los que montan los reyes de Granada, o sea, con una preciosa adarga pendiente de la silla. Además llevaron otras preseas, muy estimadas entre los moros, y una piedra preciosa, más notable por su tamaño que por su calidad.

Cuando el rey vio estos presentes y escuchó después lo tratado en la entrevista, tan diferente de lo que al principio se creyó tratarían, mandó devolver los regalos a los de Baza y decirles que los reyes españoles solían aceptar con gusto los de los amigos, pero no los de los enemigos, y hasta darlos a personas que por ningún mérito se habían hecho acreedores a ellos. De un enemigo terco jamás debían aceptarse sin que precediese humilde obediencia y el arrepentimiento de su pertinacia. Así, pues, podían guardarlos en buena hora juntamente con la ciudad, hasta que se viesen obligados a perder cuanto entonces trabajaban por conservar. Con esta respuesta regresaron los moros a su ciudad, llevándose el caballo, las joyas y los demás presentes.

Es fama haber dicho el alcaide que con aquello se había hecho más lo que agradaba al rey que lo que le convenía. Por lo que después sucedió pudo conjeturarse que dijo esto porque tanto él como el Jefe de la guarnición creyeron poder sacar de las entrevistas con el rey algo beneficioso para ellos, siempre que no se hablase de la futura rendición de la ciudad.

Los que habían asegurado que los sitiados no tardarían en padecer hambre decían al rey que los montones de trigo y cebada estaban preparados sobre aparejos interiores y las vasijas de aceite contenían agua hasta la boca. A estas afirmaciones hizo prestar crédito el que los de Baza enviaron por aquellos días a Guadix a un mensajero muy conocedor de los caminos, con cartas del alcaide, del caudillo mayor, de Nayal, persona muy influyente, y de otros muchos ciudadanos, en que, tras larga relación de los trabajos sufridos hasta la fecha, acababan por pedir refuerzos. Todo podrían tolerarlo por algún tiempo, decían, siempre que no les faltasen vituallas, cuya escasez les amenazaba con hambre funesta si el cruel y pertinaz enemigo oprimía durante todo el mes de octubre a la multitud encerrada en Baza. Cogieron los nuestros en mitad de la noche al portador de las cartas, y se las llevaron con él a don Fernando. En ellas vio confirmadas las noticias acerca del hambre que se esperaba, como quiera que más fácilmente creamos que ha de ocurrir aquello que deseamos cuando se presenta alguna ocasión favorable a nuestros deseos.

Frustrados estos ardides, los de Baza volvieron a sus frecuentes salidas, aunque esta vez con más cautela que anteriormente, por verse cada día, con más facilidad detenidos por los nuestros y no tener libre la salida sino hasta las plazas adyacentes al antemural. Allí se reunía con frecuencia gran número de jinetes y peones, aguardando un descuido de los cristianos para acometerlos, aunque en vano, porque en la opuesta estancia del marqués nada se hacía con temeraria imprevisión ni sin maduro consejo, y la artillería ligera (porque para las piezas grandes no había espacio suficiente) destrozaba en derredor a cuantos enemigos se aproximaban.

No quedaba otra esperanza a los moros que las lluvias otoñales y la estación tempestuosa, iniciada a fines de septiembre con tan horribles huracanes, que durante dos semanas hicieron intolerable a los nuestros la permanencia en el campamento, con gran alegría del enemigo, muy envalentonado al ver realizados sus deseos. Mas durante el mes de octubre un tiempo sereno y apacible compensó a nuestras tropas de los trabajos sufridos en las pasadas tormentas. La mano del Omnipotente pareció haber dispuesto que a aquellas lluvias sucediesen en todas partes cerca de cincuenta días de una serenidad poco frecuente, durante los cuales pudo sembrarse en las tierras ya preparadas por el arado.

También se recibió en los reales increíble cantidad de provisiones, suficientes para muchos meses. Diariamente entraban en los reales más de 1.000 acémilas, cargadas de trigo, cebada y otras vituallas, para la alimentación y para las demás necesidades de las tropas. Por su parte el rey había mandado arar y sembrar la mayor parte de la campiña de Baza, dando así a sus habitantes los más patentes indicios de su propósito de continuar el sitio. La reina, tan avisada y previsora, trabajaba sin cesar porque no faltasen las pagas de los soldados, o, por lo menos, hallaba ingeniosos medios de hacerlo verosímil. Así, colmándolos de elogios a fin de halagar sus esperanzas, mandó que acudiesen de todas partes a Úbeda acuñadores de moneda, aparentando el propósito de convertir las vajillas de plata de su palacio y las de los cortesanos en reales para repartirlos entre los soldados.

Cuando los de Baza tuvieron conocimiento de todo esto por sus espías, y vieron los campos enteramente sembrados en espera de la futura cosecha, se convencieron de que el sitio duraría aún otro semestre. Vino a confirmar sus sospechas la orden del rey para que acudiesen a suplir bajas y a reforzar las milicias todos aquellos grandes que, con su permiso, permanecían desde el principio en los más apartados lugares de Castilla y León. Llegó, pues, al campamento el duque de Nájera, don Pedro Manrique, de ilustre alcurnia y singular guerrero, con 150 hombres de armas escogidos. Siguiéronle después el duque de Alba don Fadrique, con 300 lanzas; el almirante don Fadrique Enríquez, con 250, y con cien el marqués de Astorga, pariente también del rey. Los corregidores de las ciudades enviaron asimismo otros contingentes, con lo que alcanzaron los refuerzos el número de unos 2.000 caballos. Otra señal de su resolución de persistir en el sitio dio el rey a los de Baza, llenándolos de angustia, cuando vieron llegar a los reales a la esclarecida reina con su primogénita doña Isabel, el reverendo cardenal Mendoza, el obispo de Ávila, don Fernando, y otros prelados y graves y sabios varones. Cuando los moros se vieron encerrados con el doble círculo del foso y estacada, temblaron por sus vidas, considerando lo insuficiente de sus provisiones para sostenerse algunos meses, vista la inflexible resolución del rey.

Al llegar a este punto de mi narración me veo obligado a manifestar con más libertad y latitud mi pensamiento, desechando toda adulación con que creo referirán acaso estos sucesos otros escritores contemporáneos, esclavos de la lisonja y corruptores voluntarios de los dictados de la historia. Veneno que debe evitarse para que no inficione el ánimo de los católicos, bajo capa de libertad, único norte de la historia. Den, pues, todos los fieles gracias infinitas, como pueden y están obligados a dar, al Todopoderoso, y crean que el felicísimo éxito del sitio de Baza en manera alguna debe atribuirse al extraordinario poder del rey, o a aprietos de los enemigos imposibilitados de sufrirlos mayores, sino a que cuando ya iban a verse libres de toda desgracia, la intervención de lo alto infundió en sus ánimos tan profundo y repentino terror, que quedaron en absoluto privados de todo recurso para continuar la guerra, cuando ya ni el rey ni la reina le hallaban para pagar al menos parte de las soldadas a las fatigadas tropas. Tampoco los pueblos podían tolerar por más tiempo el peso de las exacciones. Continuar en los reales se había hecho imposible, sobre todo para la multitud de hombres desnudos, enfermos y afligidos de numerosas calamidades, y no se veía razón alguna para que el enemigo, quieto en su casa, no falto de provisiones y con la seguridad de que habían de sobrevenir, especialmente en aquel territorio, tempestades y lluvias torrenciales, fuese a dar indicios de querer entrar en tratos, cuando por la misma necesidad se creía próximo a verse libre de todo terror.

Son, ciertamente inescrutables los juicios del Altísimo, y nadie puede calcular ni medir el alcance de su voluntad, muy diferente de los juicios de los humanos. Solo Dios es árbitro y él sabe indicar a los mortales si quiere o no resolver de una o de otra manera las graves cuestiones que los separan. A veces otorga repentino consuelo a los desesperados de todo socorro, y otras arroja a los pies de los enemigos a los demasiado confiados en su propia fuerza. Así consta a los católicos por infinitos ejemplos de sucesos memorables ocurridos desde los más remotos tiempos, y eso mismo experimentaron frecuentemente nuestros reyes don Fernando y doña Isabel. Nadie debe dudar, por tanto, de que la rendición de Baza fue obra de la diestra del rey Todopoderoso, el cual hizo patente la inutilidad de todos aquellos enormes gastos y de aquel formidable aparato bélico, y agotado ya hasta el último recurso, concedió a los cristianos victoria mayor de lo que jamás habían imaginado.

Llegó la reina al campamento el 7 de noviembre, y tres días después dispuso don Fernando que, en noche muy apacible y a propósito para caminar, satisficiese su cuidadoso anhelo de inspeccionar los reales, empezando por la estancia del marqués de Cádiz, la más próxima a las murallas. Al ver los de Baza que se acercaba hacia aquella parte de la ciudad la excelsa soberana, acompañada de numerosa comitiva de nobles caballeros, hicieron que 250 de los más arrogantes de entre los suyos, con gran golpe de infantería, se situasen en lugar seguro y bastante cercano a la estancia del marqués, en actitud de provocar a escaramuza a los nuestros. Otros cincuenta jinetes moros, ricamente ataviados a su usanza, se acercaron a la comitiva de la reina para formar parte del séquito.

Con igual presteza, escogidos caballeros cristianos se aprestaron a responder al reto de los enemigos. Al regresar a la ciudad los jinetes, los peones moros se detuvieron en el antemural y trabaron escaramuza, valiéndose de sus espingardas, con nuestros infantes, que marchaban con menos orden. En consecuencia, la reina, que trataba de examinar desde aquel sitio más próximo a las murallas la disposición de todas las tropas y deseaba volver al campamento principal por la cima de aquel escabroso monte, comunicó sus intenciones al marqués de Cádiz. Éste, muy previsor, había hablado poco antes con un intérprete moro para pedir al jefe de la guarnición y al alcaide de la fortaleza una entrevista, que ambos le negaron. Volvió a insistir por medio del mismo enviado, alegando que el motivo de su insistencia era que la reina deseaba regresar al campamento, por el punto más próximo a las construcciones, y así complacería a la reina el que se diera tregua a las hostilidades. Accedieron gustosos los principales de la ciudad, pero quisieron hacer ver a la reina, al llegar a la otra vertiente del monte, cuán fortificados y dispuestos estaban para resistir a cualquier enemigo, y que no padecían escasez de vituallas, como podía ver por el mismo aspecto de las cosas y por la robustez de los caballos agilísimos para la carrera. Así, al atravesar la reina el collado opuesto, los caudillos moros iban extendiendo sus bien formados escuadrones; presentaban en buen orden su numerosa infantería y hacían presenciar a la comitiva de la ilustre princesa sus antiguos ejercicios militares.

Ocurrióseles, no sin propósito, a varios moros apostados, como dije, en el collado opuesto, celebrar una entrevista con el comendador de León, don Gutierre de Cárdenas, muy al tanto de los más secretos asuntos. Acudieron el citado caudillo y el alcaide, escuchólos con gran satisfacción, y llamando aparte al noble y avisado don Luis Portocarrero, a Juan de Almaraz, caballero de Salamanca, y al otro que, como dije, entró en Baza con Pedro de Paz, y que estuvo al servicio del alcaide del castillo y luego al de Juan de Almaraz, empezó la conferencia, empleándole como intérprete. En ella aconsejó el comendador Gutierre al alcaide y al caudillo mayor que, antes que experimentar hasta dónde llegaba el poder de don Fernando, se encomendaran a su bondad, bien conocida de muchos granadinos, porque el ejemplo de Málaga bastaba y sobraba para que adivinasen, o más bien, conociesen, cuán funesta les sería la pertinacia y cuán ventajosa la sumisión oportuna. No negaba él —decía— que a los reyes había de serles más grato poner término a los enormes dispendios y a los grandes e incesantes peligros y trabajos de sus gentes, que permanecer días y días en los reales. Por lo tanto, así como les sería muy satisfactoria la rendición de los de Baza, antes de verse reducidos al último trance, así, y muy justamente habría que tratar con la mayor dureza a los que diesen lugar a que se llegase a tal extremo, y aun infligirles algunos suplicios además del cautiverio por su cruel tenacidad en combatir y por los daños que la dilación suele causar a los sitiadores. Por su parte, solo podía prometer con toda lealtad al alcaide y al caudillo que le oían y en cuyas manos estaba la salvación o la ruina de los de Baza, que procuraría alcanzar para ellos de los reyes honras y seguro perpetuo para sus familias y allegados si, atendiendo oportunamente a sus propios intereses, se avenían a impetrar gracia de tan esclarecido príncipe y a evitar caer en su enojo.

    Después de añadir el comendador otras muchas consideraciones y de hablar en conformidad con su parecer don Luis Portocarrero, uno de los caballeros andaluces de más prudencia y sagacidad para semejantes conferencias, los dos moros contestaron en breves palabras, según su costumbre, que aplazaban para otro día el dar una respuesta conveniente para los de Baza y digna para ellos mismos. En su semblante se descubría, sin embargo, su preconcebida inclinación a la entrega de la ciudad, siempre que les granjease honores y el servicio les procurase espléndidas mercedes. Señalada hora para la nueva entrevista, y a fin de especificar mejor las futuras capitulaciones, se aumentó el número de los intérpretes, asistiendo un judío, perfecto conocedor de ambas lenguas, a los acompañantes de don Gutierre y algunos moros, el alcaide de la fortaleza y el caudillo mayor. Duraron las controversias desde la una de la tarde hasta el anochecer, con criterios muy diferentes, porque estando conformes en entregar a nuestros reyes el castillo y el señorío de la ciudad, en otros muchos puntos no venían a un acuerdo. Decían los moros que se someterían inmediatamente si se les permitía permanecer en la ciudad como vasallos del rey, y labrar sus campos, pagando como antes sus tributos, por cuanto habían reconocido plenamente la completa buena fe de don Fernando, así como el exterminio con que les amenazaba la discordia de los dos reyes granadinos.

Gutierre y los que le acompañaban juzgaron muy fuera de razón estas pretensiones, quitando importancia a lo que los moros procuraban dársela.

Poco a poco llegaron a concertarse respecto a los premios particulares de los que gozaban buena posición, y en cuanto a permanecer en la ciudad, se convino en limitarlo a tres meses y a uno de los dos arrabales, bastante fortificados ambos, que existían fuera de las murallas. Como se acercaba la noche, se aplazó para el día siguiente la confirmación de las capitulaciones. Reanudada la conferencia en que intervinieron otros individuos de ambos campos, ya al tanto de lo tratado, pidió el caudillo mayor que, dando a don Fernando rehenes de importancia y con bastante garantía para observar la lealtad debida, se le permitiera ir a Guadix para comunicar al rey Audelí todo lo concertado, y a revelarle la irremediable rendición absoluta de Baza dentro de quince días, si él con poderoso ejército no iba a hacer levantar el sitio. Era indudable, decía, que esto había de serle imposible; pero convenía dar este paso para satisfacer a la debida lealtad, además de que acaso de él dependiese encontrar alguna oportunidad para concertar más amplias capitulaciones, ventajosas para don Fernando respecto a Guadix, Almería y Almuñécar. Tenía la seguridad, añadió, de que Audelí aceptaría una condición de vida más independiente que la que hasta entonces disfrutaba con el falso nombre de señorío, y no continuaría empeñado en lo imposible, sino que se rendiría a la fuerza de las circunstancias, con tal que al descender de las alturas de su real solio se le proporcionase algún apoyo.

Agradó mucho a los reyes lo acordado en las conferencias, y aceptados los rehenes, se permitió al caudillo mayor de Baza marchar a Guadix. Allí permaneció con Audelí hasta cumplirse el plazo para la rendición de Baza, y ofrecérsele oportunidad para darle cuenta de todos los acuerdos y aconsejarle lo que parecía más conveniente. Al cabo el rey moro, a fin de alcanzar la mayor gracia posible del vencedor, condescendió con las insistentes advertencias del caudillo, y prometió que a los doce días de rendida Baza, entregaría a Almería y sucesivamente a Guadix, Almuñécar y las demás poblaciones que poseía, porque la dilación en estas entregas sería evidentemente funesta para ambas partes, y verificada, tendrían término los intolerables gastos, innumerables peligros y grandes trabajos de los soldados cristianos. Fue portador de estos ofrecimientos, o mejor dicho, promesas, el mismo caudillo mayor de Baza, que regresó a esta ciudad el 3 de diciembre, víspera del día en que debía realizarse la rendición. Pero los nuestros recelaban alguna novedad, así por el carácter versátil de los moros, como porque al llegar el citado caudillo y pronunciar su discurso omitió manifestar la conocida voluntad de Audelí. Sin embargo, al día siguiente, 4 de diciembre, festividad de Santa Bárbara, día tempestuoso a causa de una copiosísima nevada y de un huracán insufrible, envió un mensajero a manifestar su propósito de terminar las capitulaciones para la entrega de Baza y a anunciar que él en persona iría a comunicar los demás puntos tratados con Audelí. Llegada la tarde, se vio tremolar en la torre del homenaje el estandarte de la cruz del Redentor, con la imagen del apóstol Santiago, patrono de las Españas y de los reyes don Fernando y doña Isabel, egregios defensores de la fe católica, entre los himnos de alabanza al Omnipotente, con lo que el abatimiento de los fieles se convirtió en alegre entusiasmo.

A la rendición de Baza siguieron inmediatamente, y bajo iguales condiciones, las de otras ciudades y villas, como Purchena, población bien defendida, con todo su término; Tabernas, villa importante y de extenso territorio; Serón y otros muchos poblados fuertes por su situación y bien amurallados y aldeas inaccesibles de las escabrosas montañas vulgarmente llamadas sierras de Filabres y de Bacar. De la mayor parte de ellas tomó posesión en nombre de los reyes el conde de Tendilla, don Íñigo de Mendoza, uno de los grandes de mayor esfuerzo y siempre pronto para cualquier militar empresa.

Terminado esto e instalados ya en el arrabal los moros de Baza, los reyes entraron en la ciudad; consagraron bajo la advocación de la Encarnación, según el rito católico, la iglesia que durante setecientos setenta años había sido mezquita mayor de los infieles; oyeron con espiritual alegría las solemnes misas allí celebradas; dejaron de guarnición 500 caballos y 1.000 peones con víveres suficientes para muchos meses y regresaron al campamento, no sin maravillarse de la abundancia de vituallas que al tiempo de la entrega tenían aún los de Baza, porque las de trigo, cebada, legumbres y de todo lo necesario para la vida, abonadas en dinero, bastaron para el sustento de nuestra guarnición. De aquí la admiración de algunos al considerar cuál habría sido el terror que se apoderara de los moros para rendirse cuando nada les precisaba a entregarse, pues aunque de 2.000 jinetes hubiesen perecido 700 en las escaramuzas y a causa de las enfermedades, y faltase otro gran número de ciudadanos, los sobrevivientes eran reconocidamente bastantes para poder vivir seguros mientras no escaseasen los víveres. Mas quebrantados los ánimos con profundo abatimiento, prefirieron a todo la libre salida de la ciudad con su hacienda y bienes muebles. Además, 150 jinetes, los más escogidos entre los de la guarnición, pidieron soldada a don Fernando, bajo cuyo poderoso mando querían servir.

 Los demás marcharon a Guadix a ponerse a las órdenes de Audelí, que los destinó a la guarnición de Vera. A impulso de igual temor Audelí salió de Guadix y se dirigió a Almería para entregar, con arreglo a los pactos, aquella importantísima y bien guarnecida ciudad a don Fernando y a doña Isabel en su próxima venida. Los cuales, con más actividad de lo que permitía un tiempo tempestuoso, no desaprovecharon la oportunidad. Adelantóse don Fernando con parte del ejército y los pendones de algunas ciudades de Andalucía, como Sevilla y Jerez, y llegó a Serón el mismo día de su salida de los reales. Allí prohibió sentarlos cerca de las huertas, por temor de que los soldados cortasen árboles o hiciesen otros daños a los moradores. Al siguiente día mandó también que se respetasen las huertas de Prúgena, adonde acampó el ejército. Al tercer día arreció de tal modo la tormenta que, al llegar cerca de una escarpada montaña cubierta de nieve, no pudo encontrar lugar acomodado para acampar el ejército; mas en cuanto halló oportunidad para el paso, atravesó con la vanguardia el monte e hizo alto a orillas del río, como sitio a propósito para la aguada. El resto del ejército mandado por el marqués de Cádiz, a causa de la excesiva fatiga de tan prolongados trabajos y del grandísimo estorbo de las acémilas muertas de cansancio, no pudo atravesar el monte, y las tropas, empapadas en humedad, no hallaban dónde apagar la sed. La misma necesidad inspiró al marqués el remedio; mandó encender, de trecho en trecho, grandes hogueras con la leña que por el bosque se encontraba, e hizo derretir cantidades de nieve en vasijas de metal, logrando así subvenir a aquel aprieto.

Al cuarto día, el ejército, con don Fernando a la cabeza, entró en la villa de Tabernas, que por su orden se vio enteramente a cubierto de todo desmán por parte de las tropas. Quiso además detenerse allí aquel día, 18 de diciembre, por ser domingo, para aguardar al resto del ejército que andaba muy desparramado a causa del crudo temporal y para poder acampar al día siguiente cerca de Almería, como lo hizo, a más de una milla de distancia y a orillas del río, lugar a propósito para la aguada.

En la ciudad estaba Audelí. Cuando don Fernando supo que se acercaba al campamento, montó a caballo, llevando a su derecha al maestre de Santiago, don Alfonso de Cárdenas, y a la izquierda al marqués de Cádiz. Luego mandó al comendador Gutierre de Cárdenas que fuese a Almería al encuentro de Audelí y viniese acompañándole hasta el campamento. Venía el rey moro con una comitiva de solo doce caballeros, y al ver a Gutierre lo acogió con alegre semblante, y por medio del intérprete lo escuchó complacido y le respondió aún más regocijada y amablemente. Cuando Audelí estuvo en presencia de don Fernando, descabalgó, y a pie con sus caballeros se adelantó a besar la diestra del vencedor monarca. Éste le indicó con la mano que volviera a montar a caballo y se colocase a su izquierda. Insistió el moro en besarle la mano, y como don Fernando rehusase recibir aquella demostración de humildad, el moro, a usanza suya, besó su propia mano. Luego, por medio del intérprete, le dirigió breves palabras.

Nuestro bondadoso soberano le dio grandes pruebas de su cortesanía y amabilidad; regresó en su compañía a los reales; entró con él en la tienda, donde estaban magníficamente preparados abundantes manjares, y le ofreció un ligero banquete, como suele hacerse entre amigos. Ocuparon las dos ricas sillas dispuestas al efecto; Audelí se sentó en la de la izquierda del rey, algo de través, luego que don Fernando tomó asiento en la suya de la derecha. Numerosa comitiva de grandes les acompañaba de pie detrás de las sillas. Varios de ellos, desempeñando sus cargos palatinos, les servían la vianda y la copa. El marqués de Villena, don Diego Téllez Pacheco, como mayordomo de palacio, presidía a todo con arreglo al ceremonial establecido. De los demás grandes, el de Tendilla servía al poderoso monarca la fuente de oro con exquisitos manjares, y el conde de Cifuentes la copa, y respectivamente al rey moro don Álvaro de Bazán y Garcilaso, ejecutándose para ambos por igual las ceremonias reales.

Concluido el banquete, Audelí se levantó para volver a la ciudad próxima y disponer lo conveniente para la entrega. Luego besó su mano, se despidió y salió de la tienda seguido de todos los grandes presentes, que amablemente se le ofrecieron con sus personas y cargos. A esta cortesía correspondía afablemente Audelí mientras iban atravesando los reales; pero no permitió que pasasen de allí, y les rogó que volviesen a la tienda de don Fernando. Sin embargo, lo acompañaron hasta las puertas de Almería los marqueses de Villena y de Astorga, el comendador Gutierre de Cárdenas, el conde de Cifuentes y Luis Portocarrero.

Para noticia de los que me leyeren añadiré que en su visita a don Fernando el rey moro iba vestido con manto negro de seda y sayo largo militar, de pelo de camello, del mismo color, y encima un albornoz. Cubría la cabeza blanquísimo turbante de lino. Es también ocasión de mencionar aquí la supersticiosa costumbre de los reyes agarenos, para que nadie se equivoque creyendo que Audelí, que aquel día cabalgaba en corcel ricamente enjaezado, se vistió de negro para expresar su pesadumbre. La ley de Mahoma, dicen, impone a todos los reyes sarracenos la obligación de usar siempre vestiduras negras, excepto al empeñar batalla campal con los enemigos, en cuyo caso les permite llevar trajes de diferentes colores adornados con oro.

No creo tampoco ajeno de este relato describir la figura, el color y la estatura de Audelí. Su rostro, grave y digno, era de singular blancura, aunque algo pálido; el cuerpo, de regulares proporciones, ni flaco ni grueso, elevada su estatura.

Al día siguiente, 22 de diciembre, todo el ejército, por orden de don Fernando, formó sus batallas delante de los reales, aguardando el momento de la entrega de Almería. Así permaneció hasta la tarde, en que Audelí dio permiso para que se enarbolase la cruz y el pendón de Santiago con el estandarte del vencedor en la torre del homenaje del castillo. Al verlas, ninguno de los cristianos allí presentes pudo reprimir las lágrimas de gozo que arrasaban sus ojos ni detener las acciones de gracias que de sus corazones salían, al reconocer claramente lo grande del beneficio recibido de la divinidad. Poco antes, al dirigirse el rey hacia Almería precedido del comendador Gutierre, que iba a enarbolar el estandarte en el castillo, salieron a pie por otra puerta los faquíes y principales de la ciudad a besar los pies y las manos al poderoso vencedor.

Hecho esto, y ya entrada la noche, el rey, con todo el ejército y las banderas de las ciudades, regresó a los reales. Al día siguiente, consagrada ya solemnemente en iglesia la mezquita del Alcázar, después de limpia de las profanaciones de la secta mahometana, el rey oyó la misa que celebró el clero con gran pompa, entonando cánticos sagrados.

El mismo día llegó la reina con su primogénita doña Isabel y con séquito de respetables prelados como el cardenal don Pedro de Mendoza, el obispo de Ávila y otros de doctos consejeros y de lucidos escuadrones. Al saber su llegada, adelantóse a su encuentro don Fernando, acompañado de Audelí, que la recibió con iguales ceremonias y con la misma dignidad y afables palabras que al regio consorte.

Lo que más llamó la atención de todos los presentes fue el no ver en los semblantes de los labradores moros ni en los vecinos de Almería, al tiempo de la entrega, señal alguna de tristeza o indicios de secreta pesadumbre, antes bien, recibir con rostro alegre y con afables expresiones al ejército victorioso, como antiguos huéspedes de los cristianos, unidos todos por recíprocos sentimientos de caridad. Audelí, después de saludar humildemente a la reina y a su hija, se incorporó a su séquito, y al día siguiente marchó a Guadix, para que a su vuelta los reyes lo encontrasen todo dispuesto para la entrega, con arreglo a lo pactado.

La entrega de Almuñécar y de las demás importantes poblaciones antes obedientes a Audelí, se efectuó, según lo pactado, en el plazo convenido, recibiendo las llaves de los castillos y lugares fuertes los comisionados señalados al efecto, mientras con el intervalo de algunos días se preparaba la rendición de la opulenta y pobladísima ciudad de Granada por el rey Boabdil el Joven, con admiración de los que la presenciaban u oían referir y en gloria del Omnipotente que habló y fue hecho lo que dijo.

Después de la rendición de la gran ciudad de Guadix, verificada a la llegada de los excelsos soberanos el 30 de diciembre, mandó el rey que se hiciese alarde de todo el ejército, y se halló que desde el principio del sitio de Baza hasta la entrega de Guadix habían perecido por diversos accidentes cerca de 20.000 hombres. De éstos, más de 17.000 sucumbieron de resultas de varias dolencias, y del rigor del frío y de las tormentas que sucedieron a los grandes calores. Otro gran número, acabada la campaña, fue a curarse a sus casas de las enfermedades contraídas durante los sitios. El feliz éxito de la empresa impuso silencio respecto a tan considerables pérdidas.

No quiero dejar pasar en silencio al terminar este libro IX de la Guerra de Granada, algo ya apuntado al hablar de la rendición de Almería, aunque, por motivos muy dignos de los hechos realizados por los españoles, haya de repetir parte de lo ya referido. Estuvo Almería en otro tiempo bajo el dominio de los granadinos mucho más poblada que se halló al tiempo de la entrega, porque desde Gibraltar hasta Cartagena, solo aquella ciudad contaba con un puerto tan próximo. Así que, mientras abundaron las riquezas y auxilios del África, aquel puerto, cuyo escudo era Almería, causó innumerables daños a los cristianos a causa de los continuos arribos de armadas tunecinas y marroquíes. Su fortísimo castillo protegía tan bien la desembocadura del río que forma el puerto, que allí encontraban los moros una estación perfectamente segura. La salida, libre para las galeras y lanchas, era peligrosa para muchos mercaderes, o por otras causas, para nuestros navegantes. Desde allí, también, partían repentinas incursiones a las costas de Valencia y de Barcelona, y a tan gran extensión del océano, más allá de Gibraltar, que los nuestros, no hallaban medio de restringir, al menos en parte, tan inmenso radio de hostilidades. No parecía posible que un príncipe cristiano, por poderoso que fuera, pudiese sitiar con fuerzas de tierra una ciudad como Almería, situada entre el mar y escarpadas e inaccesibles montañas del reino de Granada. Cuando el rey de Castilla preparó una armada contra el poder africano, inmediatamente se apercibieron de ello los de Almería. Alfonso VII, denominado el Emperador por sus gloriosos hechos, llamó en su auxilio al ilustre conde de Barcelona, Ramón Berenguer (con cuya hermana Berenguela estuvo casado), para cuando tuviera seguridad de que había puesto sitio a Almería. Tenía esperanza de poder abrir camino, aunque difícil, a los ejércitos cristianos desde la importante ciudad de Baza, que por entonces sitiaba.

Con iguales consideraciones pidió socorro a los genoveses, sus aliados, y como los granadinos poco antes de la toma de Baza habían sufrido grave derrota, no temió el esforzado monarca atravesar los escarpados montes y estrechos desfiladeros, y cogiendo completamente desprevenidos a los de Almería, le puso estrecho cerco. Bien pronto arribaron a las costas las armadas del conde Ramón y de los genoveses, y se apoderaron del puerto después de tomar el castillo que defendía la entrada. Luego, junto el ejército, del rey con las tropas de las naves, la artillería y otras máquinas de guerra derribaron las murallas, y la soberbia obstinación de los almerienses encontró digno castigo de su pertinaz crueldad. Los que pudieron escapar de la espada enemiga fueron reducidos a mísero cautiverio y el furor del vencedor les arrebató sus inmensas riquezas. Entre ellas se encontró aquel cáliz de esmeralda que hoy, según nuestras historias, guardan con inmensa estima los genoveses, y al que vulgarmente dan el nombre de Santo Grial. Dicen y aseguran que este vaso es don del cielo; que a ninguna otra joya de cuantas existen es comparable, y que en lo antiguo fue traído desde Jerusalén a Génova por los de esta ciudad. Así lo declara una inscripción esculpida en mármol.

No deja de hacerme fuerza el testimonio de los escritores que refieren que después de la toma de Almería el rey don Alfonso repartió tan liberalmente el botín que, accediendo a los ruegos de los genoveses, les entregó aquel cáliz de esmeralda, de tamaño igual al que hoy puede verse en Génova, y de igual hermosura, con asas cuadrangulares y pie de ancha base. Ciudadanos anualmente elegidos para el efecto le guardan con el mayor cuidado, conservándole en la misma forma y con igual esplendidez que nuestros escritores refieren haberse dado, como dije, a los genoveses en agradecimiento del oportuno auxilio prestado a los nuestros.

El resto del botín dicen que se concedió al conde de Barcelona, contentándose don Alfonso para sí y para su ejército con el honor y con una pequeña parte de la multitud de cautivos y dejando la demás a su pariente el conde, cuando conoció que por ningún medio podía entonces expugnarse el alcázar de Almería y se convenció de que le sería imposible retener por más tiempo a su lado a las tropas de la armada.

Tal es el resumen de lo ocurrido en España en el año de 1489, fecha, como dije, de la toma y saqueo de Almería, y quise repetirlo aquí por los motivos que expuse.

En el principio del libro siguiente, guardando el orden cronológico de los sucesos, consignaré los premios que, con arreglo a las capitulaciones, se concedieron al rey Audelí y al caudillo mayor de Baza, que sirvió de intermediario.

Libro X y último de la Guerra de Granada

Los maravillosos efectos de la rendición de las poblaciones ya mencionadas y el repentino impulso de las que se entregaron, exigen que, después de reconocer la poderosa mano del que todo lo dispone, haga alguna mención de los móviles con que a ello contribuyó la fragilidad humana. Ellos impulsaron al alcaide del castillo y al jefe de la guarnición de Baza a mezclar con el temor de que estaban poseídos la esperanza de futuros medros. Desesperados de la salvación de los pueblos, ya imposibilitados de resistir por más tiempo el poder de don Fernando, fingieron deseos de evitar la última ruina, y atentos en apariencia a la piedad, no se olvidaron, durante su vida, de proporcionarse aumentos de riquezas en medio de la paz.

Libros a la carta

A la carta es un servicio especializado para
empresas,
librerías,
bibliotecas,
editoriales
y centros de enseñanza;
y permite confeccionar libros que, por su formato y concepción, sirven a los propósitos más específicos de estas instituciones.

Las empresas nos encargan ediciones personalizadas para marketing editorial o para regalos institucionales. Y los interesados solicitan, a título personal, ediciones antiguas, o no disponibles en el mercado; y las acompañan con notas y comentarios críticos.

Las ediciones tienen como apoyo un libro de estilo con todo tipo de referencias sobre los criterios de tratamiento tipográfico aplicados a nuestros libros que puede ser consultado en Linkgua-ediciones.com.

Linkgua edita por encargo diferentes versiones de una misma obra con distintos tratamientos ortotipográficos (actualizaciones de carácter divulgativo de un clásico, o versiones estrictamente fieles a la edición original de referencia).

Este servicio de ediciones a la carta le permitirá, si usted se dedica a la enseñanza, tener una forma de hacer pública su interpretación de un texto y, sobre una versión digitalizada «base», usted podrá introducir interpretaciones del texto fuente. Es un tópico que los profesores denuncien en clase los desmanes de una edición, o vayan comentando errores de interpretación de un texto y esta es una solución útil a esa necesidad del mundo académico.

Asimismo publicamos de manera sistemática, en un mismo catálogo, tesis doctorales y actas de congresos académicos, que son distribuidas a través de nuestra Web.

El servicio de «libros a la carta» funciona de dos formas.

1. Tenemos un fondo de libros digitalizados que usted puede personalizar en tiradas de al menos cinco ejemplares. Estas personalizaciones pueden ser de todo tipo: añadir notas de clase para uso de un grupo de estudiantes,

introducir logos corporativos para uso con fines de marketing empresarial, etc. etc.

2. Buscamos libros descatalogados de otras editoriales y los reeditamos en tiradas cortas a petición de un cliente.

www.ingramcontent.com/pod-product-compliance
Lightning Source LLC
Chambersburg PA
CBHW031459100426
42735CB00052B/641